Knaur.

Weitere Bücher von Gerhard Wisnewski
im Knaur Taschenbuch Verlag:
Das RAF-Phantom (mit W. Landgraeber und E. Sieker)
Verschlußsache Terror
Drahtzieher der Macht
verheimlicht – vertuscht – vergessen 2007 bis 2011

Über den Autor:
Gerhard Wisnewski, geboren 1959, beschäftigt sich mit den verschwiegenen Seiten der Wirklichkeit. Seit 1986 ist der studierte Politikwissenschaftler als freier Autor, Schriftsteller und Dokumentarfilmer tätig. Viele seiner Bücher wurden Bestseller, unter anderem Operation 9/11, Das RAF-Phantom und v. a. auch die Vorgänger dieses anderen Jahrbuchs.
www.wisnewski.de

Aufstände in der arabischen Welt hatten sich zu einer flächendeckenden Umwälzung entwickelt, und eine Allianz westlicher Staaten führte Krieg gegen Gaddafi. Der eigentliche Trauma-Termin war jedoch der 11. März 2011, an dem ein Tsunami die japanische Ostküste samt einem Kernkraftwerk überrollte. Kaum von den hypnotisierenden Bildern der alles verschlingenden Wassermassen genesen, stürzte die Welt in einen Abgrund aus Angst vor den tödlichen Strahlen des Atomkraftwerks Fukushima. Und erst im Windschatten dieser Vorkommnisse, als die Welt den Kopf mit anderen Dingen voll hatte, führten Frankreich, Großbritannien und die USA Krieg gegen Libyen.
Mit anderen Worten, die Ereignisse der ersten drei Monate des Jahres 2011 hätten eigentlich für ein ganzes Jahr gereicht. Was würde dieses »irre Jahr« noch bringen? Immerhin war es nicht irgendein Jahr, sondern ein ganz besonderes: das Jahr zehn nach den Anschlägen des 11. September 2001, dem künstlich inszenierten Wendepunkt der Geschichte. Dass der 11. September 2001 im Jahr 2011 auf die Tagesordnung käme, daran bestand eigentlich kein Zweifel – und künstlich inszeniert, wie er war, würde das für die USA und die wahren Verursacher der Attentate auch einige Probleme mit sich bringen. Zum zehnten Jahrestag würde es nicht nur offizielle Gedenkfeiern geben, sondern die Fragen und Zweifel über dieses geschichtliche Ereignis würden auch einen neuen Höhepunkt erreichen und die offizielle Version einer neuerlichen Zerreißprobe aussetzen. Würde sie standhalten, oder würde die Geschichte vom Angriff »bin Ladens und seiner neunzehn Räuber« auf die USA endgültig kollabieren?
Eine Frage von strategischer, ja globaler Bedeutung, denn immerhin gründete sich auf die Fiktion vom Angriff der Höhlenkrieger auf die Supermacht eine nie da gewesene Umgestaltung der Welt. Die Kriege in Afghanistan und im Irak, die politische und publizistische Offensive gegen die »Achse des Bösen«, der globale Ausbau der Überwachungsinstrumente, ja, sogar die Umge-

Einführung

Kann man mit einem neuen Jahr Erfahrungen machen, sagen wir: so wie mit einem neuen Auto oder einem neuen Pferd? Seit ich das Jahr 2011 kennengelernt habe, glaube ich das schon. Das Jahr 2011 erwies sich nämlich als wildes Pferd, das, kaum waren die Schranken offen, in vollem Galopp durchging. Man kam überhaupt nicht zu Atem. Seit Erscheinen dieses Jahrbuchs gab es kein Jahr mit einem derart hohen Klärungs- und Erklärungsbedarf wie 2011. Ereignisse, die einem als riesige Skandale erschienen waren – wie etwa die Plagiatsaffäre Guttenberg –, schrumpften angesichts der Tsunami- und Nuklearkatastrophe von Fukushima, der Revolutionen in Nordafrika und des Krieges in Libyen plötzlich auf mikroskopische Dimensionen zusammen. Gleich zu Beginn des Jahres trieb der Medienzirkus nicht nur die üblichen Säue durchs Dorf, sondern ließ diesmal ausgewachsene Elefanten durch die Arena marschieren, und zwar einen nach dem anderen. Schon im März 2011 schien die Welt komplett aus den Fugen zu sein, und zwar tektonisch genauso wie politisch.

Um ein Bild aus der Autowelt zu bemühen: Das Jahr 2011 überfuhr einen bereits, bevor es richtig angefangen hatte. Schon die ersten beiden Monate hatten es in sich: Vögel, die zum Jahreswechsel sterbend vom Himmel fielen, der Anschlag auf die US-Senatorin Gabrielle Giffords, die Nachwehen des »Wetten, dass …?«-Unfalls vom 19. Dezember 2010 mit dem Stuntman Samuel Koch, die sich anbahnenden Umwälzungen in der arabischen Welt, die Doktorklau-Affäre, das andauernde internationale Gezerre um den WikiLeaks-Gründer Julian Assange und die Aufregung um den E-10-Sprit. Im März machte das Jahr dann bereits derart atemberaubende Sprünge, dass einem die Luft wegblieb. Nein, besser gesagt, im dritten Monat war das Jahr so weit aus den Fugen geraten, dass es einen regelrecht traumatisierte. Die

Während die Propaganda-Apparate immer mehr »Realitäten« bzw. »Gummipuppen« produzieren, finden Letztere unter unseren Journalisten reißenden Absatz. Denn denen graust es ja bekanntlich vor gar nichts.

Fangen wir also an. Holen wir Präsidentenberater, Journalisten und alle anderen aus ihren Lotterbetten, und versuchen wir einen Blick auf die Realität zu werfen, wie sie wirklich ist. Politische Korrektheit gibt's woanders. Hier ist Klartext angesagt.

München, im November 2011

Gerhard Wisnewski

Vorwort

Kennen Sie zufällig den Film *Die Truman Show*? In dem eine ganze Stadt ein einziger Big-Brother-Container ist und alle Bescheid wissen bis auf einen, nämlich Truman – der erst aufwacht, als plötzlich ein Studioscheinwerfer aus dem Himmel fällt und vor ihm auf den Asphalt knallt? Nun – in genau so einem Studio leben auch wir, mit dem Unterschied, dass hier die wenigsten Bescheid wissen. Damit sich dies ändert, mache ich mich im Jahrbuch stets auf die Suche nach solchen Studioscheinwerfern. Nach Fehlern in der »Matrix«, um einmal dieses Modewort zu benutzen – nach Kulissen, die sonst keinen interessieren, sowie Informationen und Informationsfragmenten, die sonst kaum jemand zu einem großen Ganzen verbindet. Das Komische ist nur: Kaum hebt man einen solchen Studioscheinwerfer schreit alles auf: »Haltet den Dieb!« Dabei habe ja nicht ich ihn verloren. Man sollte auf seine Lügen halt besser aufpassen.

Für den österreichischen Autor Hermann Bahr war die Wahrheit »eine scheue Geliebte, die man niemals ganz besitzt«. Aber deswegen muss man ja nicht gleich mit einer Lüge ins Bett gehen, darf man hinzufügen. Oder mit einer Gummipuppe: »Wir sind jetzt ein Empire, und wenn wir handeln, dann erschaffen wir unsere eigene Wirklichkeit. Und während Sie unsere Realität untersuchen – so aufrichtig, wie Sie nur wollen –, kreieren wir schon wieder neue, andere Realitäten«, sagte einmal Karl Rove, früherer Berater von US-Präsident George W. Bush. Na, dann viel Spaß. So etwas nennt man wohl Vielweiberei mit der Lüge: jeden Tag mit einer anderen »Wahrheit« im Bett. Was mich angeht, so wechsle ich meine Wahrheiten nur selten und dann auch nur nach schmerzhaften Trennungsprozessen. Umso unangenehmer ist es, die allgemeine Hurerei im Medienbordell zu beobachten. Auch 2011 wurde wieder gelogen, dass sich die Balken biegen.

Inhalt

Freiheit ist die Freiheit zu sagen,
dass zwei und zwei gleich vier ist.
Sobald das gewährleistet ist,
ergibt sich alles andere von selbst.
GEORGE ORWELL

Man kann die Realität ignorieren,
aber man kann nicht die Konsequenzen
der ignorierten Realität ignorieren.
AYN RAND

www.wisnewski.de

Besuchen Sie uns im Internet:
www.knaur.de

FSC
www.fsc.org
MIX
Papier aus verantwortungsvollen Quellen
FSC® C083411

Originalausgabe Januar 2012

Ein Unternehmen der Droemerschen Verlagsanstalt
Th. Knaur Nachf. GmbH & Co. KG, München

Redaktion: Thomas Bertram
Bildredaktion: Markus Röleke
Umschlaggestaltung: ZERO Werbeagentur, München
Satz: Adobe InDesign im Verlag
Druck und Bindung: CPI – Clausen & Bosse, Leck
Printed in Germany
ISBN 978-3-426-78466-2

2 4 5 3 1

Gerhard Wisnewski

2012

Das andere Jahrbuch

verheimlicht
vertuscht
vergessen

Was 2011 nicht in der Zeitung stand

KNAUR TASCHENBUCH VERLAG

staltung und Rekolonialisierung der »bösen« muslimischen und arabischen Welt gehen schließlich auf den 11. September 2001 zurück. Die Anschläge auf das World Trade Center lieferten die Legitimation für eine komplette »Neuordnung« des Globus und letztlich für den Ausbau des US-Imperiums zur totalen globalen Macht. Allerdings gerät diese Legitimation inzwischen unter dem Trommelfeuer der Fragen allmählich ins Wanken. 9/11 läutete, wie ich schon 2003 schrieb, ein Zeitalter des Kampfes der Kulturen ein, in dem wieder das Recht des Stärkeren gelten sollte. Nur ist das Recht des Stärkeren kein Recht, sondern Barbarei.

Zu dumm, zu durchsichtig, zu durchschaubar lautet das Urteil eines jeden, der sich nur ein wenig mit den Widersprüchen des 11. September 2001 beschäftigte. Zugespitzt besteht das Problem der USA zehn Jahre nach dem 11.9. darin: Kollabiert die offizielle Version, kollabiert das ganze Imperium. Das Jahr 2011 und sein Verlauf waren für das US-Imperium daher von größter Bedeutung. Aber interessanterweise blieb durch die atemberaubenden Ereignisse der ersten drei Monate – speziell aber des März – überhaupt keine Zeit, sich auf den zehnten Jahrestag dieser historischen Katastrophe vorzubereiten, so stark war die Menschheit mit den neuen Katastrophen beschäftigt. Eigentlich hätte die Aufgabe bis zum 11. September 2011 darin bestanden, 9/11 vor dem Hintergrund der nunmehr zehnjährigen Recherchen erneut auf den Prüfstand zu stellen. Aber dafür blieb gar keine Zeit, stattdessen wurde dieser Prozess durch einen neuen 11. September unterlaufen: den 11. März 2011, an dem eine Monsterwelle Japan heimsuchte und den Atommeiler Fukushima zerstörte.

In seiner traumatischen Wirkung stand der 11. März dem 11. September in nichts nach. Heute wie damals starrte das Publikum wie hypnotisiert auf immer dieselben suggestiven Fernsehbilder von beschädigten und explodierenden Gebäuden und sog begierig die von den internationalen Fernsehnetzen erzeugten Angstwellen auf. Viele Menschen steigerten sich in regelrechte Angstrausche

hinein, in denen alles andere glatt verblasste. Kurz, man hatte fast den Eindruck, dass der 11. September 2011 psychologisch auf den 11. März 2011 vorverlegt wurde. Und heute wie damals wurde wenige Wochen nach dem traumatischen Ereignis ein Krieg geführt – damals gegen Afghanistan, heute gegen Libyen. Ist das nicht merkwürdig? Allerdings. Denn so ein Krieg muss natürlich geplant werden, man kann ihn nicht von heute auf morgen beginnen. Und so wie die Pläne für den Afghanistan- und den Irak-Feldzug schon lange vor dem 11. September 2001 in den Schubladen des Pentagons lagen, müssen auch die Pläne für den Krieg gegen Muammar al-Gaddafi bereits lange vor dem 11. März 2011 in den Schubladen gelegen haben – um dann im Windschatten des japanischen Tsunamis in die Tat umgesetzt zu werden.
Mit anderen Worten, wir befinden uns zehn Jahre nach dem 11. September 2001 in einem welthistorisch enorm bedeutsamen Jahr. Die Weltgeschichte wird vorangetrieben. Ganz Nordafrika wird umgestaltet, Weltreiche wie das Dollar- und das Euro-Imperium vergehen, neue Weltreiche werden entstehen. In der Politik aber geschieht »nichts zufällig«. Und »wenn etwas geschieht, kann man sicher sein, dass es auch in dieser Weise geplant war«, sagte einmal US-Präsident Franklin Delano Roosevelt. Und der wusste ganz sicher, wovon er sprach.

Januar 2011

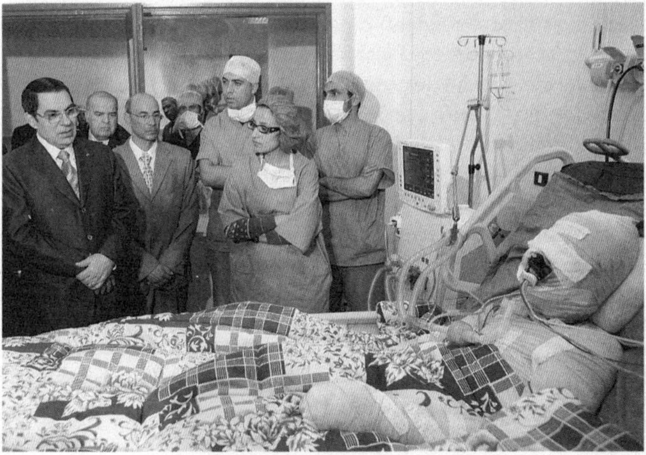

Thema des Monats *4.1.:*
Tunesien: Die Jasmin-Revolution fußte auf einer Lüge

4.1. In Tunesien stirbt der als Revolutionär gefeierte Mohammed Bouazizi und löst damit die nordafrikanischen Revolutionen aus **21.1.** Verteidigungsminister Karl-Theodor zu Guttenberg gibt den Auftrag, den Kapitän der Gorch Fock von seinen Pflichten zu entbinden ***24.1. Im Flughafen Moskau/Domodedowo explodiert eine Bombe 26.1. In New York treffen sich die globalen Fernsehmacher zur Einigung auf die offizielle Geschichte*** **28.1.** Der Deutsche Bundestag verlängert das Afghanistan-Mandat der Bundeswehr um weitere zwölf Monate **29.1.** Nach andauernden Massenprotesten leitet der ägyptische Staatspräsident Mohammed Hosni Mubarak eine Regierungsumbildung ein

4. Januar Tunesien: Der Funke der Revolution

Der tunesische Präsident Zine El-Abidine Ben Ali hat einen schlechten Tag. Um 5.30 Uhr stirbt in einem Krankenhaus in Ben Arous der sechsundzwanzigjährige Mohammed Bouazizi. Zwar sterben in Tunesien – wie überall auf der Welt – jeden Tag irgendwelche Leute, doch Bouazizi war ein ganz besonderer Mensch – jedenfalls für den Präsidenten Ben Ali. Am 28. Dezember 2010 hatte Ben Ali Bouazizi sogar noch im Krankenhaus besucht und versprochen, ihn in eine Spezialklinik nach Frankreich fliegen zu lassen. Doch nun, am 4. Januar 2011, war es zu spät. Nicht, dass Bouazizi reich gewesen wäre – berühmt und bedeutend aber schon. Dies nicht aufgrund von Adelstiteln oder politischen Ämtern, sondern aufgrund der schweren Verbrennungen, die er sich am 17. Dezember 2010 zugezogen hatte. Angeblich hatte er sich an diesem Tag aus Protest gegen die politischen Verhältnisse in Tunesien mit Benzin übergossen und angezündet und wurde so zum Helden der Revolution in dem nordafrikanischen Land. Seitdem kämpften beide ums Überleben – Bouazizi um das physische und Präsident Ben Ali um das politische. Und beide schafften es nicht. Nachdem Bouazizi gestorben war, trugen ihn etwa 5000 Menschen zu Grabe. Und wenig später war deshalb auch Ben Alis Herrschaft zu Ende. Am 14. oder 15. Januar 2011 gab der tunesische Präsident Fersengeld und verließ das Land. Fertig war die nach der Lieblingsblume der Tunesier benannte »Jasmin-Revolution«.

Der »Held der tunesischen Revolution«

Und Mohammed Bouazizi war der »Held der tunesischen Revolution«, so die Website der *Neuen Zürcher Zeitung (NZZ)* am 23. Januar 2011. Sein Tod war der Ausgangspunkt der Umwälzungen in Nordafrika: »Was in Tunesien dieser Tage geschieht, ist wahrhaftig eine Revolution«, jubelte der österreichische *Standard* am 16. Januar 2011: »Nachdem sich am 17. Dezember der junge Akademiker Mohammed Bouazizi aus Protest gegen die Beschlagnahme seines auf der Straße verkauften Obst und Gemüses durch die Polizei selbst verbrannt hatte, protestierten im ganzen Land immer mehr junge Menschen gegen ihre hoffnungslose wirtschaftliche Situation und gegen Polizeigewalt und das autoritäre Regime von Präsident Ben Ali.«

»Ein Akademiker ohne Stelle, der sich und seine Familie mit dem Verkauf von Obst über Wasser hält, zündet sich aus Protest gegen die Jugendarbeitslosigkeit in Tunesien an.« So referierte *Spiegel Online* am 23. Januar 2011 die gängige Version der Ereignisse, »auf die sich Nachrichtenagenturen schon Tage nach der Selbstverbrennung geeinigt hatten«. Mit einem Besuch bei den Hinterbliebenen sorgte ausnahmsweise *Spiegel Online* für einen seltenen Lichtblick in der üblichen Jubelpropaganda. Denn siehe da: Die Version, »auf die sich die Nachrichtenagenturen geeinigt hatten«, hatte mit der Realität kaum etwas zu tun. Vielmehr wussten Bouazizis Hinterbliebene um diese Zeit auch noch nicht, wie Mohammed zu der Ehre kam, zum Revolutionär und Medienstar zu werden. Stattdessen kam er zu seinem Heldentum wie die berühmte Jungfrau zum Kinde. Die Legende vom Akademiker, der aus Protest gegen die Jugendarbeitslosigkeit sein Leben opfert, zerplatzte beim Ortstermin im tunesischen Sidi Bouzid wie eine Seifenblase: »Mein Bruder hatte zwar Abitur, aber studiert hat er nicht«, lässt *Spiegel Online* den Bruder Salem Bouazizi zu Wort kommen. Und: »Wir sind alle völlig unpolitisch.« Ob Mohammed dies alles gewollt hätte – den ganzen Rummel, den Heldenstatus, die Revolution? »Ich weiß nicht«, zitiert *Spiegel Online* Bouazizis Schwester Leila: »Sie erzählt von einem jungen Mann, der sicher nicht zum Helden geboren wurde. Umgerechnet zwischen drei und fünf Euro brachte Mohammed abends vom Obstverkauf heim, davon lebten die Mutter und fünf Geschwister. Der Vater ist vor langer Zeit gestorben. An die Gründung einer eigenen Familie konnte Mohammed nicht denken. Er hatte nicht das Geld, eine Hochzeit und die nötige Aussteuer zu bezahlen.«

Ein tödlicher Wutausbruch

Der Wutausbruch, in dessen Verlauf Bouazizi sich selbst anzündete, geschah demnach im Affekt und war Ausdruck einer privaten Misere. Mohammeds Wut entzündete sich höchstens indirekt an den politischen Verhältnissen. Das eigentliche Problem lag darin, dass er während eines Streits mit einer Polizistin namens Fedia Hamdi über seinen falsch geparkten Obststand angeblich von der Frau geohrfeigt worden war – der »worst case« für einen arabischen Mann. »Er konnte die Schande nicht ertragen, von einer Frau geohrfeigt worden zu sein«, zitiert *Spiegel Online* die Schwester. »Umbringen wollen habe sich ihr Bruder jedoch keinesfalls.« Sie stellt das Ganze gar als Unfall dar. »Mohammed sei zur Tankstelle gegangen, habe den Sprit über sich ausgeschüttet – und sei dann zeternd und fluchend herumgesprungen. Dabei habe er offenbar aus Versehen mit seinem Feuerzeug einen Funken geschlagen, der ihn in Brand steckte«, lautete die Version der Familie.

Eine Ohrfeige verändert die Welt

Wie bitte? Ein Mann übergießt sich mit Benzin und zündet sich anschließend aus Versehen an? Plausibler wird die Geschichte durch den Bericht einer Reporterin der britischen Zeitung *The Observer,* die im Mai 2011 Fedia Hamdi besuchte, die Bouazizi geohrfeigt haben soll. Ganz im Gegensatz zu den Bouazizis drängelten sich bei der Polizistin nicht gerade die Reporter: »Ich bin der erste Journalist, zu dem Hamdi je gesprochen hat«, berichtete die Abgesandte des *Observer*. Hamdis Geschichte unterscheide sich von jener der Bouazizis in kleinen, aber entscheidenden Details. Zwar habe sie bestätigt, dass es am Vormittag des 17. De-

zember 2010 eine Konfrontation mit Mohammed Bouazizi gegeben habe, weil er seinen Obstwagen falsch geparkt hatte.
Immer mehr Händler hätten sich um sie versammelt, und sie habe Angst bekommen, das Ganze könnte aus dem Ruder laufen. Sie habe aber darauf bestanden, ihn nicht geohrfeigt zu haben: »Ich hätte ihn nie geschlagen«, sagte Hamdi der *Observer*-Journalistin. »Es war ausgeschlossen, denn zuallererst bin ich eine Frau. Ich lebe in einer traditionellen arabischen Gemeinde, wo es Frauen verboten ist, Männer zu schlagen. Und zweitens hatte ich Angst … ich machte nur meinen Job.«

Die Jasmin-Revolution fußte auf einer Lüge

»Als ich ihn aufgefordert habe zu gehen, weigerte er sich und griff nach meiner Hand, wobei er mir am Finger weh tat. Er war wütend auf mich, also gab ich nach, aber zur Strafe beschlagnahmte ich einige seiner Bananen und Paprika.« Bouazizi sei »hysterisch« gewesen, als sie ihn verließ: »Er wusste schon beinahe nicht mehr, was er tat.« Laut *Observer* ging Bouazizi nun zuerst zur Polizei, um seine Früchte zurückzufordern, wurde aber abgewiesen. Anschließend forderte er ein Treffen mit dem Polizeichef oder Bürgermeister – wiederum vergeblich. »Wahrscheinlich kochten die angestauten Frustrationen und Demütigungen in diesem Stadium über«, vermutete der *Observer*. »Warum auch immer, jedenfalls beschloss Bouazizi, sich mit brennbaren Flüssigkeiten zu übergießen – wahrscheinlich Verdünner oder Benzin – und sich anschließend, kurz nach ein Uhr mittags, in Brand zu setzen.« Allerdings sei die Frage, ob der erregte Mann wusste, was er tat, umstritten. Ein Bewohner von Sidi Bouzid behauptete, Bouazizi habe sich eher »als Drohung« mit Benzin übergossen. »Er wollte sich nicht selber töten.« Wieder andere behaupteten, Bouazizi habe sich danach eine Zigarette angezündet und sei dabei in Brand geraten – ein Unfall also. An diesem Punkt treffen sich diese Schilderungen mit den ersten

Darstellungen der Bouazizi-Familie von einem Unfall. Tatsächlich erscheint das Ganze in diesem Licht als die Geschichte vom Streit zwischen einem arabischen Hitzkopf und einer weiblichen Respektsperson, in dessen Verlauf der Mann nicht mehr wusste, wie er sich durchsetzen sollte, und damit drohte, sich anzuzünden, und, als er sich wieder abregen wollte, in der Aufregung vergaß, dass er in diesem Zustand lieber nicht rauchen sollte. »Was Mohammed Bouazizi an jenem Freitag vor fünf Wochen tatsächlich durch den Kopf gegangen ist«, werde sich wohl »nie feststellen lassen«, so *Spiegel Online* am 23. Januar 2011.

Revolutionsprosa aus der Mythen-Maschine

»Könnte alles nur eine Legende gewesen sein?«, fragte gar *globalpost.com* am 16. Mai 2011. »Am Obstladen an der Hauptstraße von Sidi Bouzid« würden Bouazizis Kollegen den Vorfall noch immer diskutieren. »Er wurde nie geschlagen«, sagte Monji Arab, ein Obstverkäufer, der neben Bouazizi verkaufte und behauptete, dabei gewesen zu sein.« Der Mann sei nicht der Einzige mit dieser Meinung, so *globalpost.com*. »Berichten zufolge meldeten sich verschiedene Augenzeugen und räumten ein, dass es die Ohrfeige niemals gegeben hat.« »Die Ohrfeige war eine Erfindung«, schrieb auch der *Observer:* »In Femdia Hamdis Augen fußte die Jasmin-Revolution auf einer Lüge.« Tatsächlich ließ selbst Bouazizis Mutter ihre Beschuldigungen, ihr Sohn sei geohrfeigt worden, alsbald fallen.

Der große Märtyrer Mohammed Bouazizi – kein Revolutionär? Seine Selbstverbrennung – kein letzter verzweifelter Aufstand gegen ein unmenschliches Regime? Nichts da! Schließlich hatte der arme Gemüsehändler nicht nur ein Facebook-Konto, sondern auch die Fähigkeiten eines ausgewachsenen Revolutionspoeten. Auf Facebook hatte er nämlich geschrieben:

»Ich gehe nun, Mutter, verzeih mir und mach mir keine Vorwürfe. Ich bin auf meine Weise verloren, und es liegt nicht in meiner Hand. Vergib mir, wenn ich den Worten meiner Mutter nicht gehorchte. Es sind die Zeiten – beschuldige nicht mich. Ich gehe und komme nicht zurück. Schau, ich habe nicht geweint, und keine Träne verließ meine Augen. Mach mir keine Vorwürfe in diesen Zeiten des Verrats im Lande unseres Volkes. Ich habe es satt und nicht alles im Kopf, was passiert ist. Ich gehe und frage, wer den Weg zur Vergebung weist.«

Eine Medienschöpfung namens Bouazizi

Tatsächlich war es schwer vorstellbar, dass Bouazizis Tod alleine die Revolution befeuert haben könnte. Vielmehr waren dazu natürlich noch gewisse politische Äußerungen notwendig, die der »Selbstverbrennung« den nötigen »Spin« gaben. Aber Mohammed Bouazizi selbst war natürlich gar »nicht der verlinkte Internet-Freak, von dem Sie vielleicht gelesen haben und der online über seine Enttäuschungen und Absichten schrieb«, hieß es am 17. Juni 2011 auf *BBC News*. »Wie es der Zufall so will, handelte es sich um einen anderen Studenten mit demselben Namen, der seine Poesie und revolutionären Songtexte ins Netz stellte. Es waren wohl diese Beiträge, die sich wie ein Flächenbrand über Tunesien und darüber hinaus verbreiteten, ohne dass das Regime etwas dagegen tun konnte, und die den Aufstand befeuerten.« Kürzliche Nachforschungen des TV Senders *France 24* hätten ergeben, dass sich Mohammed Bouazizis Namensvetter »bester Gesundheit erfreut«. Na so was – handelte es sich etwa um einen Trittbrettfahrer, der im Internet einfach Bouazizis Namen angenommen hatte? »Es gibt keinen Zweifel«, hieß es auf *BBC News* weiter, »dass die nachfolgenden Unruhen im ganzen Land teilweise von engagierten und cleveren jungen Leuten über soziale Netzwerke bekannt gemacht und gefördert wurden.« Für einige Tunesier sei Bouazizi nicht länger ein politischer Held, sondern

»eine Medienschöpfung, hergestellt nach den Bedürfnissen von Außenstehenden, welche die Geburt des arabischen Frühlings lyrisch aufpolieren wollen«. »Wenn man genau hinhört, gibt es wachsenden Unmut unter jenen, die glauben, dass Mohammed Bouazizi kein politischer Held, sondern eine Medienschöpfung war, hergestellt von einer Mythen-Maschine, die sich unmittelbar nach seinem Tod in Bewegung setzte«, so der *Observer*.

Der brennende Sohn der ganzen Welt

Dieser »Mythen-Maschine« zufolge war die Familie plötzlich nicht etwa verzweifelt über den Verlust des einzigen Ernährers. Nein, glaubte man internationalen Medien, redete nicht nur Bouazizi, sondern mit einem Mal auch seine Hinterbliebenen schönste Revolutionsprosa: Die Mutter sei »stolz darauf, dass ihr Sohn die Flamme der Freiheit entzündete«, hieß es auf der Website des *Sydney Morning Herald* am 5. März 2011. »Er sei nun der Sohn der ganzen Welt, nachdem sein verzweifelter Akt die gesamte Region verändert, zwei greise Führer gestürzt und nun Libyens starken Mann Gaddafi bedroht habe. ›Ich war sehr stolz auf meinen Jungen, aber nun bin ich noch stolzer. Mohamed hat sich selbst entzündet und sein Feuer, seine Flamme der arabischen Welt gebracht‹«, zitierte das britische Skandalblatt *Sun*, das die Bouazizis ebenfalls besucht haben wollte, Bouazizis Mutter. »Mohamed«, schwafelte die Mutter demnach, als habe man sie einer Gehirngewäsche unterzogen, »ist die Kerze, die unsere Nation und die ganze Welt erleuchtete.« Aber: »Es hört sich zeitweise an, als hätte sie ihre Antworten auswendig gelernt und die Sätze zuvor schon Hunderte Male aufgesagt«, schrieb die nüchterne *Observer*-Reporterin (15.5.2011). Die Erklärung für diesen plötzlichen Sinneswandel ist vermutlich Geld: Zuerst bekam die Mutter Geld vom tunesischen Präsidenten Ben Ali, dann soll sie an dem globalen Rummel um ihren Sohn verdient haben. Allein für seinen Gemüsewagen sollen ihr horrende Summen geboten

worden sein, und schon bald zog sie in ein besseres Viertel von Sidi Bouzid um.
Wie sich herausstellte, wurde auch die Geschichte vom arbeitslosen jungen Akademiker, der sich aus Protest gegen die Jugendarbeitslosigkeit in Brand steckte, zielgruppengerecht entworfen: »In der Tat, wir haben uns das alles ausgedacht«, sagte ein tunesischer Gewerkschaftsangehöriger der französischen Tageszeitung *Libération*. »Mit der Geschichte vom ›diplomierten Opfer‹ sollte das tunesische Bildungsbürgertum zu Protesten gegen das Regime motiviert werden, mit der von einer schlagenden Beamtin die konservative Landbevölkerung.« Klar: Eine Beamtin, die einen Mann ohrfeigt, musste unter konservativen Tunesiern einfach einen Aufstand auslösen. »Aus Sicht des Gewerkschafters kam die Revolution keineswegs wie ein Donnerschlag aus heiterem Himmel: ›Wir haben versucht, jede Demonstration in einen Protest gegen das Regime umzuwandeln‹« (zit. nach *wissen.de*, 16.6.2011).

Die Drahtzieher der Revolution

Dahinter stecken ausgeklügelte Revolutionsstrategien aus dem Ausland: »Im Nahen Osten erwacht die Demokratie. Was spontan wirkt, wurde lange im Voraus geplant. Mit Hilfe professioneller Berater. Die jüngsten Revolutionen, die im Nahen Osten Diktatoren zu Fall brachten, sind nicht spontan entstanden – sie waren geplant und geprobt«, enthüllte das *Weltjournal* des ORF am 11. Mai 2011 (»Die Revolutions-Profis«). Der Regimewechsel »wurde in Ägypten und Tunesien bereits seit Jahren trainiert. Die arabischen Revolutionäre hatten eine Art Gebrauchsanweisung, die bereits bei der ›Orangenen Revolution‹ in der Ukraine und in anderen osteuropäischen Staaten zum Einsatz gekommen war. Der Umsturz folgte einem Plan wie eine gut geführte Werbekampagne.« In Tunesien traf das ORF-Fernsehteam einen der Drahtzieher. Ein gewisser Amine Ghali von der US-Organisation

Freedom House »zeigt uns Fotos von einem Treffen in Marokko. Es sollte den Lauf der Geschichte in Tunesien entscheidend verändern.« In Marokko habe man Trainer aus Belgrad gehabt, erzählt Freedom-House-Mann Ghali brühwarm, »die uns die Strategien des gewaltlosen Widerstandes beibrachten. Sie haben uns von ihren Erfahrungen aus Serbien berichtet. Die Umstürze in den neunziger Jahren in Osteuropa. Der gewaltlose Widerstand. Das hat natürlich auch die arabische Welt stark beeinflusst. Ab diesem Zeitpunkt wussten wir genau: Das wollen wir auch hier probieren, um einen Regimewechsel in unseren eigenen Ländern herbeizuführen.« Also auch in Tunesien.

»Finanziert wird das Training zum Regimewandel größtenteils von amerikanischen Organisationen wie Freedom House, die sich weltweit für den Export der Demokratie engagieren«, heißt es in dem ORF-Film. Freedom House ist Teil eines ganzen Netzes US-amerikanischer Stiftungen und Organisationen, die sich weltweit für die »Demokratie« bzw. ihre Vorstellung von Demokratie einsetzen, sprich: für mediengesteuerte und durch Wahlen scheinlegitimierte Pseudo-Demokratien. »Die Trainer der Revolution kommen meist aus Serbien, wo die Widerstandsgruppe Otpor maßgeblich am Sturz von Präsident Miloševic beteiligt war«, so der ORF-Text zu dem Film. Inzwischen ist Otpor (»Widerstand«) der Schrecken aller »Diktatoren« geworden, oder besser gesagt: der Schrecken aller Regierungschefs, die dem Westen und seinen Geostrategen nicht in den Kram passen. Inzwischen habe Otpor nämlich »ein Business aus der Revolutionsberatung gemacht«. Revolution nach dem McDonald's-Prinzip: Was in Serbien funktionierte, das funktioniert überall. Das Otpor-Symbol, eine geballte Faust, sei überall auf der Welt übernommen worden: In Georgien, Russland, Venezuela, Iran »und zuletzt in Ägypten«. Insgesamt, so der ORF-Film, seien die Revolutionsberater von Otpor »bereits in 37 Staaten in Sachen Anleitung zum Umsturz aktiv« gewesen. »Die CIA«, spottete der amerikanische Autor und Geopolitik-Experte Webster G. Tarpley, »wird geizig. Die benutzen einfach die alten Logos von Otpor von 1999/2000. Andere Slogans, die man in Ägypten sieht, wie ›Mubarak Game Over‹, sind alte Parolen aus Tibet. Man hat versucht, eine Kulturrevolution des Dalai-Lama anzuschieben, also der schlimmsten feudalistischen Reaktion. Das haben sie einfach übertragen auf Ägypten.«

Machtvakuum nach der Revolution

Die CIA? Und ob. Ein Teil der Gelder für Ghalis Freedom House stammt von der US-Regierungsorganisation USAID (United States Agency for International Development), der sehr enge Verbindungen zur CIA nachgesagt werden. Seit den sechziger Jahren unterhalte diese US-Behörde für internationale Entwicklung enge Arbeitsbeziehungen zur CIA, heißt es auf der renommierten alternativen Nachrichtenseite infowars.com. CIA-Angehörige würden im Ausland sogar häufig unter USAID-Tarnung auftreten.

Einstweilen herrscht nach so mancher Revolution Katerstimmung: »In der arabischen Welt waren die Tunesier die ersten, die ihren Diktator entmachtet haben«, hieß es in dem ORF-Beitrag, dessen Autoren das nachrevolutionäre Land besuchten: »Doch die Euphorie darüber haben wir nicht gespürt. Die politische Ungewissheit schlägt auf die Stimmung der Menschen.«

Knapp sechs Monate nach der Revolution sei auch Ägypten »ein gespaltenes Land. (…) Die Hälfte der Ägypter lebt in bitterer Armut«, berichtete ZDF-Korrespondent Dietmar Ossenberg am 3. August 2011 zu Bildern von mannshohen Müllbergen auf den Straßen (*ZDF heute journal,* 3.8.2011). Die Bevölkerung warte bisher »vergebens auf die Früchte der Revolution. Verwaltungen funktionieren nicht mehr, Raub und Überfälle haben zugenommen, die Preise sind gestiegen, weil es keine Preiskontrollen mehr gibt.« »Es ist schlimmer als vor der Revolution«, sagt ein Ägypter in die Kamera, »niemand kann sich diese Preise mehr leisten, und es gibt keine Sicherheit mehr im Land.« »Die Jugend, die über Internet und Handy die Revolution angeführt hatte und die jetzt Probleme hat, sich zu organisieren – ratlos. ›Wir wollen kein Land, in dem die Scharia herrscht, wir wollen echte Demokratie und dass die Jugend eine Stimme hat.‹« Tatsächlich sieht es so aus, als würde die Jugend mit ihren Internetkenntnissen bei den arabischen Revolutionen nur benutzt. »Revolution – ein großes Wort, das nach Aufbruch klingt, nach Neuanfang, aber genau davon ist in Ägypten momentan wenig zu spüren«, heißt es am selben Tag im *ZDF-Auslandsjournal* (3.8.2011). »Der arabische Frühling droht dort noch vor dem Herbst zu scheitern. Politische Reformen, eine neue Verfassung, freie Wahlen – all das haben die regierenden Generäle auf irgendwann später verschoben.« Die Gewalt gegen Demonstranten gehe weiter.

Putsch statt Revolution

Ergebnis: Die Bevölkerung, insbesondere die Jugend, saß zwar im Boot und ruderte, aber am Steuer saß jemand anders. Kritiker sähen in dieser Art von manipulierten Revolutionen daher auch keine Revolutionen oder Volksbewegungen, sondern »in der überwiegenden Mehrheit Putsche«, meint der amerikanische Autor Tarpley. »Es ist kläglich zu sehen, wie erwachsene Personen in der westlichen Welt so stockbegeistert sein können von solchen zynischen Spielen.« Tatsächlich unterstützte Freedom House nicht nur friedliche »Revolutionen«, sondern laut eigener Darstellung von Anfang an auch die NATO – also jene Organisation, die 2011 Libyen bombardierte (siehe: »Freedom House: A History«, Freedom House Website). Demnach sind die »friedlichen Revolutionen« und die NATO-Kriege nur zwei Seiten ein und derselben Medaille, nämlich des Putsches gegen das jeweilige Regime: Die betreffende Regierung wird durch Aufstände von innen und militärische Aktionen von außen in die Zange genommen und gestürzt.
Kurz: Der Verbrennungstod des Gemüsehändlers Bouazizi war

praktisch nur Rohmaterial – eine Steilvorlage für die künstlichen Revoluzzer. Sofort nach seiner Selbstverbrennung oder seinem Brandunfall bemächtigten sich internationale Medien und Revolutionsstrategen des Schicksals von Mohammed Bouazizi und deuteten es für ihre Zwecke in eine Waffe gegen das tunesische Regime um.

Selbstverbrennung – ein nützliches »Werkzeug«?

Mit dem (so wörtlich) »Werkzeug« der Selbstverbrennung beschäftigt man sich zum Beispiel bei dem privaten amerikanischen Geheimdienst Stratfor. Eine Selbstverbrennung sei ein »sehr mächtiges politisches Werkzeug«, sagte der Vizepräsident von Stratfor, Rodger Baker, am 18. Januar 2011: »Sie beschwört in jenen, die ihr beiwohnen, ein Gefühl der Schreckens herauf und ist auf der anderen Seite eine öffentliche Todesart, die niemand anderen verletzt, wie etwa ein Selbstmordanschlag oder Ähnliches. Deshalb kann sie auf eine ganz andere Art die Aufmerksamkeit auf die zugrunde liegenden Ursachen ziehen und auf das, wogegen der Betreffende protestiert.« Allerdings reicht eine Selbstverbrennung alleine nicht aus, um eine Protestbewegung zu begründen: »Um mit Selbstverbrennung wirklich eine Bewegung oder Aktionen anzustacheln, muss bereits eine gewisse Spannung vorhanden sein, eine subkutane Stimmung für Aktionen, die auf etwas wartet, das sie entzündet … Selbstverbrennung hat jedoch auch den Beigeschmack des Märtyrertums. Sie bedeutet, für andere Menschen oder für die Sache, für die man letztlich stirbt, große Schmerzen auf sich zu nehmen« (Stratfor: »Dispatch: Self-Immolation as a Political Tool«, 18. Januar 2011).

Was man in Nordafrika sehe, so Stratfor-Mann Baker, sei keine religiöse, sondern eine politische Selbstverbrennung – was die Familie Bouazizis ursprünglich allerdings bestritten hatte. Aber natürlich kann man den Tod ihres Angehörigen als »politisches Werkzeug« (Stratfor) benutzen. Im Nahen Osten sei die

Selbstverbrennung eine neue »Taktik«, und dies könne im Fall Tunesiens zu ihrer Wirksamkeit beigetragen haben, so Baker. Für Regierungen sei es sehr schwierig, damit umzugehen, denn hier handele es sich ja um niemanden, der herumlaufe und andere verletze, Gebäude in die Luft sprenge oder Regierungsgebäude attackiere. Mit anderen Worten, der »Selbstverbrenner« zieht, da er niemandem schadet, keinerlei Wut auf sich, sondern lenkt sie gebündelt allein auf die Regierung oder die Verhältnisse – ganz im Gegensatz zu herkömmlichen Terroristen und Selbstmordattentätern, welche die Wut auf das politische Milieu ziehen, dem sie selbst entstammen, also auf al-Qaida, die Taliban, die Linke, die Rechte oder welche Bewegung auch immer für das Selbstmordattentat verantwortlich gemacht wird. Und daher, so Baker, sei es sehr schwierig für eine Regierung, solche Leute, die nichts weiter tun, als sich selbst zu töten, zu verdammen.
Kurz: Während sich das Selbstmordattentat aufgrund der vielen unschuldigen Opfer immer gegen die Bewegung kehrt, von der es angeblich ausgeht, lenkt die Selbstverbrennung die Wut tatsächlich nach außen auf die angeblich dafür verantwortlichen Verhältnisse. Und falls das öffentlich und mit politischen Untertönen geschehe, werde die Botschaft auf eine Weise verbreitet, welche die Regierung nicht wirklich kontrollieren könne, so Baker. Was nichts anderes heißt, als dass eine Regierung gegen derartige Selbstverbrennungen wehrlos ist. Kurz: Die Selbstverbrennung ist die höchste und durchschlagkräftigste Form des gewaltlosen Widerstandes, wie er seit vielen Jahren von amerikanischen Umsturz-Strategen vom Schlage eines Gene Sharp (*Von der Diktatur zur Demokratie. Ein Leitfaden für die Befreiung. Das Lehrbuch zum gewaltlosen Sturz von Diktaturen,* München 2011«, siehe 21. Mai: »Die globale Revolution«) propagiert wird – allerdings ohne die Selbstverbrennung explizit zu erwähnen.
Fakten zählen dabei gar nicht. Die Legende vom sich selbst verbrennenden Revolutionär Bouazizi ist inzwischen zum Selbstläu-

fer geworden. So soll Bouazizi bei seiner Selbstverbrennung auch noch »Schluss mit der Armut! Schluss mit der Arbeitslosigkeit!« gerufen haben, hieß es am 7. Januar 2011 auf der Website der »Tagesschau« – eine Behauptung, für die sich nirgends ein Beleg finden ließ. Und macht es sich nicht auch noch viel besser, wenn der bedauernswerte Gemüsehändler nicht nur geohrfeigt, sondern auch noch gefoltert worden wäre? Und ob: Also brachte man Bouazizi plötzlich auch noch »auf die Wache, wo die Polizisten ihn folterten«, wusste die Website der *Bild*-Zeitung am 6. August 2011 zu berichten. Ebenfalls etwas, das bisher niemand behauptet hatte – nicht einmal Bouazizis Familie.

24. Januar
Attentat mit Ankündigung

Moskau, Flughafen Domodedowo, circa 16.32 Uhr Ortszeit. Eine Überwachungskamera zeigt eilige Gestalten, die im gedämpften Licht der Ankunftshalle geschäftig mit Koffern und Taschen hin und her laufen – Fluggäste, die soeben aus aller Herren Länder angekommen sind. Plötzlich erscheint im Hintergrund des Bildes ein heller Feuerball, danach wabern Rauchschwaden durch die Halle. Ein Sprengstoffattentat: »Überall liegen Körper herum, manche haben keine Arme, andere keine Beine«, zitierte die Internet-Zeitung *Lifenews* einen Augenzeugen (zit. nach: *Russland HEUTE*, 24.1.2011). »Die Polizei hat mehrere Schwerverletzte herausgeführt, bei einem war das Hemd total blutverschmiert«, berichtete ein anderer dem Radiosender Business-FM (ebda.). Die Bilanz: mindestens 35 Tote und 152 zum Teil schwer Verletzte.

Für Medien und Behörden steht umgehend fest: Selbstmordanschlag am Flughafen. »Nach vorläufigen Angaben hatte ein Selbstmordattentäter eine mit Metallstücken gefüllte Bombe mit einer Sprengkraft von bis zu sieben Kilogramm TNT gezündet«

(*RIA Novosti,* 29.1.2011). »Flughafen-Sprecherin Jelena Galanowa sagte der Nachrichtenagentur Interfax, dass die Explosion in der internationalen Ankunftshalle stattfand«, »in einem öffentlichen Bereich, zu dem Nicht-Passagiere freien Zutritt haben« (*BBC News,* 24.1.2011). Auch auf einer Skizze der *New York Times*-Website vom 24. Januar 2011 war der Explosionsbereich in der öffentlichen Ankunftshalle eingezeichnet. Das Szenario lautete also: Ein Selbstmordattentäter betrat den Flughafen, begab sich in die öffentliche Ankunftshalle und zündete seine Bombe.

Bekenntnisse eines Phantoms

Am 7. Februar wurde im Internet ein Video verbreitet, in dem sich der islamistische Rebellenführer Doku Umarow angeblich zu dem Attentat bekannte. Laut *n-tv* vom 8. Februar 2011 bezeichnete Umarow die Bluttat als Vergeltung »für die russischen Verbrechen im Kaukasus«. Umarow ist so etwas wie der »russische bin Laden« und eine Art Allzweck-Sündenbock, der für zahlreiche Attentate verantwortlich gemacht wird. Genau wie Barack Obama bin Laden wollte der russische Präsident Wladimir Putin Umarow »jagen und töten lassen«. Genau wie bin Laden ist auch Umarow ein Phantom und wurde schon mehrmals für tot erklärt. Zuletzt soll er am 29. März 2011 bei einem russischen Kommandounternehmen getötet worden sein – oder auch nicht. Eine seriöse Bestätigung gab es dafür ebenso wenig wie für den angeblichen Tod bin Ladens am 2. Mai 2011 (siehe 2. Mai: »Wie Obama einmal Osama fing«).

»Bekenner-Videos« solcher Phantome besagen bekanntlich gar nichts:

- Was sagt die Person dort wirklich? In der Vergangenheit sind schon zu viele falsch übersetzte Videos aufgetaucht (u. a. von Osama bin Laden und Mahmud Ahmadinedschad), als dass man die Inhalte unbesehen glauben könnte.

- Wann wurde das Video überhaupt aufgenommen?
- Wer stellte das Video ins Netz?
- Wenn sich der Betreffende wirklich zu dem Anschlag bekennt: Kann er seine Täterschaft oder die Anstiftung zur Tat überhaupt beweisen? Offenbart er irgendein Täterwissen? Schließlich ist nichts einfacher, als sich zu einem »herrenlosen« Bombenanschlag zu bekennen und dadurch Bedeutung zu gewinnen.

Handfeste Beweise für die Täterschaft oder Planung des Anschlags durch den tschetschenischen Rebellenführer wurden der Öffentlichkeit bis heute nicht präsentiert.
Was stimmt überhaupt an der offiziellen Darstellung? In den ersten Meldungen war schließlich noch ganz klar davon die Rede, dass die Bombe im sogenannten »Baggage Claim« explodiert sei, also an den Fließbändern, wo die Fluggäste ihr Gepäck abholen. Auch ein Augenzeuge sagte: »Zuerst dachten wir, dass die Explosion in der Gepäckausgabe war«; dort habe die Polizei mehrere Schwerverletzte hinausgeführt (*Russland HEUTE,* 24.1.2011). Dies war allerdings eine brisante Nachricht – viel brisanter als die Feststellung, dass die Bombe in der öffentlichen Ankunftshalle explodierte. Denn anders als in die Ankunftshalle kommt man in die internationale Gepäckausgabe von außen nicht hinein. Und das würde bedeuten, dass die Sicherheitsorganisationen des Flughafens entweder versagt oder bei dem Anschlag sogar eine Rolle gespielt hätten. Denn Zugang zu den Fließbändern der internationalen Gepäckausgabe haben – abgesehen von Flughafenpersonal und Sicherheitskräften – ausschließlich Fluggäste.

Wo explodierte die Bombe?

Machen wir uns also selbst auf die Suche. Erste Frage: Wo genau wurde der »Selbstmordanschlag« denn nun verübt? Die BBC zitierte einen Briten namens Mark Green, der mit einem British-

Airways-Flug ankam und im Zusammenhang mit der Explosion von »Tausenden von Leuten im Bereich der Gepäckausgabe, der Gepäckhalle« und von »der Schlange der Einreisenden« redete – also dem abgeschotteten Bereich für aus dem Ausland ankommende Passagiere. Dies wird auch durch die Schilderung des deutschen Anschlagsopfers Diana Stotz bestätigt, die zum Glück nur relativ leicht verletzt wurde: »Ich trank zunächst einen Kaffee und stellte mich um 16.22 Uhr in die Gruppe der Wartenden [in der öffentlichen Ankunftshalle; G.W.]. Das weiß ich so genau, weil ich auf die Anzeigetafel geschaut habe. Da stand ich dann fünf oder sieben Minuten«, erzählte Stotz in einem Interview mit *Spiegel Online* (26.1.2011). Dann kam ihr aber »der Gedanke, weiter nach vorne, in Richtung Zoll zu gehen«. Also zur Zollkontrolle für die Einreisenden. Und nun wird es spannend, denn »eigentlich darf man da gar nicht hin«. Eben, denn dieser Bereich gehört noch zur Gepäckausgabe und ist eine Einbahnstraße, aus der man zwar heraus-, in die man aber nicht hineinlaufen kann. Aber siehe da: »Niemand hat mich aufgehalten.« Das heißt, Frau Stotz konnte von der Ankunftshalle ungehindert in den abgeschotteten Bereich laufen, der eigentlich nur ankommenden Fluggästen vorbehalten ist. »Um 16.30 Uhr drängelte ich mich vor«, sagte sie. »Und zwei Minuten später knallte es.« Demnach bewegte sie sich also zwei ganze Minuten lang ungehindert in dem »verbotenen Bereich«, muss also relativ weit in Richtung Einreise-Zoll vorgedrungen sein, bevor »es knallte«.

Ein greller Feuerball

Die eingangs zitierte Behauptung der Flughafensprecherin, die Bombe sei in der Ankunftshalle explodiert, ist also falsch. Das zu Beginn beschriebene Überwachungsvideo bestätigt dies. Von schräg oben zeigt es die mit ihrem Gepäck davonstrebenden Passagiere, die sich mit der typischen Eile von Fluggästen bewegen, die schnell nach Hause kommen oder ihre Freunde und Angehörigen in die Arme schließen wollen. Da keine Begrüßungsszenen zu sehen sind, befinden sie sich noch nicht in der Ankunftshalle. Vielmehr laufen sie erst auf jene Passage zur öffentlichen Ankunftshalle zu, durch die sich in diesem Moment in entgegengesetzter Richtung Diana Stotz bewegt haben muss. Linker Hand Richtung Ankunftshalle befinden sich große, hell erleuchtete Fenster und ein Eingang in der Passage. Wirft man einen Blick auf Flughafenpläne, stellt man fest: Hier befindet sich der Zoll. Vor dem Eingang steht jene Schlange, von der Mark Green berichtete. Der grelle Feuerball kommt genau aus dem Eingang des Zolls und trifft genau die dort Wartenden. Wenige Augenblicke später schießt aus einer anderen Tür der Zollräume dunkler Qualm in die Gepäckhalle. Das heißt, die Bombe ist in Wirklichkeit im Zoll explodiert, ganz in der Nähe des Eingangs. Die Explosionswolke pflanzte sich dann durch die Zollräume fort und trat aus einer anderen Tür aus. Auf einem nach der Explosion aufgenommenen Amateurvideo sieht man die Toten vor dem Zoll liegen.

Wie kam die Bombe an den Explosionsort?

Eines ist klar: Weder Frau Stotz oder andere Nicht-Ankömmlinge noch der »Selbstmordattentäter« durften überhaupt dort sein. Wie also kam die Bombe bzw. der »Selbstmordattentäter« dorthin? Diese drängende Frage war wohl der Grund, warum Ermittler kurz nach der Explosion plötzlich den Verdacht äußerten, der Anschlag habe ursprünglich schon in der Luft stattfinden sollen (*Russland-Aktuell,* 24.1.2011). Soll heißen: Wahrscheinlich sollte die Bombe bereits in einem Flugzeug explodieren. Denn wie – wenn nicht mit einem Fluggast – hätte die Bombe sonst in oder in die Nähe des Zolls kommen sollen? Daraus ergab sich jedoch ein neues Problem, und das bestand in der Sprengkraft und damit dem Gewicht und Ausmaß der Bombe. Da die Sprengkraft offenbar beträchtlich war, kann auch die Bombe nicht eben klein gewesen sein. Ihr Gewicht wurde schließlich auf sieben Kilo geschätzt. An

welchem Flughafen sollte diese Bombe übersehen worden sein? Und warum wurde sie von dem »Selbstmordattentäter« nicht in einem Flugzeug gezündet? Wäre das nicht viel spektakulärer gewesen als die Sprengung in einem Flughafen? Tatsächlich wurde aber nie ein fremder Flughafen irgendwelcher Versäumnisse beschuldigt.
Fazit: Im Flugzeug ging die Bombe nicht hoch, und in der Gepäckhalle bzw. im Zoll durfte sie nicht hochgegangen sein. Einziger Ausweg aus dem Dilemma: die Verlegung des Explosionsortes in die für jedermann zugängliche Ankunftshalle, wo Fluggäste von ihren Angehörigen in Empfang genommen werden können. Und zu diesem Zweck erklärte schließlich Flughafen-Sprecherin Galanowa, dass die Explosion in der internationalen Ankunftshalle stattfand, und fügte erläuternd hinzu: »in einem öffentlichen Bereich, zu dem Nicht-Passagiere freien Zutritt haben«.

Panne oder »Inside Job«?

Wie wir nun jedoch wissen, ist das falsch: Die Bombe explodierte in Wirklichkeit in den Räumlichkeiten des Zolls, zu denen nur Fluggäste und Beamte Zutritt haben. Also nochmals die Frage: Wie kam der Sprengsatz dorthin? Antwort: nicht ohne Versagen oder gar Mithilfe der Sicherheitsorgane. Die glänzten nämlich durch Abwesenheit und rollten den Attentätern auf diese Weise den roten Teppich aus. »Ich fuhr mit dem Auto zum Flughafen, um einen Kollegen meines Mannes abzuholen«, erzählt das deutsche Anschlagsopfer Stotz: »Dann bin ich durch den Eingang vom Parkplatz in den internationalen Terminal gegangen. Ich habe mich schon darüber gewundert, dass im Gang zwar ein Gepäckkontrollgerät stand, es aber nicht in Betrieb war.« – »Stand dort ein Polizist oder ein Wachmann?«, will *Spiegel Online* wissen. Antwort: »Ich habe niemanden gesehen.« Das heißt: Ursprünglich waren dort, wie das vorhandene Gerät nahelegt, durchaus Sicherheitskontrollen vorgesehen, die an diesem Tag aber nicht stattfanden. Wenig später, um 16.30 Uhr, wundert sich die Frau ein zweites Mal – nämlich als sie völlig ungehindert durch die Passage zwischen Ankunftshalle und Gepäckausgabe Richtung Zollkontrolle marschieren kann.

Eine »Panne«? Eigentlich nicht, denn der russische Geheimdienst FSB wusste bereits vorher über das Attentat Bescheid. Und nicht nur das: Die Behörden wussten auch, wo der Anschlag stattfinden würde: »Ungeheuerlich: Domodedowo wusste seit Tagen Bescheid!«, titelte *Russland Heute* am 24. Januar 2011. »Wir sind vor einer Woche über die Möglichkeit eines Attentats im Ankunftsbereich informiert worden«, zitierte die russische Nachrichtenseite eine »anonyme Quelle aus den Reihen der Sicherheitskräfte«. »Es sei seit einer Woche bekannt gewesen, ›dass da irgendwas in Gange ist‹.« Die Sicherheitsvorkehrungen seien trotzdem nicht verschärft worden. Stattdessen seien über die letzten Monate »50 Prozent der Stellen bei uns abgebaut« worden. Auch andere russische Medien zitierten Mitarbeiter der Sicherheitsdienste, wonach sogar der Ort des bevorstehenden Attentates bekannt gewesen sei: »neben der Zollkontrolle« (*Life News Online, laut Russland Heute,* 24.1.2011).

Der angebliche Selbstmordattentäter

Wenn diese Informationen stimmten, dann waren die Sicherheitsorgane per definitionem zumindest Mitwisser. Wer aber trotz derart präziser Warnungen genau in diesem Bereich sämtliche Sicherheitsmaßnahmen unterlässt oder sogar zurücknimmt, ist der nicht sogar als Mittäter zu betrachten? Tatsache ist: Tschetschenen, Kaukasier, Islamisten hin oder her – die besten Möglichkeiten für ein Attentat haben immer noch Sicherheitsdienste, Polizei und Geheimdienste selbst. Genau hier findet man jene »motives, means and opportunities« (»Motive, Mittel und Gelegenheiten«), die jedes Verbrechen kennzeichnen. Und tatsächlich löste sich auch die Geschichte vom »Selbstmordattentäter« in Domodedowo in Luft auf. Denn: »Nach einem Bericht der Zeitung *Kommersant* wurde die Bombe am Gürtel des Selbstmordattentäters über einen Fernzünder gesprengt«, berichtete *Spiegel Online* am 29. Januar 2011. Das ist nun wirklich eine spektakuläre Nachricht (der in dem Artikel jedoch nicht weiter nachgegangen wird). Damit löst sich nämlich die wichtigste Komponente des »Selbstmordattentäters« auf, und zwar das Wörtchen »selbst«.

Tatsächlich gibt es weitere Hinweise auf die Anwendung dieser Technik in Russland. So flog in der Silvesternacht 2010 in Moskau plötzlich das Gebäude eines Schießklubs in die Luft. Unter den Trümmern wurde angeblich »die Leiche einer Frau mit einem Sprenggürtel« gefunden (*Russland-Aktuell,* 27.1.2011). Eigentlich habe die Frau einen Selbstmordanschlag »an einem belebten Platz in der Öffentlichkeit begehen sollen«, so *Russland-Aktuell*. Offenbar wurde aber auch dieser Sprengsatz mit Hilfe eines Handys gezündet. Denn: »Eine Glückwunsch-SMS des Mobilfunkbetreibers zum Neujahr habe die Bombe ausgelöst, so die Ermittler.« Was nicht einer gewissen satanischen Ironie entbehrt.

Die angebliche Selbstmordbombe wurde also von einem Handy gezündet. Bei dieser Methode wird das Handy als Zünder an die Bombe angeschlossen. Bei einem Anruf (oder einer SMS) wird der elektrische Impuls statt an den Lautsprecher des Handys an den Sprengstoff weitergegeben. Indem man die Nummer dieses Handys anruft, kann man die Bombe also bequem, einfach und billig »per Fernbedienung« zünden. Nur weil der Mobilfunkanbieter dummerweise eine automatische SMS an das Handy schickte, flog der Sprengsatz schon früher in die Luft. Laut dem britischen *Daily Telegraph* ist es »bei islamistischen Terroristen in Russland üblich, unbenutzte Billig-Handys als Fernauslöser für Bomben zu verwenden. (…) Das Vorgehen sei dabei, dass nicht etwa der Träger der Bombe, sondern ein Mittäter den Sprengsatz aus sicherer Entfernung per Handy in dem Augenblick zünde, wenn möglichst viele Menschen getroffen werden können« (zit. nach *Spiegel Online,* 28.1.2011). Diese Begründung ist allerdings spektakulär, löst sich damit doch vor unseren Augen die Institution des »Selbstmordattentäters« auf.

Der ferngesteuerte »Selbstmordattentäter«

Und das ist nicht etwa nur für das Attentat von Domodedowo von Bedeutung, sondern für jedes andere »Selbstmordattentat« auch. Wer hätte sich nicht schon mal gewundert, wo all die »Selbstmordattentäter« herkommen? Wie viele Menschen auf diese schreckliche Weise als lebende Bomben angeblich freiwillig in den Tod gehen? Denn die meisten »Selbstmordattentäter« sind vermutlich gar keine. Das Rekrutierungsproblem wird mitunter auf überraschende Weise gelöst:

- Entweder wissen viele Selbstmordattentäter selbst nichts von der Bombe, sondern jemand gibt ihnen einen Koffer, ein anderes Gepäckstück oder lässt sie ein ohne ihr Wissen mit Sprengstoff beladenes Auto fahren, um es im geeigneten Moment fernzuzünden,
- oder es gibt überhaupt keinen menschlichen Bombenträger. Vielmehr wird in einer Menschenmenge eine Bombe gezündet und anschließend nur behauptet, dass es sich um eine Selbstmordattentat gehandelt habe. Denn wer wollte das angesichts des Gemetzels am Tatort schon widerlegen?

Schon vor etwa zehn Jahren hatte ich auf meiner Website Fragen hinsichtlich der Authentizität der vielen Selbstmordattentate geäußert: »Woher kommt diese plötzliche Inflation von Selbstmordattentätern? Oder ist alles ganz anders? Heuert irgendjemand einen ahnungslosen Palästinenser an, damit er für zehn Schekel [Währung in Israel, im Gazastreifen und im Westjordanland], oder wie diese Währung auch immer heißt, eine Plastiktüte oder ein Paket transportiert, wobei dieser jemand dann im geeigneten Moment auf den Knopf seiner Fernsteuerung drückt?«

Eine gute Frage, wie sich immer mehr herausstellt. So berichtete der renommierte Journalist des britischen *Independent,* Robert Fisk, über einen Vorfall im Irak, bei dem ein junger irakischer Polizist von seinen amerikanischen Ausbildern ein Auto und ein Handy sowie den Auftrag bekam, in eine belebte Gegend in der Nähe einer Moschee zu fahren. Von dort aus sollte er mit dem Handy eine bestimmte Nummer anrufen. Das Problem sei aber gewesen, dass der Mann an dem genannten Ort keine Verbindung bekam. Also sei er aus dem Wagen ausgestiegen und habe nach einem Netz für sein Handy gesucht. Kaum habe er eines gefunden und die angegebene Nummer gewählt, sei sein Auto in die Luft geflogen. In einem anderen Fall habe ein anderer junger Iraker den Auftrag bekommen, mit seinem Wagen zu einer Protestkundgebung zu fahren, um von dort per Handy zu berichten. Nachdem auch sein Mobiltelefon nicht funktionierte, habe er von einer nahe gelegenen Telefonzelle aus angerufen. Daraufhin sei auch sein Auto explodiert (siehe Gerhard Wisnewski: *Verschlußsache Terror. Wer die Welt mit Angst regiert,* München 2007, S. 235ff., und Ahmed Ibn Fahdlan: *»Unbekannte Amerikaner« bomben im Irak, Website Hagheghat-e Eslam,* 20.5.2006).

Ein satanisches Vergnügen

Die Methode ist perfide. Noch perfider ist es allerdings, das Opfer selbst die Nummer des Handys (und damit der Bombe) anrufen zu lassen, was auch von einem gewissen diabolischen Vergnügen zeugt.

Mit anderen Worten, viele »Selbstmordattentäter« sind sehr wahrscheinlich ahnungslos. Denn, wie gesagt, kann man auch jemanden bitten, ein Gepäckstück oder ein Paket zu transportieren – notfalls sogar einen Kurier damit beauftragen. Es gibt viele Möglichkeiten, jemanden zum »Selbstmordattentäter« zu machen.

Die eigentlichen Täter werden durch das »Selbstmordattentat« optimal geschützt. In gewisser Weise ist ein »Selbstmordattentat« das perfekte Verbrechen – und der perfekte Terroranschlag:

- Da der »Täter« bzw. Beschuldigte tot ist, kann man ihm ohne jede Gegenwehr die Schuld in die Schuhe schieben.
- Bei einem »Selbstmordattentat« muss man also nichts beweisen und niemanden verhaften.
- Bei einem Selbstmordattentat hat sich der Fall mit der Explosion der Bombe von selbst erledigt – denn gegen Tote wird nicht mehr ermittelt.

Ein äußerst schmutziger Gegenstand

Dass auch die Bombe in Domodedowo ferngezündet wurde, heißt demzufolge, dass hier etwas nicht stimmte. Entweder hatte der »Selbstmordattentäter« keine Ahnung von seinem »Glück«, oder es gab gar keinen Selbstmordattentäter. Oder es könnte auch ein Opfer aus der Mitte des Massakers post mortem zum Selbstmordattentäter »ernannt« worden sein.

Habe ich etwas vergessen? Ach ja! Was ist denn nun mit dem Bekennervideo des Rebellenführers Umarow, der sagte, er und seine Leute hätten Vergeltung für die Schandtaten der Russen im Kaukasus üben wollen? Auch diese Aussage wurde von unseren Ermittlungen ad absurdum geführt. Denn warum sollen (Selbstmord-)Attentäter, die angeblich »Vergeltung für die russischen Verbrechen im Kaukasus« üben wollen, gezielt Einreisende aus dem Ausland angreifen? Warum nicht die russische Hauptstadt selbst? Oder warum nicht wenigstens die Inlandsankunft des Flughafens, wo man hauptsächlich Russen hätte treffen können? Der Fall Domodedowo zeigt wieder einmal, was von solchen finsteren »Bekennervideos« zu halten ist – nämlich nichts. In Wirklichkeit haben sie nur die Funktion, der Öffentlichkeit einen Sündenbock zu präsentieren.

26. Januar
Geschichte wird gemacht!

Wir haben es ja immer gewusst: Geschichte wird gemacht. Was wir nicht gewusst, aber immer schon geahnt haben: Geschichte wird nicht nur von Politikern oder dubiosen Geheimdiensten, sondern auch von den Medien gemacht. Was wir hingegen weder gewusst noch geahnt haben: dass sich die Medien unter sich inzwischen dazu bekennen, Geschichte selbst zu »machen«. So findet vom 26. bis 28. Januar 2011 in New York eine globale Konferenz von Fernsehmachern unter dem Titel »History Makers« statt. Der Titel ist Programm: Unumwunden bekennen sich die TV-Macher dazu, den Gegenstand der eigenen Berichterstattung selbst zu formen und zu schaffen.

Ziel der »History Makers«-Konferenz: das globale Publikum mit immer denselben Meinungen und Sichtweisen einzuseifen. Und wie bereits angedeutet, war dies im Jahr zehn nach dem 11. September 2001 besonders wichtig. Haben Sie sich nicht auch schon mal darüber gewundert, dass die Medien weltweit bei bestimmten Themen im Prinzip immer dasselbe schreiben und senden? Und sich gefragt, warum es auf der ganzen Welt fast immer nur eine Wahrheit, vor allem nur eine historische Wahrheit, gibt und abweichende Meinungen nicht erwünscht sind? Die Antwort: Das liegt unter anderem an Konferenzen wie den »History Makers«. Der Januar ist der ideale Veranstaltungsmonat, weil gerade noch früh genug im Jahr, um den TV-Programmen über die Attentate des 11. September 2001 den richtigen Dreh zu geben.

Gremium der Gebrauchtgeschichtshändler

Die Händler von neuen, nicht mehr ganz so neuen, runderneuerten und frisierten Lügen treffen sich, um zu beraten, wie man das Publikum auch 2011 wieder mit den politisch erwünschten Geschichtsversionen einlullt. Vor allem natürlich mit den er-

wünschten Versionen über die Attentate des 11. September 2001. Kein Wunder, denn schließlich muss man die globalen Medien auf Linie bringen. Und zwar unter Ausschluss der Öffentlichkeit. In den Medien wird nicht über die Konferenz berichtet. Auf der Website selbst findet sich unter »Medienberichterstattung« kaum ein Artikel. Und wenn, dann nur in exotischen Fachmedien wie *Worldscreen.com, PRLog* oder *Mediacaster*. Tatsächlich waren die Anschläge des 11. September ausschlaggebend für die Gründung der Konferenz, wie Bill Nemtin, einer der Veranstalter, freimütig bekennt. Und deshalb ist 2011 nicht nur der zehnte Jahrestag der Attentate, sondern auch der zehnte Jahrestag der Gründung von »History Makers«.
Schließlich kursieren die schlimmsten Verschwörungstheorien über die Attentate des 11. September 2001. Die schlimmste von allen: Das Ganze sei eine Inszenierung amerikanischer Regierungskreise zur Anzettelung der Kriege gegen Afghanistan, Irak, Iran und weitere Staaten, kurz: zur Anzettelung des »Krieges gegen den Terror«, gewesen. Denn wer Krieg führen will, darf bekanntlich nur »zurückschießen«, egal, ob er nun Bush oder Obama heißt.

Master Class 9/11

Aber so etwas darf natürlich auf keinen Fall gesendet werden! Und deshalb holt man die globalen Fernsehmacher seitdem einmal im Jahr zusammen, um ihnen etwas Nestwärme, Bedeutung und Beratung angedeihen zu lassen. Und natürlich jede Menge »Awards«. Diese Preise kann natürlich nicht jeder bekommen – und schon gar nicht jeder »Verschwörungstheoretiker«. Es muss sich schon um politisch wohlgelittene TV-Programme handeln, die den Pfad der Lüge – pardon: Tugend – nicht verlassen. Was nicht heißt, dass jeder Teilnehmer ein Lügner sein muss – den meisten wird nicht einmal bewusst sein, dass es sich bei der heiß gehandelten Medien-Ware um reine Propaganda handelt.

Weil der zehnte Jahrestag des 11.9.2001 von größter Wichtigkeit ist, widmete der Kongress seinen Eleven aus aller Welt eine eigene »Master Class 9/11«. In dieser »Master Class« gibt es genau zwei Lehrer – pardon: »Speaker«: Chris Cassel von der New Yorker Produktionsfirma KPI und Nicole Rittenmeyer von New Animal Productions. Eine kritische Aufarbeitung der Attentate darf man da allerdings nicht erwarten. In Sachen 9/11 hat sich Cassel zuletzt durch das Heldenepos »The Rising: Rebuilding Ground Zero« hervorgetan, eine Lobhudelei auf Architekten, Ingenieure und Bauarbeiter, die am Wiederaufbau des World-Trade-Center-Komplexes beteiligt sind. Ausführender Produzent war ausgerechnet Steven Spielberg, der sich bis dato hauptsächlich durch Fantasy-Filme und die Indiana-Jones-Abenteuer hervorgetan hatte. Rittenmeyer, die zweite Klassenlehrerin der »Master Class 9/11«, hatte schon zum siebenjährigen Jubiläum eine Nacherzählung der Attentate herausgebracht, wie die US-Regierung sie sieht: »102 Minutes That Changed America«, ein Film, der zu großen Teilen aus von der Regierung gesichtetem Material besteht, denn laut eigener Darstellung »befand sich das meiste Archivmaterial im Besitz der Regierung, wurde aber Jahre später für den History Channel freigegeben«. Rittenmeyers Epos trug weltweit zur Geschichtsklitterung bei, unter anderem auch in Großbritannien, Frankreich, Brasilien, den Niederlanden und Deutschland.

»Dieses Video wäscht nur Ihr Gehirn ...«

Und es gibt natürlich historisch jede Menge festzuklopfen – pardon: aufzuarbeiten, nicht nur den 11. September 2001, sondern beispielsweise auch das Kennedy-Attentat, das dummerweise noch immer nicht zu den Akten gelegt werden kann, weil zu viele Leute nach wie vor an der offiziellen Version zweifeln. Da wurde 2011 bei den »History Makers« die Dokumentation »JFK: 3 Shots That Changed America« (»John F. Kennedy: Drei Schüsse, die Amerika veränderten«) für einen Preis nominiert. Der Titel ist be-

reits Programm, denn wie viele Schüsse am 22. November 1963 in Dallas fielen, ist durchaus umstritten. Die Zahl Drei steht für die offizielle Version, nämlich für einen Einzeltäter, den berühmten Lee Harvey Oswald. Wie schrieb ein Amazon-Rezensent so schön über die DVD der Dokumentation: »Dieses Video wäscht nur Ihr Gehirn und will Ihnen zwei Dinge beibringen: JFK wurde ermordet, Oswald war es, und ansonsten sollten Sie das schleunigst vergessen.« Produzentin des Films war die 9/11-Master-Class-Lehrerin Nicole Rittenmeyer.
Und wer die Einzeltäter-These immer noch nicht geschluckt hat, kann bei der »History Makers«-Konferenz auch dem »Veteran Journalist« Bill Moyers lauschen. Interessanter- und zufälligerweise war Moyers früher Berater von US-Präsident Lyndon B. Johnson – dem Nachfolger Kennedys und damit freiwilligen oder unfreiwilligen Nutznießer des Attentats. Genau so stellen wir uns moderne Geschichtsforschung vor.

Wer Visionen hat, sollte zum Arzt gehen

Im Wesentlichen sind es angloamerikanische und kanadische »History Makers«, denen die Delegierten aus aller Welt lauschen – darunter auch jede Menge Vertreter aus Deutschland, zum Beispiel von *ARD, ZDF, ARTE, Spiegel TV* und *MDR*. Zugegen waren unter anderem:

- Peter Arens, *ZDF*
- Ulrich Brochhagen, Mitteldeutscher Rundfunk *(MDR)*
- Matthias Schoeberl, *ZDF Digital Medienproduktion GmbH*
- Johannes Everding, *SPIEGEL TV Geschichte*
- Kristina Hollstein, *ZDF Enterprises*
- Alexander von Sallwitz, *NDR*

Die Betreffenden sonderten denn auch postwendend liebedienerische Statements ab, so von Sallwitz: »Die diesjährige ›History

Makers‹-Konferenz war nicht nur ein weiterer produktiver Kongress«, schwärmte er. »Wir sind nicht nur einfach inhaltsorientierte, quotenverliebte, verrückte Profis. Wir sehen uns auch gerne persönlich, um auf einer persönlichen Ebene miteinander zu reden, Ideen, Visionen und Erfahrungen auszutauschen. Direkt im Herzen Manhattans – das hat Spaß gemacht!« Das mag man gern glauben. Ein besonderer Liebling des Kongresses ist übrigens der deutsche Geschichtspapst Guido Knopp. 2010 leitete er eine eigene »Master Class« und erhielt den »History Makers«-Preis für sein Lebenswerk. Für Konferenz-Gründer Bill Nemtin ist er »so etwas wie ein Held«. Pünktlich zum 11. September 2011 veröffentlichte Knopp das Buch: *Der Heilige Krieg: Mohammed, die Kreuzritter und der 11. September.*

Thema des Monats *16.2.:*
Guttenberg: Der Verteidigungsminister und die »Operation Dankeschön«

3.2. Erster Landesparteitag der Partei »Die Freiheit« in Berlin **11.2.** Der ägyptische Präsident Mubarak tritt zurück ***15.2. Lipidsenker nagen am Nervenkostüm/Gewaltausbrüche in Bengasi leiten die libysche Revolution ein 16.2. Die Plagiate in Karl-Theodor zu Guttenbergs Doktorarbeit fliegen auf*** **18.2.** In Afghanistan werden bei einem Anschlag drei Bundeswehrsoldaten erschossen **24.2.** Ein britisches Gericht gestattet die Auslieferung von WikiLeaks-Gründer Julian Assange an Schweden ***25.2. Das*** **ZDF heute journal** ***verkauft ein und dieselben Videos gleichzeitig als Aufnahmen aus Libyen und aus Bahrain***

3. Februar
Die Freiheit winkt!

Endlich! Endlich winkt die Freiheit! Oder besser gesagt: »Die Freiheit«. Denn die Freiheit winkt nicht höchstpersönlich, sondern in Gestalt einer neuen Partei. Die Partei »Die Freiheit« hat sich ihren Namen bloß geliehen. Am Donnerstagabend, 3. Februar, führte sie ihren »ersten Berliner Landesparteitag in Wilmersdorf durch«, erfährt man aus einer Pressemitteilung der Partei vom 4. Februar 2011. »In seiner immer wieder von Applaus unterbrochenen Eröffnungsrede sagte Abgeordnetenhaus-Mitglied und Parteivorsitzender René Stadtkewitz (46) den etablierten Parteien den Kampf an.« Und das ist nun wirklich eine gute Nachricht. Denn haben wir nicht alle die Nase voll von den etablierten Parteien? Und ob – ihr Sündenregister ist schließlich lang: Staatsverschuldung, Inflation, »Rettungspakete«, verfallendes Bildungssystem, Abbau der Bürgerrechte, kurz: der Verfall des Staates und seiner Werte. Da gibt es eine Menge zu tun. Und »Die Freiheit« will auch sogleich ein Volksbegehren auf den Weg bringen. Beachtlich, denn so ein Volksbegehren ist für eine kleine, neue Partei eine erhebliche Kraftanstrengung. 20 000 Unterschriften müssen dafür in Berlin gesammelt werden.
Man sollte also meinen, dass »Die Freiheit« einen solchen Kraftakt den drängenden Problemen unserer Zeit widmet. Also zum Beispiel dem illegalen Krieg in Afghanistan oder dem Bruch des EU-Vertrages durch die neu geschaffene Transferunion? Weit gefehlt. Vielmehr geht es ihr um ein Verbot von »islamischen Kopftüchern, Niqabs oder Burkas in sämtlichen öffentlichen Räumen«: »Einstimmig und mit großer Begeisterung wurde insbesondere der Antrag des stellvertretenden Landesvorsitzenden Dr. Karl Schmitt zum Kopftuchverbot in öffentlichen Einrichtungen angenommen.« Jawohl! Haben wir nicht alle die Nase voll von den Legionen vermummter Frauen, die uns jeden Tag in Lesesä-

len, Universitäten und Gerichten umzingeln? Doch nun naht die Rettung: »Die Bürgerrechtspartei DIE FREIHEIT wird nun die in der Berliner Landesverfassung geforderten 20 000 Unterschriften für ein Volksbegehren sammeln. Danach soll das Tragen von islamischen Kopftüchern, Niqabs oder Burkas in sämtlichen öffentlichen Räumen verboten werden, die der Berliner Verwaltung unterstellt sind. Dies betrifft Schulen, Hochschulen, Bibliotheken, Gerichtsgebäude, die Verwaltung usw.«

Der Kampf um das Kopftuch

Aber mal ehrlich: Ist das nicht merkwürdig? In einem Land voller Probleme wirft sich eine neu gegründete Partei sofort in den Kampf um das Kopftuch! Erstens erscheint die Frage, ob jemand irgendwo ein Kopftuch oder eine Burka trägt, nicht gerade als existenzielles Problem dieser Gesellschaft. Zweitens soll die Freiheit der »Freiheit« also nicht für alle gelten; vielmehr sollen die Freiheit und die Bürgerrechte bestimmter gesellschaftlicher Gruppen sogar einschränkt werden. Und das scheint so dringend zu sein, dass die frischgebackene Partei dafür sage und schreibe 20 000 Unterschriften sammeln will. Das Problem ist außerdem, dass »Die Freiheit« dabei das Grundgesetz brechen will. Denn nach Artikel 2 Absatz 1 hat jeder »das Recht auf die freie Entfaltung seiner Persönlichkeit, soweit er nicht die Rechte anderer verletzt und nicht gegen die verfassungsmäßige Ordnung oder das Sittengesetz verstößt«. Was man von Kopftüchern und Burkas wohl nicht behaupten kann. Ferner bestimmt das Grundgesetz, dass niemand wegen »seiner religiösen oder politischen Anschauungen benachteiligt oder bevorzugt werden« darf (Art. 3 Abs. 3). Das heißt, Muslime dürfen ihre religiösen Vorschriften genauso befolgen wie Christen oder Angehörige anderer Religionen. Was im Umkehrschluss heißt, dass die Partei »Die Freiheit« 20 000 Bürger dazu aufrufen will, mit ihrer Unterschrift ein verfassungswidriges Projekt zu unterstützen.

Warum nicht »oben ohne«?

Meine Begeisterung für die neue Partei ließ schon nach kurzer Zeit spürbar nach. Natürlich kann man sich fragen, ob man bzw. frau denn unbedingt ein Kopftuch tragen muss, um ihre Haare zu bedecken. Aber könnte man sich dann nicht genauso gut fragen, warum Frauen hierzulande unbedingt T-Shirts oder Blusen tragen müssen, um ihre Brüste zu bedecken?

Aber, aber: Haare kann man doch nicht mit Brüsten vergleichen. Bei den Brüsten handelt es sich schließlich um Geschlechtsmerkmale, bei den Haaren aber nicht. Falsch. Denn zumindest noch vor dreißig Jahren zählte die Verhaltensforschung neben dem Schambereich, dem Gesäß, den Hüften und den Brüsten auch die langen Haare einer Frau zu den sexuellen Schlüsselreizen – also zu jenen einprogrammierten instinktiven Reizen, denen sich ein Mann nicht entziehen kann. Das heißt, schöne lange Haare wirken sexuell anziehend auf Männer. Was wir hierzulande nur längst vergessen haben – erst durch den Verzicht auf das früher auch bei uns übliche Kopftuch, dann durch den Verzicht auf lange Haare überhaupt. Weibliche Haare werden hierzulande inzwischen abgeschnitten, durch bunte Strähnen »verschönert« und durch Eingriffe in den Hormonhaushalt (Absetzen der »Pille« führt zu Haarausfall) ausgedünnt, bis sie aussehen wie abgegraster Schnittlauch.

Da hierzulande auf weibliche Haarpracht nicht mehr allzu viel Wert gelegt wird, fehlt natürlich auch jedes Verständnis für andere Kulturen, die den weiblichen Haaren noch eine Bedeutung beimessen. Die meisten Frauen in unseren Breiten sind sich der Wirkung von schönen vollen Haaren kaum noch bewusst, weil man diese Wirkung im Alltag kaum noch beobachten kann. Wenn keine Haare mehr da sind, kann man sie natürlich auch nicht als Merkmal weiblicher Erotik begreifen.

Die Bedeckung der Haare ist also ein Frage der sexuellen Scham: Eine Muslima, die entsprechend empfindet, kann praktisch nicht mehr auf die Straße gehen – zumindest nicht, ohne sich zu schämen. »Das ist ihr dann zweifelsohne nicht mehr möglich«, so der bekannte Islam-Experte und Verleger Dr. Yavuz Özoguz. »Sie will ihre Haarpracht nicht irgendeinem fremden Mann zeigen, und wenn es ihr verboten ist, diese Haarpracht zu verhüllen, dann wird sie das Haus nicht mehr verlassen können.« Somit hätten Kopftuch-, Schleier- und auch Burkaverbote weitreichende Folgen für Muslimas in den westlichen Ländern. Für Özoguz geht es daher »ganz offensichtlich gar nicht um irgendeine Kleidung, es geht nicht darum, Irritationen in der Gesellschaft zu vermeiden, es geht um den letztlich weltweiten Kampf gegen den Islam und die Muslime, und dieses Burkaverbot ist nur ein klitzekleiner Baustein darin«. Da dieses »Bedeckungsverbot« Muslimen verständlicherweise den Aufenthalt in den entsprechenden Ländern verleidet, ist es definitiv ausländer- bzw. islamfeindlich.

Speerspitze im Kampf gegen den Islam

Womit wir wieder bei der Partei »Die Freiheit« wären. Denn diese sieht sich tatsächlich als ideologische Speerspitze im Kampf gegen den Islam: »Nachdem die totalitären Systeme des 20. Jahrhunderts überwunden wurden, sieht sich die Menschheit gegenwärtig einer neuen weltweiten totalitären Bedrohung ausgesetzt: dem fundamentalistischen Islam«, heißt es in der »Jerusalemer Erklärung« der Partei. »Jerusalemer Erklärung«? Wieso gibt ausgerechnet eine konservative deutsche Partei eine »Jerusalemer Erklärung« ab? Eine gute Frage. Am 7. Dezember 2010 gab diese Erklärung nicht nur »Die Freiheit« ab, sondern mit ihr praktisch die gesamte Riege der europäischen Rechtsparteien, wie die österreichische FPÖ, die belgische Vlaams Belang und die Schwedendemokraten – und zwar in Israel. Zwar respektiere man »grundsätzlich … jedes Volk, jede Kultur und jede Religion«, steht da zu lesen. Aber der Islam sei »ein totalitäres System mit dem Ziel der Unterwerfung der Welt«. Die muslimische Religion habe die absolut notwendige historische Entwicklungsphase der Aufklärung noch nicht durchlaufen. Die neue deutsche Partei betrachtet sich als »Teil des weltweiten Kampfes der Verteidiger von Demokratie und Menschenrechten gegenüber allen totalitären Systemen und deren Helfershelfern. Damit stehen wir an vorderster Front des Kampfes für die westlich-demokratische Wertegemeinschaft.« Wobei Israel die »einzige wirkliche Demokratie im Nahen Osten« sei.

Übersetzt heißt das also, dass man an vorderster Front des Kampfes Israels gegen die Muslime steht. So ist es denn auch kein Zufall, dass bei der Gründung am 28. Oktober 2010 in Berlin als einziger »Journalist« ausgerechnet der berüchtigte Israel-Lobbyist und Pentagon-Mitarbeiter Daniel Pipes zugelassen war. »Ich war in der Stadt, daher lud die Parteiführung mich als einziges Nichtmitglied der im Entstehen begriffenen Partei ein, um ihre Gründungsversammlung mitzuerleben und darüber zu berichten«, schreibt Pipes auf seiner Website.

Das Pentagon bei der Parteigründung

Daniel Pipes bei der Gründung einer deutschen Partei? Ein Witz: Pipes ist ein militärischer Propaganda-Stratege und wichtiger Scharfmacher im Konzept des »Kampfes der Kulturen«. Pipes ist nicht nur Direktor des »Middle East Forum« und Kolumnist der *Jerusalem Post,* sondern lehrte laut eigener Website (http://de.danielpipes.org/bios/) auch an der Kriegsakademie der US Navy, dem US Naval War College (http://www.usnwc.edu/Default.aspx). Außerdem war er »in verschiedenen Funktionen im Außen- und Verteidigungsministerium der Vereinigten Staaten« tätig. Und er ist Mitglied der »Special Task Force on Terrorism and Technology« des Pentagons. Pipes war auch Mitunterzeichner eines Briefes des berüchtigten Kriegstreibernetzwerkes »Project of a New American Century« (PNAC) an Präsident Bush zum Thema »Israel, Arafat und der Krieg gegen den Terror«. Das PNAC gilt manchen als ideologischer Ausgangspunkt der Anschläge des 11. September 2001 und des anschließenden Krieges gegen den Islam.

Und natürlich ist die ständige islamfeindliche Propaganda Teil der Kriegführung – Anfang 2011 gegen die islamischen Länder Nordafrikas, in naher Zukunft vielleicht gegen Iran. Pipes lobt »Die Freiheit« als »eine politische Partei, die der Islamisierung Widerstand leistet und Israel unterstützt«. Die Partei spreche »freimütig über den Islam, Islamismus, islamisches Gesetz und Islamisierung«, freut er sich. Schließlich liege »Deutschland deutlich hinter den meisten europäischen Ländern mit großer muslimischer Bevölkerung zurück, was die Hervorbringung einer Partei angeht, die sich gegen die Islamisierung stemmt«. Außerdem, so Pipes, gebe »Die Freiheit« Israel »robuste Unterstützung« und sei »als massenkompatibel« konzipiert worden. »Sollte sie Erfolg haben, könnte sie die Politik in Europas einflussreichstem Land verändern«. Wobei »massenkompatibel« heißt: Die Partei soll auf der Welle des allgemeinen Unmuts über die Migranten-Probleme schwimmen und möglichst viele deutsche Wähler in Zukunft für die Sache Israels und des Pentagons einspannen …

15. Februar
Todesursache Packungsbeilage

Die Apothekerin strahlt, ich strahle: Heute ist ein entscheidender Tag für mich. Ich bekomme meinen ersten Lipidsenker zur Senkung des Cholesterinspiegels! Soeben lag ich noch wie ein Todgeweihter auf der Pritsche meines Hausarztes im Münchener Süden, das kalte Ultraschallgel auf dem Bauch und den Arzt, der nicht mich ansieht, sondern den Bildschirm, neben mir. Als Erstes erzeugt er Angst: »Da haben wir's: Plaques in den Arterien!«, sagt er – oder so was Ähnliches. Er wirkt irgendwie merkwürdig ambivalent – zwischen besorgt und erfreut. Aber wieso erfreut? Zuvor hatte er mir meinen Cholesterinwert verkündet: 270 Milligramm pro Deziliter (mg/dl). Und nun, während ich das klebrige Gel abwische, rechnet er mein Herzinfarktrisiko für die nächsten zehn Jahre aus: 14 Prozent. Der Angstpegel steigt. Einen Lipidsenker zur Senkung des Cholesterinspiegels wollte ich noch nie. Aber nun bin ich so weit – und statt Misstrauen fühle ich nur Dankbarkeit in mir aufsteigen. Denn nachdem er die Angst erzeugt hat, verspricht der Arzt auch Erlösung. Natürlich nicht durch Beten, Büßen oder Fasten, sondern durch 40-mg-Filmtabletten »Simvabeta«, einen »Lipidsenker« aus der Gruppe der Statine. Die sogenannten Plaques, also Ablagerungen in den Arterien, die irgendwann den Blutfluss stoppen können, könnten sich so auch wieder zurückbilden! Hurra!

Und schon bin ich ein »Fall«

Eine nette Frau, wie sie mich da in ihrem weißen Kittel anstrahlt. Und ein Doktorschildchen hat sie auch. Ich solle erst mal jeden Tag nur eine halbe Tablette nehmen, meint die Apothekerin fürsorglich, damit sich der Magen daran gewöhne. Und dann täglich eine, wie vom Arzt vorgeschrieben. Und dann wären meine Werte bald in Ordnung. Aber wieso »Werte«? Hieß es nicht früher: »Gute Besserung«, wenn man krank war? Längst überholt. Heute heißt das »gute Werte!« – die von irgendwem festgelegt wurden und mich als irgendwie krank definieren, allerdings ohne dass ich Beschwerden hätte. Aber alle wollen nur mein Bestes. Und was ist das? Natürlich meine Gesundheit, werden sie alle sagen: der Arzt, die Apothekerin, die Pharmaindustrie. Falsch: Das Beste eines Patienten ist nicht seine Gesundheit, sondern sein Geld. Die Gesundheit kann man vielmehr locker drangeben. Denn das Problem ist, dass all diese Gruppen nur honoriert, also belohnt werden, wenn man krank ist. Gesundheit wird dagegen nicht honoriert. In dem Moment, wo ich aus der Apotheke gehe, haben diese drei an mir verdient. Und zwar, weil irgendwer irgendwann die Sollwerte für das Blutfett Cholesterin gesenkt und damit Schritt für Schritt Millionen von Menschen zu behandlungsbedürftigen Patienten gemacht hat!

Hurra – ich muss nicht sterben!

So weit, so bekannt. Kommen wir deshalb zum eigentlichen Thema: Zu Hause hole ich die Tabletten aus der Packung. Was mir als Erstes auffällt, ist die elend lange Luftschlange, die sich mir entgegenwindet: der »Beipackzettel«. Und dabei stoße ich auf die erste ernste Nebenwirkung des Präparats – Kopfschmerzen. Die sich beim Lesen des Beipackzettels einstellen. »Zu Risiken und Nebenwirkungen lesen Sie die Packungsbeilage …« – dieser Satz aus der Arzneimittelwerbung entpuppt sich als schlechter Witz, denn das Lesen der Packungsbeilage verursacht selbst Nebenwirkungen. Seit vielen Jahren dulden Medizinbetrieb und Politik die unhaltbare Situation, dass der Beipackzettel für den Patienten weitgehend wertlos ist. Dieser hier zum Beispiel ist über einen halben Meter (55,7 cm) lang, beidseitig bedruckt und über zehn Zentimeter breit. Ich zähle Zeilen und Anschläge auf dem Beipackzettel durch und komme auf 688 Zeilen à 38 Anschläge, das macht über 26 000 Anschläge! Der Text entspricht also etwa dreizehn Seiten dieses Buches! Plötzlich glaube ich nicht mehr an die »Operation Cholesterinspiegel«. Stattdessen erreicht bei mir der Wutspiegel bedenkliche Werte. Ich glaube nicht, dass hier irgendjemand die Patienten informieren will. Denn wer informieren will, der druckt möglichst groß. Klein druckt nur, wer verschweigen und vertuschen will. Dabei ist das noch gar nichts. Vor einigen Jahren nahm das Wissenschaftliche Institut der AOK (WIdO) die Packungsbeilage von »Cotrim forte« unter die Lupe, ein Antibiotikum »zur Akutbehandlung von Infektionen«. Der Text in der Schriftgröße 6 Punkt umfasste zwei Seiten »mit jeweils einer

Breite von 12,5 cm und einer Länge einer DIN-A3-Seite« – also 42 Zentimetern. Darauf zählten die AOK-Wissenschaftler 3693 Wörter mit 31 997 Zeichen – macht knapp siebzehn Buchseiten. Toll, nicht? Als Zuckerl gab's noch 166 Fremdwörter obendrauf (inklusive Mehrfachnennungen), »von denen 11 nicht erklärt« wurden.

Lizenz zur Desinformation

Tatsächlich bedienen sich Beipackzettel eines speziellen Codes, und wie man weiß, sind Codes ebenfalls nicht zum Verständnis da, sondern zum Verschlüsseln. Zum Beispiel kann man bei »Simvabeta« lesen, besser gesagt entziffern: »Die Kreatinkinase (CK) sollte nicht nach körperlicher Anstrengung oder bei Vorliegen anderer plausibler Ursachen für eine CK-Erhöhung gemessen werden …« Oder: »Wie andere Arzneimittel dieser Substanzklasse ruft [der Wirkstoff, G.W.] Simvastatin gelegentlich eine Muskelerkrankung (Myopathie) hervor, die sich in Muskelschmerzen, -empfindlichkeit oder -schwäche« äußern könne. Bisweilen könne sich die Myopathie als Rhabdomyolyse (Zerfall von Muskelzellen) manifestieren – »sehr selten mit tödlichem Ausgang«. Wie beruhigend.

Eine Textanalyse der Beipackzettel der einhundert meistverordneten Medikamente durch den WIdO ergab, dass

- mehr als die Hälfte mit einer Schriftgröße kleiner als 6 Punkt »nicht lesbar« waren,
- nur sieben Beipackzettel numerierte Überschriften und eine Inhaltsübersicht hatten, der Rest also unübersichtlich war,
- bis zu 106 Fremdwörter (durchschnittlich 29) Verwendung fanden, wovon mehr als ein Viertel nicht übersetzt bzw. erläutert wurde.

Das Beispiel »Simvabeta« zeigt, dass sich die Situation eigentlich nicht verbessert hat. Die sogenannte Packungsbeilage, die wir zu »Risiken und Nebenwirkungen« befragen sollen, entpuppt sich selbst als Gesundheitsrisiko. 200 000 Menschen sterben in Deutschland jährlich angeblich an den Nebenwirkungen von Arzneimitteln – viele davon wahrscheinlich deshalb, weil sie die Packungsbeilage nicht lesen und/oder verstehen konnten. Nach einer Schätzung aus dem Jahr 2003 gibt es allein in Krankenhäusern jedes Jahr 57 000 Todesfälle »infolge unerwünschter Arzneimittelereignisse«. 28 000 davon seien »als potenziell vermeidbar einzustufen«, zum Beispiel, wenn jemand die Packungsbeilage gelesen und verstanden hätte.

Wobei die Hersteller an dieser Situation nicht alleine schuld sind. Vielmehr wurden vom Gesetzgeber immer mehr Informationen vorgegeben, die in der Packungsbeilage enthalten sein müssen, ohne dabei eine Mindestschriftgröße vorzuschreiben.

Die Folge: Laut einer Studie des Bundesinstituts für Arzneimittel und Medizinprodukte wird die Packungsbeilage von 28 Prozent oder fast einem Drittel der Patienten überhaupt nicht gelesen und nur von der Hälfte derjenigen, die sie lesen, verstanden. 15 Prozent der Patienten werfen das für sie – möglicherweise – wichtige Medikament lieber gleich weg! Wie zum Beispiel ich. Allerdings nicht wegen der Packungsbeilage. Sondern wegen des Medikamentes. Mit einem Mal kann ich nicht mehr schlafen, werde aggressiv und übernervös. Plötzlich fliegt meine Katze durch die Luft, ein andermal trete ich so heftig gegen ein Möbelstück, dass ich mir den Fuß verstauche. Schon vor über zwanzig Jahren stellte sich heraus, dass die Konsumenten von Lipidsenkern mitunter zwar weniger häufig an Herzinfarkt, dafür aber mehr »durch Selbstmord, Streithändel oder mysteriöse Unfälle« (*Der Spiegel* 45/1992) sterben. Diese Gefahr ist seitdem wohl nicht geringer geworden – na, dann tschüss, Lipidsenker …

15. Februar Libysche Revolution: ein abgekartetes Spiel?

Die nordafrikanische Revolution ist nicht zu stoppen! Am 15. Februar ist sie bereits in Libyen angekommen! Ein Amateurvideo aus Bengasi im Osten Libyens zeigt brennende Barrikaden und Gewaltausbrüche: »Demonstranten zerstören ein Denkmal des Grünen Buches, das Buch, in dem Machthaber Gaddafi seine Weltanschauung niedergeschrieben hat. Es kommt zu Zusammenstößen mit der Polizei; viele Menschen werden verletzt.« Die Revolution sei nicht aufzuhalten, heißt es bei n-tv: Ausgehend von Bengasi »gelingt es den Rebellen, immer mehr Städte zu kontrollieren. Dabei kommt es täglich zu blutigen Kämpfen mit Regierungstruppen und auch mit von Gaddafi angeheuerten Söldnern.«

Moment: Was heißt »nicht aufzuhalten«? Waren wir Anfang Januar nicht noch in Tunesien, wo unter dubiosen Umständen ein Gemüsehändler verbrannte und anschließend als Nationalheld gefeiert wurde? Und nun Libyen? Und ob. Denn mit Tunesien war die Revolution ja nicht etwa beendet – vielmehr war dies erst der Anfang einer Revolutionswelle, die ganz Nordafrika erfasste. In den nächsten drei Monaten fielen die Regierungen wie die Dominosteine (und erstaunlicherweise begannen viele Revolutionen mit einer Selbstverbrennung).

Die Schweiz Nordafrikas

Aber was haben zum Beispiel Tunesien (jährliches Pro-Kopf-Einkommen 3800 US-Dollar) und Libyen (jährliches Pro-Kopf-Einkommen 6700 US-Dollar), eines der wohlhabendsten Länder auf dem afrikanischen Kontinent, überhaupt gemeinsam? Warum die libysche Bevölkerung seit Februar 2011 gegen ihren langjährigen Staatschef aufgestanden sein soll, ist gar nicht so leicht zu erklären. Denn Libyen ist so etwas wie die »Schweiz Nordafrikas«. Am 24. März 2011 leisteten einige russische Ärzte in Libyen etwas, das sämtliche Korrespondentenstäbe der westlichen Welt bis dahin nicht zustande brachten – oder nicht zustande bringen wollten: eine realistische Darstellung der Situation in Libyen. An diesem Tag schrieben die russischen Ärzte, die zum Teil seit zwanzig Jahren in Libyen arbeiteten, an den russischen Präsidenten Medwedew einen offenen Brief, von dem wir hierzulande kein Sterbenswörtchen erfuhren: »Wir sind Ukrainer, Russen und Weißrussen, Menschen unterschiedlicher Berufe (hauptsächlich Ärzte), die seit mehr als einem Jahr in Libyen arbeiten (2 bis 20 Jahre). In dieser Zeit sind wir mit dem Leben der Menschen in Libyen und dem libyschen Staat wohl vertraut geworden.« In dem Brief baten die Ärzte verzweifelt darum, dass sich Russland gegen die westlichen Angriffe stellen möge, denen ständig zivile Ziele zum Opfer fielen. Die in Libyen herrschenden Lebensumstände beschrieben sie wie folgt:

»Nur wenige Bürger anderer Staaten leben in solchem sozialen Wohlstand wie die Libyer. Sie haben das Recht auf freie Behandlung, und ihre Krankenhäuser sind nach weltbestem Stand ausgerüstet. Die Bildung in Libyen ist kostenlos, fähige junge Menschen haben die Gelegenheit, auf Staatskosten im Ausland zu studieren. Wenn sie heiraten, erhalten junge Paare eine finanzielle Unterstützung von 60 000 libyschen Dinaren (etwa 50 000 US-Dollar). Es gibt zinsfreie staatliche Darlehen, und wie die Praxis zeigt, sind sie ohne Rückzahlungsfrist. Aufgrund von Regierungssubventionen sind die Preise für Autos niedriger als in Europa, und jede Familie kann sich eines leisten. Benzin und Brot kosten eine Kleinigkeit; Menschen, die in der Landwirtschaft arbeiten, zahlen keine Steuern. Die Menschen in Libyen sind sehr ruhig und friedlich, neigen nicht zur Trunksucht und sind sehr religiös« (siehe antikrieg.com, 14.4.2011, u. a.).

Kurz: Lebensstandard und Lebensbedingungen Libyens gehören zu den besten in ganz Afrika, teilweise sogar darüber hinaus.

Wenn da nur nicht die schlimme Arbeitslosigkeit wäre – nach offiziellen Angaben 20 Prozent, nach inoffiziellen Zahlen 30 Prozent. Dem stehen allerdings 1,7 Millionen Gastarbeiter gegenüber, also etwa ein Viertel der Bevölkerung! 20 Prozent Arbeitslose, aber so viele Gastarbeiter, wie passt das zusammen? »Die Antwort ist relativ einfach: Eine große Zahl von Libyern erachtete es nicht als notwendig, einer Erwerbstätigkeit nachzugehen«, heißt es auf dem Informationsportal *The Intelligence* (3.3.2011). Viele Libyer müssen aufgrund des hohen Wohlstandes und des ausgebauten Sozialsystems überhaupt nicht arbeiten. Doch warum gehen sie dann auf die Straße?

Was ist eigentlich Libyen?

Doch der Reihe nach: Was ist eigentlich Libyen? Und wer ist Muammar al-Gaddafi? Libyen ist ein Staat in Nordafrika zwischen Algerien, Tunesien und Ägypten, fünfmal so groß wie Deutschland mit einem Zwölftel von dessen Einwohnerzahl – bei 6,5 Millionen Einwohnern macht das etwa 3,3 Einwohner pro Quadratkilometer. Von den 1,7 Millionen Quadratkilometern Fläche gehören etwa 1,1 Millionen zur Sahara. Die Hauptstadt Tripolis (»drei Städte«) liegt im Nordwesten an der Mittelmeerküste und hat etwa 1,7 Millionen Einwohner. Libyen hat eine lange Geschichte. Römer und Griechen siedelten und herrschten hier ebenso wie die Phönizier, Araber und Türken. Nach jahrhundertelanger osmanischer Herrschaft fielen die türkischen Provinzen Tripolitanien und Cyrenaika 1911/12 an Italien und wurden 1934 mit Fessan zur Kolonie Libyen (Libia) vereinigt. Libyen als Nation gibt es erst seit 1951. In diesem Jahr erhielt das Land nach einer britischen und französischen Kolonial-Episode die Unabhängigkeit und eine Verfassung und wurde zum unabhängigen islamischen Königreich unter König Idris as-Senussi.

Ein Freund des Westens

Idris erwies sich als treuer Freund des Westens, vor allem der Briten und Amerikaner. 1953 schloss er einen zwanzigjährigen Freundschaftsvertrag mit Großbritannien und offerierte den Briten Militärbasen gegen Wirtschaftshilfe und militärische Beratung. Im Gegenzug für wirtschaftliche Unterstützung bekamen auch die USA das Recht, in Libyen Militärbasen zu unterhalten. Was nichts anders bedeutet, als dass Libyen – wie viele andere Länder der Welt auch – sein Territorium als strategischen Stützpunkt an das angloamerikanische Imperium verkaufte. Die Entdeckung großer Ölvorkommen 1959 veränderte die Situation jedoch schlagartig. In kurzer Zeit entwickelte sich Libyen vom Armenhaus zu einem der reichsten Länder Afrikas. Bei der Vermarktung der Ölvorkommen machte die Regierung mit den Ölkonzernen halbe-halbe. Unter anderem dadurch verlor die Monarchie zunehmend an Rückhalt in der Bevölkerung. Schon 1960 hieß es in einem geheimen Bericht des Nationalen Sicherheitsrates der USA, den »jungen städtischen Elementen« mangele es an Loyalität gegenüber König Idris. Zwar hätten diese im Moment noch keine politische Bedeutung – in der Zukunft aber sehr wohl (Website *Islamic Revival,* 21.2.2011). Vor allem machte den Amerikanern der panarabische Nationalismus Sorgen, jene von dem ägyptischen Nationalisten Gamal Abd el-Nasser, der sich 1954 in dem Nachbarland Libyens an die Macht putschte, propagierte Politik einer vereinten »Arabischen Nation«.

Manches spricht dafür, dass sich Briten und Amerikaner nun Gedanken machten, wie sie eine neue Führungsfigur für Libyen in die nunmehr nationalistische, panarabische und auch noch sowjetfreundliche Umgebung implantieren könnten. Denn würde der libysche König von echten panarabischen Nationalisten weggespült, hätte man über den Nachfolger keine Kontrolle. »Die

Regierungen der USA und Großbritanniens waren besorgt über Idris' Rückhalt in Libyen. König Idris' Regierung war bedroht und in Schwierigkeiten«, hieß es im *Khilafah Magazine* vom Juni 1991 (zit. nach »Islamic Revival«, 21.2.2011).

Wer ist Muammar al-Gaddafi?

Dieses Magazin hat über den Beginn der Karriere des »Revolutionsführers« Gaddafi recht interessante Informationen zu bieten. »Damit war die Bühne bereitet«, hieß es da: »Der von den Briten unterstützte König verlor den Halt. Wenn es seine Interessen schützen wollte, brauchte Großbritannien ein neues Gesicht für die Herrscherposition. Das neue Gesicht müsste zu dem neuen Wind des Nasserismus und arabischen Nationalismus passen, der nun durch die arabische Welt wehte.« Und dann stellt das Magazin die entscheidende Frage: War etwa Gaddafi »der Mann für den Job?« Sprich: »Stand Großbritannien hinter Gaddafis Coup von 1969?« Gaddafi ursprünglich ein Mann der Briten? Was für eine absurde Idee! Schließlich war Gaddafi Hauptmann in der libyschen Armee! Allerdings waren die »Armeen« der armen afrikanischen Staaten in den fünfziger und sechziger Jahren des vorigen Jahrhunderts lediglich Produkte der ausländischen »Militärberater«, in diesem Fall der USA und Großbritanniens. Die libysche Armee zum Beispiel war gerade mal fünftausend Mann stark, »die Offiziere wurden von den Briten trainiert«, so das *Khilafah Magazine*. »Das Seltsame ist, dass sich die britischen Berater sehr wohl darüber im Klaren waren, dass Gaddafi irgendeine Form der Subversion plante«: »Die Aufgabe der britischen Berater bestand darin, ein Auge auf die libysche Armee zu haben, und regelmäßig erstatteten sie der britischen Botschaft Bericht.« Ein britischer Offizier namens Ted Lough glaubte bereits 1965, dass Libyen reif für eine Revolution sei: »Lough lieferte dem Vertreter des britischen Geheimdienstes in Libyen, dem Handelsattaché in der britischen Botschaft in Tripolis, eine Reihe von Berichten. Fünf Jahre vor seinem Coup hatte die britische Regierung Gaddafi als einen Hauptverdächtigen in ihren Akten.« Denn merke: Eine Revolution geschieht niemals zufällig, und in der Regel wissen ausländische Regierungen früher darüber Bescheid als die betroffene Bevölkerung.

Das Beste kommt aber noch: »Captain Loughs Berichten zum Trotz, wonach Gaddafi ein Mörder, ein möglicher Attentäter und Revolutionär sei, bekam Gaddafi die Genehmigung, ein viermonatiges Training in Großbritannien zu absolvieren.« Er verbrachte »vier Wochen in Beaconsfield und drei Monate am Royal Armoured Corps Headquarter in Bovington, Dorset«. Kein Witz: Der libysche »Revolutionsführer« Muammar al-Gaddafi wurde in Großbritannien ausgebildet! Getreu dem Motto des amerikanischen Präsidenten Franklin D. Roosevelt: »Er ist ein Schweinehund – aber er ist unser Schweinehund!« (*Der Spiegel,* 24.12.1984).

Ein offenes Geheimnis

Muammar al-Gaddafis geplanter Putsch war im Tripolis der sechziger Jahre schon vorher ein offenes Geheimnis: »Der frühere libysche Premierminister Bakoush, der 1968 zurücktrat, sagte, er habe von Gaddafis Putschversuch schon zwei Monate vorher gehört. Er besteht darauf, dass er zur amerikanischen Botschaft ging und mit dem dortigen CIA-Chef sprach.« Und natürlich liegt es nahe, dass das, was der Premierminister wusste, auch dem König bekannt war. Und tatsächlich behauptete Bakoush später, »dass er zu König Idris in die Türkei reiste und ihm von dem Plan erzählte«. Aber »Idris lehnte es ab, zurück nach Libyen zu kommen« (*Khilafah Magazine,* a. a. O.).

Mit anderen Worten, der libysche Thron war bereits Monate vor Gaddafis Putsch quasi verwaist: Der libysche Herrscher weilte zur Kur oder Behandlung in der Türkei und weigerte sich zurückzukommen. Tatsächlich habe der König bereits zu diesem Zeitpunkt die Entscheidung getroffen abzudanken: »Während seiner Ferien in Griechenland und der Türkei rief Idris den libyschen Parlamentspräsidenten und den Präsidenten des Oberen Hauses zu sich und händigte ihnen seine Abdankungsurkunde aus«, so das *Khilafah Magazine*. Großbritannien stand nun vor der Wahl zwischen einem neuen Herrscher von Idris' Gnaden und einem inszenierten Staatsstreich, der scheinbar keine Verbindung zu der früheren Regierung haben würde: »Der König war unpopulär, deshalb war es sinnvoll, mit ihm zu brechen.« Dem Volk wurde wie immer vorgegaukelt, es werde nun von einem der Seinen regiert, der dem schrecklichen König in einer mutigen Revolution die Macht entrissen habe. Wie man sieht, wurden die »Volksrevolutionen« nicht erst 2011 erfunden.

Ein abgekartetes Spiel

»Der Staatsstreich fand am 1. September 1969 statt und war in jeder Hinsicht eine Farce. Der erste Ausländer, der davon erfuhr, war der (britische Generalkonsul) Peter Wakefield, der nachmittags um fünf am Strand geradewegs in eine Gruppe von Männern mit Tarnanzügen und Gewehren rumpelte. Auf diese Weise erfuhr London zuerst von dem Regierungswechsel, ohne etwas für König Idris zu unternehmen«, berichtete das *Khilafah Magazine*. Nun – das ist nett formuliert, aber wahrscheinlich war es eher so, dass der britische Generalkonsul der »Gruppe von Männern mit Tarnanzügen« am Strand den Marschbefehl gab.
Kurz: Der sogenannte Putsch des libyschen Hauptmanns Gaddafi vom 1. September 1969 erscheint in Wirklichkeit – wie so viele Staatsstreiche – als abgekartetes Spiel. Denn wer schneit schon unangemeldet bei seinem Regierungschef rein und erklärt ihn für abgesetzt? Das birgt schließlich immer das Risiko, statt der Insignien der Macht ein paar Kugeln von den Leibwächtern zu empfangen. Wie viel besser wäre es da, sich vorab zu einigen: »Der Chefposten für mich, freies Geleit und ein komfortables Exil für

dich.« Und natürlich eine faustdicke Lüge für das Volk – das glauben soll, von einem waschechten Revolutionär »befreit« worden zu sein.
Ein sauberes Geschäft. Tatsächlich verlief Gaddafis Putsch gegen König Idris vollkommen unblutig; die Monarchie setzte dem Coup nicht den geringsten Widerstand entgegen. König Idris überließ Gaddafi das Feld und blieb in der Türkei, so dass es erst gar nicht zu einer Konfrontation kommen konnte. Sein designierter Nachfolger und Erbe, sein Neffe Hasan ar-Rida (vollständig: Sayyid Hasan ar-Rida al-Mahdi as-Senussi), wurde von Gaddafi und seinen gerade mal siebzig Putschisten unter Hausarrest gestellt. Binnen zwei Stunden war der Staatsstreich vorbei, ohne dass ein Schuss gefallen wäre – jedenfalls kein tödlicher. Idris-Erbe Hasan ar-Rida entsagte sämtlichen Thronansprüchen und versicherte dem Gaddafi-Regime seine Unterstützung. Gegen die Zusage, seine Familie in Libyen unbehelligt zu lassen, ging König Idris ins Exil nach Ägypten. Ein sauberer Deal. Fertig war die »Arabische Republik Libyen« unter Führung des später zum Obersten beförderten Muammar al-Gaddafi. Libyen wurde in den arabischen Nationalismus eingepasst und bekam einen Führer, der anscheinend arabische Interessen vertrat.

Der inszenierte Hardliner

Bald nach seinem Machtantritt 1969 versuchte Gaddafi zweierlei: erstens größtmögliche Distanz zum Westen zur Schau zu stellen und sich zweitens zum panarabischen Führer aufzuschwingen. Der neue starke Mann in Libyen gab sich als arabischer Vorkämpfer gegen den bösen Westen. Der Überlieferung zufolge »warf« er die (eng mit den Briten kooperierenden) Amerikaner aus dem Land, indem er zum Beispiel deren Luftwaffenstützpunkt in der Nähe von Tripolis schloss. Die Wahrheit ist, dass die USA diese Basis seit dem Siegeszug der Interkontinentalraketen ohnehin nicht mehr so dringend brauchten und sie in den sechziger Jahren hauptsächlich als Trainingsflughafen genutzt hatten. Das Abkommen über den Stützpunkt lief außerdem 1971 aus, so dass man sich mit Gaddafi auf Juni 1970 als Übergabetermin einigte. Aber Gaddafi inszenierte sich in der arabischen Welt weiter als Hardliner. So versuchte er angeblich, von China eine Atombombe zu kaufen und Chemiewaffen herzustellen, drohte mit Mordanschlägen gegen US-Präsidenten, paktierte hier und da mit westlichen »Terroristen« und war angeblich verantwortlich für Terroranschläge auf Diskotheken (»La Belle«, Westberlin) und Flugzeuge (Lockerbie). Der Westen revanchierte sich mit halbherzigen Angriffen, wie etwa 1986, als die USA bei einem Bombenangriff zwar Gaddafi selbst verfehlten, ihn freundlicherweise aber von einigen Dutzend Offizieren befreiten.

Während Letztere in Gaddafis Wohnsitz, den Bab-al-Azizia-Kasernen im Süden von Tripolis, den amerikanischen Bomben zum Opfer fielen, wurde Gaddafi selbst durch einen Telefonanruf gewarnt. Berichten zufolge fiel der maltesische Premierminister Karmenu Mifsud Bonnic in jener Nacht fast aus dem Bett, als die amerikanischen Kampfflieger über seine Insel donnerten, und rief eilig seinen Freund Muammar al-Gaddafi an, zu dem diese Armada offenbar unterwegs war. Schon das ist seltsam, denn normalerweise würde man als Angreifer dafür sorgen, dass die Kommunikationsmittel am Zielort außer Gefecht gesetzt werden. Außerdem würde man übers Meer anfliegen und Inseln dabei meiden. Jedenfalls flohen der libysche Führer und seine Familie, bevor die Bomben fielen. (Der angebliche Tod einer Adoptivtochter Gaddafis bei dem Angriff ist äußerst umstritten und könnte auch auf Propaganda beruhen. Die leibliche Familie Gaddafis blieb jedenfalls unverletzt.) 2008 wartete der libysche Außenminister Mohammed Abd el-Rahman Shalgam dann mit einer plausibleren Version von Gaddafis wundersamer Rettung auf: Und zwar sei der Libyer einen Tag vor dem Angriff von dem damaligen italienischen Premierminister Bettino Craxi gewarnt worden. Craxi war eine korrupte Figur aus der von der CIA gesteuerten italienischen Geheimloge »Propaganda Due« (P2). Die Nachricht war sicher nicht zufällig aus Washington an Craxi durchgesickert, sondern wahrscheinlich zu keinem anderen Zweck, als Gaddafi über einen Umweg zu warnen. Der anschließende Angriff war nach außen hin allerdings einmal mehr ein eindrucksvoller Beweis für die »unversöhnliche Feindschaft« zwischen dem Westen und Gaddafi, der immer wieder versuchte, in der arabischen Welt den Ton anzugeben. Und die USA machten der Welt wieder einmal weis, sie seien nicht in der Lage, Gaddafi zu töten. Fragt sich nur, warum Gaddafi, falls wirklich so viele seiner Offiziere in Bab al-Azizia ums Leben kamen, diese nicht ebenfalls vor dem Angriff gewarnt hatte.

Anfang 2011 war Gaddafis Zeit und die der anderen Regierungschefs in Nordafrika allerdings abgelaufen. Wenn Agenten die Macht übernähmen, bestehe »immer die Gefahr, dass sie sich immer weniger als US-Agenten benehmen und immer mehr als Regierungschefs oder Staatsoberhäupter. Das ist der Grund, warum die Agenten, die Marionetten, immer wieder gewechselt werden müssen« (Webster Tarpley: *Die gekauften Revolutionen,* Rottenburg 2011). So kann ein solcher »friendly dictator« durchaus später einmal am Galgen enden – Saddam Hussein lässt grüßen. Ein weiterer Grund ist natürlich der Generationswechsel. Die »Dikatoren« und Regierungschefs Nordafrikas waren im Frühjahr 2011 alte Männer und seit etwa dreißig bis vierzig Jahren an der Macht. Dass sie diese Macht früher oder später ohnehin aufgrund natürlicher Prozesse verlieren würden, war abzusehen. Was aus der Sicht des Jahres 2011 geradezu absurd klingt, da sich eine westliche Militär-Allianz und Gaddafi offensichtlich erbittert bekämpfen, ist in Wirklichkeit nichts Besonderes: Die Kolonialmächte pflegten nach Belieben Staatschefs einzusetzen und auch wieder zu stürzen. Frei nach dem Buch Hiob: »Der (Kolonial-)Herr hat's gegeben, der (Kolonial-)Herr hat's genommen, gepriesen sei der (Kolonial-)Herr.«

16. Februar Die Plagiate des Herrn zu Guttenberg

Was waren das vor seinem Rücktritt für Schlagzeilen über Verteidigungsminister Guttenberg:

- »Letztes Gefecht eines alten Revolutionärs«
- »Letztes Aufgebot des Despoten«
- »Guttis irre Wut-Rede«
- »Gutti: Ich werde in Berlin bleiben – und als Märtyrer sterben«

Und so weiter und so fort. Halt: Sagte ich »Gutti«? Quatsch: Gaddafi, natürlich – Gaddafi! Und »Berlin« muss natürlich »Libyen« heißen. Dass sich Gaddafi und Guttenberg mit ihren Durchhalteparolen immer ähnlicher wurden, ist schließlich nicht meine Schuld. Aber dieser Tage, da in Libyen gleichzeitig die »Revolution« tobte, konnte man ganz schön durcheinanderkommen.

Eine Aktion bei Nacht und Nebel

Doch der Reihe nach: Am 16. Februar berichtet die *Süddeutsche Zeitung,* der Juraprofessor Andreas Fischer-Lescano habe in der Doktorarbeit von Verteidigungsminister Karl-Theodor zu Guttenberg Plagiate gefunden. Die Vorwürfe seien »abstrus«, schimpft Guttenberg postwendend. Allerdings passiert nun etwas Seltsames, das bisher noch nicht ausreichend gewürdigt wurde. Statt in Berlin zu bleiben und dem vorlauten Professor umgehend den Mund zu stopfen, zieht es Guttenberg jetzt, da die Hütte brennt, mit Macht in eine ganz andere Weltgegend. Kaum fliegen am Mittwoch, dem 16. Februar, Guttis Plagiate auf, fliegt der Minister überraschend nach Afghanistan. Und interessanterweise wird diese Kurzvisite in Afghanistan in allen Chronologien der sogenannten Plagiatsaffäre vergessen. Sie fällt einfach unter den Tisch. Dabei gehört sie zur

Dynamik der Guttenberg-Affäre dazu. Denn sie sollte eigentlich der Rettungsring für den Minister werden.

»Nur wenige Stunden vor der Reise« am Mittwoch »waren Plagiatsvorwürfe gegen Guttenberg bekannt geworden«, heißt es bei *Focus Online* (17.2.2011). Aber was kann einen Minister veranlassen, eben mal für eine Nacht nach Afghanistan zu fliegen, wenn es an der Heimatfront lichterloh brennt? Warum suchte er sein Heil ausgerechnet in Afghanistan? Was war der Grund für diesen offenbar dringenden »Überraschungsbesuch« (*tagesschau.de,* 16.2.2011)? Wirklich nur, dass er sich dort »nicht pausenlos den Fragen zu seiner Schummelaffäre stellen« musste, wie die *Frankfurter Neue Presse* schreibt (18.2.2011)? Interessanterweise handelte es sich um eine Geheimmission: Anders als sonst war Guttenberg praktisch allein unterwegs. Reiste der Freiherr sonst gerne gleich mit Frau, Talkmaster und Journalistentross ins Kampfgebiet, bestand die Entourage des Ministers »diesmal nur aus seinem Adjutanten, Sicherheitsleuten und dem Herausgeber einer großen Tageszeitung«, so die *Frankfurter Neue Presse.* »Es ist die erste Afghanistan-Reise des CSU-Politikers ohne Begleitung von Journalisten«, notiert *RP Online* (17.2.2011). Guttenberg ohne Journalisten? Warum nicht gleich nackt? »Das genaue Besuchsprogramm«, wurde laut *Focus Online* »zunächst nicht bekannt gegeben«. Interviews musste der Minister, der sich sonst gerne vor den Medien spreizt, demnach auch »nicht geben«, so die *Frankfurter Neue Presse.* Auch von unabhängigen Fotografen wurde er nicht belästigt, denn »Bilder gab es nur von der Bundeswehr«. »In einer Nacht-und-Nebel-Aktion« sei Guttenberg am Mittwoch (16. Februar) »mit einem Hubschrauber direkt zum Außenposten ›OP North‹ in der Unruheprovinz Baghlan« geflogen, so das Blatt. »In einer Nacht-und-Nebel-Aktion«? Hatte der Minister im Zusammenhang mit der Reise irgendetwas zu verbergen? Und wenn die Reise offenbar so unaufschiebbar war – warum dann nur ein Blitzbesuch für eine Nacht?

Rätsel über Rätsel. Zum Glück gab das Verteidigungsministerium am 17. Februar 2011 doch noch eine Beschreibung der »überraschenden« Reise heraus. Wer nun allerdings erwartet hatte, den weltbewegenden Grund für diesen Blitzbesuch zu erfahren, der wurde enttäuscht. Stattdessen speiste das Ministerium den Leser mit Plattitüden und Allgemeinplätzen ab. Demnach traf Guttenberg erst »am späten Mittwochabend« bei den Einsatzsoldaten in Afghanistan ein. Danach habe der Minister »intensive Gespräche mit der Führung und den Soldaten und Soldatinnen« vor Ort geführt, um »sich ein aktuelles Bild von der derzeitigen Sicherheitslage zu verschaffen«. Und das war so dringend, dass er sich Hals über Kopf für einen Tag aus Berlin davonstehlen musste? »Bitte teilen Sie mir Ihre Probleme mit, sagen Sie mir, wo es zwickt und klemmt. Mir ist es lieber, ich erfahre es von Ihnen direkt und nicht erst durch den Wehrbeauftragten!«, soll der Minister die Soldaten zum Dialog animiert haben.
Moment: Wehwehchen abfragen im Hauruckverfahren? Schließlich war der Minister schon achtmal in Afghanistan, das letzte Mal im Dezember 2010. Ja, »das Land ist ihm schon fast zur zweiten Heimat geworden« (*Süddeutsche Zeitung,* 17.2.2011). Und nun waren ihm just am 16. Februar 2011 so verdammt wichtige Fragen an die am Hindukusch stationierten Soldaten eingefallen, dass er gleich in den nächsten Flieger sprang und hinjettete – auf Steuerzahlerkosten? Die Themen bei den Gesprächen seien »die Truppenbetreuung im Einsatz, Material und Ausrüstung, Maßnahmen zur Nachwuchsgewinnung und die anstehende Strukturreform der Bundeswehr« gewesen, heißt es in der Pressemitteilung des Verteidigungsministeriums. Und schließlich: »›Der wesentliche Grund meines Besuches heute bei Ihnen ist, Dankeschön zu sagen. Sie alle haben hier in den letzten Monaten Großartiges geleistet‹, sagte der Verteidigungsminister zu den Soldaten

und Soldatinnen«. Tja – wenn einen schon mal die Dankbarkeit überfällt, dann lässt sich das wahrscheinlich nicht aufschieben. Die kurze Nacht dieses Kommandounternehmens »verbrachte zu Guttenberg, wie die Soldaten auch, auf einem Feldbett in einem der Unterkunftszelte«. Nach dem Frühstück »ging es am frühen Vormittag weiter zu den Truppenbesuchen nach Kundus, auf den Außenposten Höhe 432 und zum Regionalen Wiederaufbauteam (PRT)«. Auch hier suchte Guttenberg »sofort« das Gespräch mit jedem, der bei drei nicht schnell genug auf den Bäumen war, bzw. »mit Soldaten, um Eindrücke aus erster Hand zu bekommen« – ganz so, als wäre er noch niemals zuvor in Afghanistan gewesen. In Wahrheit ist dieses belanglose und betont harmlos klingende Besuchsprogramm natürlich nicht plausibel. Vielmehr klingt es ganz so, als wollte man uns über die wahren Gründe des Besuches im Unklaren lassen. »Per Hubschrauber ging es am frühen Nachmittag [des 17. Februar; G.W.] ins usbekische Termez. Vom dortigen strategischen Lufttransportstützpunkt aus trat der Minister seinen Heimflug nach Deutschland an.« Wo er abends bei der Bundeskanzlerin eintraf.

Tod in »OP North«

Nachdem Guttenberg vom 16. bis zum Abend des 17. Februar unterwegs war, war klar, dass sich für den nächsten Tag, den 18. Februar, eine Auseinandersetzung mit den Plagiatsvorwürfen nicht mehr vermeiden ließe. Doch da geschah just im Lager »OP North«, das Guttenberg erst am Vortag besucht hatte, etwas, das zum Rettungsanker für den bedrängten Minister werden konnte. Laut offizieller Darstellung trat um 8.30 Uhr Mitteleuropäischer Zeit plötzlich ein Afghane in der Uniform der afghanischen Streitkräfte (ANA) auf mehrere Bundeswehrsoldaten zu, die im Lager »OP North« gerade einen Schützenpanzer vom Typ »Marder« warteten. Der Mann eröffnete aus kurzer Distanz das Feuer und verletzte dabei einen 30-jährigen Hauptfeldwebel, einen

22-jährigen Stabsgefreiten und einen 21-jährigen Hauptgefreiten tödlich. Zwei weitere deutsche Soldaten wurden schwer und vier leicht verletzt. Bei der folgenden Schießerei wurde der Attentäter getötet. Da war sie – jene Topmeldung, die allein (wenn überhaupt) Guttenberg noch retten konnte. Drei Tote und sechs zum Teil schwer Verletzte sollten doch imstande sein, die Doktoraffäre aus den Schlagzeilen zu drängen. Doch was normalerweise die Titelseiten beherrschen würde, reichte diesmal nicht aus, um weitere atemberaubende Fehltritte Guttenbergs vergessen zu machen. Denn statt dieses traurige Ereignis nun für seine Zwecke arbeiten zu lassen, produzierte Guttenberg einen weiteren, nie da gewesenen Skandal.

Ein Attentat verpufft

Als am Vormittag des Anschlags in Afghanistan, am 18. Februar, die versammelte deutsche Hauptstadtpresse im Saal der Bundespressekonferenz zu Berlin um 11.30 Uhr endlich eine Stellungnahme des Ministers zu den Plagiatsvorwürfen erwartete, ließ der die Journalisten einfach sitzen. Er manövrierte sie quasi aus, um seine Erklärung vor einer kleinen Schar ausgewählter Medienvertreter im Verteidigungsministerium abzugeben. Ein bei der Bundespressekonferenz anwesender Journalist bezeichnete den Bundesverteidigungsminister daraufhin als »Feigling« und forderte den Vorsitzenden der Pressekonferenz auf, »die Witzveranstaltung« abzubrechen. Einen solchen Aufstand in den angepassten deutschen Medien hat es seit Menschengedenken nicht mehr gegeben.

Guttenberg-Blitzbesuch in Afghanistan (Chronologie)

Mi, 16.2.11	Plagiatsvorwürfe werden bekannt
Mi, 16.2.11 (später)	Guttenberg fliegt nach Afghanistan
Mi, 16.2.11 (abends)	Ankunft im Lager »OP North« in der Provinz Baghlan, anschließend Übernachtung in »OP North«
Do, 17.2.11	Frühstück in »OP North«
Do, 17.2.11 (früher Nachmittag)	Heimflug (von Termez aus)
Do, 17.2.11 (abends)	Besuch bei der Kanzlerin
Fr, 18.2.11 (8.30 Uhr MEZ)	Anschlag auf BW-Soldaten im Lager »OP North«
Fr, 18.2.11 (11.30 Uhr MEZ)	Bundespressekonferenz, Abgabe von Guttenbergs »Plagiatserklärung« im Verteidigungsministerium
Di, 1.3.11	Guttenberg tritt zurück

Alle Welt redete nur noch von dem neuerlichen Skandal in Berlin. Obwohl sich Guttenberg in seiner »Plagiatserklärung« am selben Tag auch noch zum Tod der Soldaten äußerte, lieferte das Ereignis nur dünne Schlagzeilen. »Für diese Stellungnahme bedurfte es keiner Aufforderung, und sie gab es auch nicht«, behauptete Guttenberg vor dem Häuflein ausgesuchter Journalisten, während die versammelte Hauptstadtpresse in der Bundespressekonferenz in die Röhre guckte. »Meine von mir verfasste Dissertation ist kein Plagiat, und den Vorwurf weise ich mit allem Nachdruck von mir. Sie ist über etwa sieben Jahre neben meiner Berufs- und Abgeordnetentätigkeit als junger Familienvater in mühevollster Kleinstarbeit entstanden, und sie enthält fraglos Fehler. Und über jeden einzelnen dieser Fehler bin ich selbst am unglücklichsten.« Und dann brachte er den »tragischen Vorfall« vom Morgen desselben Tages ins Spiel. Nach dem Motto: Seht ihr denn nicht, dass es viel Wichtigeres gibt und dass ich unentbehrlich bin. Dabei wirkte er irgendwie verbittert, dass die Lage in Afghanistan komplett unterzugehen drohte: »Die Menschen in diesem Land erwarten, dass ich mich um das fordernde Amt des Verteidigungsministers mit voller Kraft kümmere, und das kann ich auch. Wir stehen vor einer historischen Bundeswehrreform. Und ich trage die Verantwortung für die Soldaten im Einsatz, wie ein Ereignis an dem heutigen Tag einmal mehr auf bittere Weise zeigt.« Wie gesagt, brachte das Attentat jedoch kaum Resonanz. Die wichtigste fehlte sogar gänzlich, nämlich, ob der Attentäter ursprünglich vielleicht Guttenberg selbst treffen wollte. Interessanterweise verkniff sich die gesamte Presse die naheliegende Frage, ob der Anschlag vielleicht etwas mit dem Aufenthalt Guttenbergs in dem Lager »OP North« zu tun hatte. Schließlich erschien es ja als großer Zufall, das just einen Tag nach dem Besuch des deutschen Verteidigungsministers dort ein Attentäter aktiv wurde. Wie knapp war es für Guttenberg gewesen? Eine Frage oder Spekulation, auf welche die Medien sonst wohl kaum verzichtet hätten. Und dann stellt sich natürlich die Frage: Wie dumm war eigentlich der Attentäter – schießt auf ein paar gewöhnliche Soldaten, wenn er doch am Tag zuvor den Verteidigungsminister persönlich hätte erwischen können. Zumindest einen Versuch wäre es aus der Sicht des Feindes doch wohl wert gewesen. Aber nichts dergleichen geschah. Der Attentäter wurde erst am Tag, nachdem Guttenberg das Lager wieder verlassen hatte, aktiv. Der Anschlag verpuffte einfach im Getümmel um Guttenbergs Dissertation und seine verheerende Öffentlichkeitsarbeit.

Geschlagene zwölf Tage dümpelte Guttenberg anschließend noch tödlich getroffen und manövrierunfähig im politischen Gewässer herum – bis sich sogar die eigenen Unionsfreunde erbarmten und seinem Kahn den Todesstoß versetzten. »Ich weiß nicht, wie lange er das erträgt und aushalten kann«, zitierte der *Tagesspiegel* den CDU-Ministerpräsidenten Wolfgang Böhmer aus Sachsen-Anhalt am 27. Februar. Am 28. Februar sagte Forschungsministerin Anette Schavan (CDU) in einem Interview mit der *Süddeut-*

schen Zeitung: »Als jemand, der selbst vor 31 Jahren promoviert hat und in seinem Berufsleben viele Doktoranden begleiten durfte, schäme ich mich nicht nur heimlich.« Gleichzeitig kursierte ein Zitat von Bundestagspräsident Norbert Lammert, die Causa Guttenberg sei »ein Sargnagel für das Vertrauen in unsere Demokratie«. Und das war der Sargnagel für die politische Karriere von Karl-Theodor zu Guttenberg. Am nächsten Tag trat er zurück.

25. Februar Die Revolution aus dem YouTube-Labor

Hurra – in Libyen ist Revolution! In Bengasi haben die »Rebellen« angeblich schon die Oberhand gewonnen, heißt es im *ZDF heute journal*. Auf einem Kleinlaster stehen jubelnde Menschen und lassen sich durch eine Straße fahren. Als Quelle für die Bilder gibt das ZDF YouTube an. »In Bengasi feiern die Menschen, als wäre die Freiheit des ganzen Landes schon sicher.« Auch ich bin begeistert. Sagenhaft, dieser Nahe Osten. Nur ein paar Minuten später geht es in derselben Sendung um Bahrain: »Zu großen Kundgebungen hatten Oppositionelle auch im Golfstaat Bahrain aufgerufen«, sagt *heute journal*-Frontfrau Marietta Slomka. »Dabei soll es heute weitgehend friedlich geblieben sein.« Das kann man wohl sagen. Denn was muss ich da sehen? Dieselben Aufnahmen von den friedlich feiernden Menschen auf dem Kleinlaster, die mir soeben noch als Bilder aus Bengasi/Libyen verkauft wurden! Kaum zu glauben: Wo stammen die Bilder denn nun her? Und wo findet die Revolution statt? In Libyen? Oder in Bahrain? In beiden Ländern – oder etwa in keinem von beiden? Das ist aber noch gar nichts gegen das BBC-Frühstücksfernsehen, Dort zeigten zwei Moderatoren am 24. August 2011 morgens um 6.53 Uhr »Live«-Bilder »vom Grünen Platz in Tripolis«, wo eine dicht gedrängte Menschenmenge zu sehen war, die orange-weiß-grüne Fahnen schwenkte. Offenbar alles empörte Libyer, die gegen die

Herrschaft Gaddafis auf die Straße gingen. Eine tolle Sache – wenn die libysche Flagge nicht rot-schwarz-grün wäre. Orange-weiß-grün ist in Wirklichkeit die indische Flagge – und genau von dort stammten die Bilder denn auch in Wirklichkeit. Und so ging es immer weiter. Auf meinem YouTube-Kanal habe ich unter »Propaganda« noch einige Beispiele zusammengetragen.

Revolution aus dem YouTube-Labor

Die Sache gab mir nämlich zu denken: Was, außer ein paar verwackelten YouTube-Bildern, erreicht uns eigentlich an Informationen über die Revolutionen im Nahen Osten? Wie beginnt eigentlich – abgesehen von den Bemühungen von dubiosen Internetaktivisten – so eine Revolution? Ist es etwa möglich, eine ganze Revolution nur aus ein paar YouTube-Bildchen entstehen zu lassen? Ich fange an, mir über den Realitätsgehalt unserer Nachrichten und TV-Bilder so meine Gedanken zu machen. Erst recht, als ich das hier höre: »Deutschland ist ein Land in der Mitte Europas«, tönt es auf Englisch in einem Vier-Minuten-Film des »Free Germany Movement«, scheinbar eine Art deutsche Freiheitsbewegung. »Es ist berühmt für seine historischen Bauten, wie etwa das Brandenburger Tor und die Gedächtniskirche. Und es ist auch berühmt für seinen Glamour und Wohlstand.« In Berlin träfen sich die Schicken und Reichen, um sich bei gutem Essen selbst zu feiern. Aber während sie im Überfluss schwelgten, würden andere in verzweifelter Armut leben. Dazu sieht man einen Mann in einem Wohnwagen hausen – inmitten von Bergen aus Müll! Und eine Frau, die in einem tristen Plattenbau wohnt und sich eine Mahlzeit aus verdorbenen Bananen zubereitet. Ihre Wohnung ist voller Ungeziefer. Währenddessen stehen lange Schlangen vor den Supermärkten, aber die Regale sind leer!
Das »Free Germany Movement« ist äußerst aktiv und berichtet laufend aus dem Land der grausamen Diktatur von Angela Merkel. Und zwar auf Englisch – sozusagen für die Außenwelt. Also

genau so, wie wir Anfang 2011 plötzlich von Revolutionen in Tunesien, Ägypten, Libyen, Bahrain und Syrien hörten – Länder, über die wir meistens nichts wissen und wo wir meistens auch niemanden kennen. Über die man uns also – da wir auch die Sprache nicht beherrschen – alles Mögliche erzählen kann. Und nun Deutschland. Sie glauben mir nicht? Aber ich habe es im Fernsehen gesehen – besser gesagt auf YouTube. Was praktisch genauso gut ist, denn auch die öffentlich-rechtlichen Fernsehstationen zeigen immer mehr verschwommene Handy-Filmchen aus diesem Internetportal, auf denen man meistens nicht mehr sieht als rennende Menschen vor irgendwelchen Häuserkulissen. Selbst wenn die gezeigten Aufnahmen gar nicht aus dem jeweiligen Land stammten, würden wir das nicht merken – es sei denn, man ist so dumm wie das *ZDF heute journal* und zeigt ein und dieselben Aufnahmen direkt hintereinander als Bilder aus verschiedenen Ländern.

Es lebe das freie Deutschland!

Die Situation in den deutschen Betonvorstädten verschlechtere sich zusehends, und schon würden die ersten Menschen auf die Straße gehen, heißt es in dem »Free Germany«-Film. Insbesondere die Jungen und Arbeitslosen seien auf Krawall gebürstet und bereiteten sich auf eine Revolution vor! Die Diktatorin Angela Merkel hingegen traue sich nur noch mit Bodyguards unters Volk. In ihren Reden fordere sie die totale Videoüberwachung der Öffentlichkeit! Kaum zu glauben? Aber es muss wahr sein! Schauen Sie mal auf den YouTube-Kanal »TheFreegermany«. Da gibt es noch andere Filmbeiträge. In einem sieht man Demonstranten mit Fahnen: »Nachdem die Mindestlöhne gesenkt und die Studiengebühren erhöht wurden, verschlimmert sich die Situation in Deutschland«, heißt es da. Genau wie das Regime des syrischen Präsidenten Assad toleriere auch das von Angela Merkel keinen Protest. Ihre letzten Wahlen habe sie mit Hilfe von Wahlbetrug gewonnen. Für die Demonstranten habe sie nur eine Antwort: Wasserwerfer. Und dann sieht man, wie die Leute regelrecht von der Straße gespritzt werden. In einem anderen Video begibt sich Merkel nach Protesten in Deutschland unter militärischen Schutz und behauptet, so etwas habe man seit dem Zweiten Weltkrieg nicht mehr erlebt.

Mit Trillerpfeifen gegen die Staatsmacht

Die Wahrheit ist: »Free Germany« ist nur ein von mir ins Leben gerufenes Medienexperiment. Dabei geht es darum, eine Revolution einfach am Laptop zu erschaffen – in einem Schnittprogramm. Mit zusammengeklauten YouTube-Schnipseln wollte ich zeigen, wie leicht man Außenstehenden eine Revolution in einem beliebigen Land der Welt vorgaukeln kann – in meinem Beispiel in Deutschland. Dem globalen TV-Publikum könnte man mit den Filmchen sofort klarmachen, dass in Deutschland Revolution herrscht. Was heißt dem »globalen Publikum« – einige Kommentare zu den Videos zeigten deutlich, dass auch Deutsche darauf hereinfielen: »Zu viele haben noch etwas zu verlieren und die Habenichtse wissen nicht, wie ein Umsturz zu organisieren wäre«, schrieb zum Beispiel ein Nutzer (Rechtschreibung beibehalten): »Gegen eine gewaffnete Staatsmacht mit Trillerpfeifen demonstrieren, was bringt das? Wenn am Montag nur ein Drittel der Bürger ihre Spareinlagen schlagartig von den Banken abrufen würden, dann wäre das System sofort erledigt. Das müssten aber diejenigen tun, die etwas haben – und genau die haben eben auch etwas zu verlieren.« Und während ein anderer Nutzer ironisch kommentierte: »Die UNO sollte eingreifen, und wenn die nicht will wenigstens die Nato!! – Free Germany!!«, nahm ein Dritter die Filmchen von der deutschen Revolution bierernst: »wer soll uns denn bitte befreien? versteh mich bitte nicht falsch, ich würde alles dafür geben, aaaaber in der heutigen zeit werden staaten doch nur ›zwangsbefreit‹ weil sich der westen profite verspricht, bzw nutzen daraus zieht. europa oder die usa werden es dann ja wohl nicht sein, die etwas gegen diesen zustand unternehcmcn, ist ja deren vorbild …« Und ein Vierter schrieb: »Ja, langsam wirds Zeit.«

Revolution in Phantasieland

Diese deutschen Nutzer-Kommentare zeigten: Die total gefälschte Propaganda über eine angeblich in Deutschland stattfindende Revolution funktioniert selbst in dem betreffenden Land selbst, in diesem Fall in Deutschland! Und ehrlich gesagt: Ich war über das Ergebnis meiner »Fälscherbemühungen« selbst erschrocken. Heraus kam nämlich das, was wir tagtäglich über Tunesien, Libyen, Ägypten, Bahrain und Syrien im Fernsehen sehen. Und dabei hatte ich mir praktisch überhaupt keine Mühe gegeben, sondern Bilder von Merkel-Reden wild mit Aufnahmen von sozialen Randgruppen, Demonstrationen und Polizeieinsätzen zusammengefügt – fertig war die Revolution in Deutschland. Ja, mehr noch: Ich konnte praktisch ein ganzes Phantasieland erschaffen, das es so gar nicht gibt! Die Rollen in diesem Phantasieland konnte ich mit Hilfe von YouTube-Schnipseln nach Belieben besetzen. Ich musste dafür nicht einmal Szenen stellen; ich brauchte auch keine Schauspieler, sondern lediglich Bilder von Armut, Reichtum, Luxus, Soldaten, Polizisten, Demonstranten, Wasserwerfern – all das gibt es auf YouTube zuhauf. Man muss es nur neu kombinieren, und fertig ist ein ganz neues Deutschland! Und tatsächlich fällt auf, dass auch etablierte Fernsehsender als Quelle ihrer Filmbeiträge immer häufiger YouTube angeben. Das Problem ist nur: Die Quelle YouTube ist gar keine. Denn diese Bezeichnung sagt nichts über Datum und Herkunft des Films aus. Häufig sieht man verwackelte und verschwommene Bildchen ohne spezifischen Hintergrund, die von überallher stammen könnten. Dazu wird dann etwas über Ägypten, Libyen oder Bahrain getextet. Dass die Bilder wirklich die behaupteten Situationen und Länder zeigen, müssen wir schon glauben. Ich will nicht in Abrede stellen, dass es in diesen Ländern Unruhen gab. Wie diese jedoch aussahen, können wir den TV-Bildern aber kaum entnehmen.

Die Kraft von Bild und Behauptung

Halt, wird mancher vielleicht sagen, das geht doch gar nicht, denn unter den meisten Bildern liege ja der »echte« Text, auch bei YouTube. Nun, dieser wird entweder einfach weggeschnitten oder leise gestellt und (englisch) übertextet. Letzteres hört sich dann noch überzeugender an, nämlich so, als würde der Sprecher ebenden deutschen Text auf Englisch wiedergeben. Tut er aber nicht! Stattdessen liest er einen ganz anderen Text, der mit dem ursprünglichen Text der Aufnahmen nicht das Geringste zu tun hat. Auch dafür gibt es Beispiele in unseren Medien. Die Bildebene wird komplett von der ursprünglichen Text- und Sinnebene getrennt, indem man die Bilder ohne jede Rücksicht auf ihren ursprünglichen Zusammenhang am Schneidetisch neu ordnet:

- Stellt man beispielsweise einem Bild von einer Wohnung eine Hochhausfassade voran, glaubt der Zuschauer automatisch, die Wohnung befinde sich in dem Hochhaus.
- Zeigt man nach einem Bild von der Küche ein Bild von einem vor Ungeziefer wimmelnden Wohnzimmer, nimmt der Zuschauer automatisch an, das sei das Wohnzimmer zur Küche.
- Zeigt man eine Demonstration und anschließend ein Statement von Angela Merkel, glaubt der Zuschauer automatisch, beides habe etwas miteinander zu tun.

Erst recht, wenn man es ihm zu den Bildern noch erzählt. Dann ist der Zuschauer der geballten Überzeugungskraft von Bild und Behauptung praktisch wehrlos ausgeliefert – zumindest ein Außenstehender. Dazu kann man auch O-Töne schneiden, die zwar völlig aus dem Zusammenhang gerissen sind – wie beispielsweise Angela Merkels Rede über Videoüberwachung oder über den Krieg, die ich dann mit einer Demonstration in Zusammenhang gebracht habe. Aber da der Zuschauer das nicht weiß, untermauern die O-Töne in seinen Augen die Authentizität des Films. Und so gehen die meisten TV-Sender der Welt regelmäßig vor. Zwar sind die meisten deutschen Betrachter nicht darauf hereingefallen – aber nur, weil sie Einheimische sind und die Inszenierung bewusst schlampig gehalten war. Mit etwas mehr Mühe wäre das Ganze auch für die meisten Deutschen absolut glaubwürdig gewesen.

Die Geheimwaffen der Glaubwürdigkeit

Dabei hatte ich folgende Geheimwaffen der Glaubwürdigkeit bei meinem Experiment noch nicht einmal eingesetzt:

- einen professionellen Sprecher, der mit sonorer Stimme den Filmtext liest;
- einen »Korrespondenten«; haben Sie sich nicht auch schon mal gefragt, wozu wir Korrespondenten brauchen, die uns aus Tripolis oder Kairo mit belanglosen Informationen versorgen, die wir auch problemlos im Internet finden können? Oder Korrespondenten, die noch mit den Krümeln vom Frühstück im Mundwinkel aus einem Hotel berichten, das sie gar nicht verlassen dürfen? Zu Informationszwecken können diese Korrespondenten doch nicht wirklich da sein. Sind sie auch nicht – sondern aus Gründen der Glaubwürdigkeit. Der den Bildern vor- oder nachgeschaltete Korrespondent drückt den Aufnahmen und Berichten quasi sein Gütesiegel auf. Er ist quasi der Repräsentant oder Verkäufer der Aufnahmen;
- Slogans wie »Breaking News« und/oder eingeblendete Schlagzeilen wie »America under Attack« (am 11.9.2001) geben den Bildern einen gewissen Dreh, drücken ihnen ebenfalls eine Art Stempel auf und machen sie damit sehr

viel glaubwürdiger. Andernfalls wirkten die Bilder nackt und wären möglicherweise interpretierbar – was natürlich nicht gewollt ist;

- ein »Newsdesk« (also ein Moderationstisch) mit einem oder zwei Moderatoren, die wie Lehrer an ihrem Pult sitzen. Schaltet man so etwas vor sein Filmchen, wirkt es gleich viel glaubwürdiger.

Oder wie wäre es mit einer bombastischen Inszenierung wie der folgenden: In einem riesigen, unendlich erscheinenden Raum sieht man weit hinten an einem langgezogenen Tisch zwei Moderatoren stehen, die wie Götter am Nachrichtenhimmel wirken. Darüber drehen sich fünf riesige transparente Globen. Unten im Bild laufen die wichtigsten Schlagzeilen. Um Punkt 19 Uhr schwebt die Kamera auf die Moderatoren zu, anschließend wird zu Fanfarenmusik auf einen einzigen großen Globus geschnitten, der so groß wird, dass er das ganze Bild ausfüllt. Egal, was hier anschließend erzählt wird – der Zuschauer glaubt es: Willkommen im »ZDF heute journal«.

Revolution im Parallelstaat

Kurz: Auf diese Weise kann man uns alles verkaufen, Massenvernichtungswaffen im Irak und Mondlandungen ebenso wie Revolutionen in Tunesien, Libyen, Ägypten, Bahrain – oder eben Deutschland. Durch die Inszenierung, die glaubwürdigen Personen sowie den Zusammenschnitt und den Text wird eine ganz neue Realität erschaffen. Im Falle von »Free Germany« eine Revolution, die es nicht gibt, in einem Land, das es ebenfalls nicht gibt – jedenfalls nicht so, wie es dort dargestellt wird. Vielmehr entsteht dabei eine Art Parallelstaat, der geisterhaft die Weltbühne betritt und nun, da ZDF, ARD, CNN und Al-Dschasira ihn Millionen und Abermillionen Menschen zeigen, reale Wirkungen entfaltet. Die Fiktion kann nämlich als Waffe gegen die Realität benutzt werden – in diesem Fall gegen den realen Staat. So kann man beispielsweise im Weltsicherheitsrat behaupten, dass wegen Unruhen in dem medialen Parallelstaat (deren Bilder ja jeder im Fernsehen gesehen hat) der wirkliche Staat bombardiert oder besetzt werden müsse. Man kann auch begründen, warum man wegen der Vorgänge in der medialen Parallelwelt in der realen Welt die Auslandsguthaben des betreffenden Staates einfrieren muss. Es ist dann besonders skurril zu beobachten, mit welchem Entsetzen die Betroffenen versuchen, gegen diese Parallelwelt anzuargumentieren – zum Beispiel der libysche Regierungssprecher Moussa Ibrahim. Regelrecht schockiert versuchte er, vor Journalisten den zahlreichen Behauptungen über die Greueltaten der libyschen Regierung entgegenzutreten (wobei seine Stellungnahmen merkwürdigerweise fast nie in unseren Medien auftauchten). Vermutlich glaubte er, es mit Lügen zu tun zu haben. Über dieses Stadium war die Propaganda jedoch längst hinaus – vielmehr hatte die internationale Propaganda ein komplettes »Parallel-Libyen« erschaffen, gegen das mit Argumenten überhaupt nicht anzukommen war. Im Prinzip nichts anderes als meine Kreation des von einer diktatorischen Kanzlerin unterjochten Parallel-Deutschland. Von seinen Schöpfern wurde das Parallel-Libyen mit einem revoltierenden Volk und einem »irren« Führer ausgestattet, der seine eigene Bevölkerung sogar mit Streubomben bombardiert. Fertig war der Kriegsgrund. Dazu später mehr.

März 2011

Thema des Monats *17.3.:*
NATO und Libyen: Krieg ist auch nur eine »humanitäre Aktion«

1.3. Verteidigungsminister Karl-Theodor zu Guttenberg tritt zurück **2.3.** Bei einem Anschlag am Frankfurter Flughafen tötet ein Kosovare zwei US-Soldaten ***11.3. Nach dem Erdbeben und dem Tsunami in Japan inszeniert sich das US-Militär als Hilfsorganisation*** **12.3.** In Stuttgart demonstrieren Zehntausende für einen sofortigen Atomausstieg **14.3.** Die Laufzeitverlängerung für deutsche Atomkraftwerke wird ausgesetzt ***17.3. Der Weltsicherheitsrat beschließt ein Flugverbot über Libyen 20.3. Die Krimiserie »Tatort« propagiert »moderne Lebensmodelle«*** / In Syrien flammen landesweite Proteste auf **26.3.** In Deutschland demonstrieren etwa 250 000 Menschen für einen sofortigen Atomausstieg

1. März Guttenberg-Rücktritt: Psychogramm eines Hochstaplers

Federnden Schrittes und mit geradem Rücken kommt der smarte junge Politiker die Treppe im Bundesverteidigungsministerium herunter. In der Halle am Fuße der Treppe wartet ein Rednerpult; drum herum stehen im Halbrund dicht gedrängt die Journalisten. Entschlossen tritt Verteidigungsminister Karl-Theodor zu Guttenberg an das Pult, tut dann aber so, als müsste er irgendetwas an den Mikrophonen überprüfen – ganz so, als wolle er sich selbst noch eine winzige Gnadenfrist als Verteidigungsminister einräumen. Dann sagt er: »Grüß Gott, meine Damen und Herren, ich habe in einem sehr freundschaftlichen Gespräch die Frau Bundeskanzlerin informiert, dass ich mich von meinen politischen Ämtern zurückziehen werde, und um meine Entlassung gebeten.«

»Wer ohne Fehler ist, werfe den ersten Stein«

Na, so was! Dabei hatten sich doch zahlreiche Kollegen in auffälliger Milde geübt: »Jedem passiert vielleicht auch mal ein Fehler«, meldete sich Dr. jur. Wolfgang Schäuble zu Wort. Er selbst habe die Guttenberg-Dissertation einmal gelesen, sagte Schäuble laut *Welt Online*. »Vieles halte er für eine typische Übertreibung der Medien« (18.2.2011). Bundeskanzlerin Dr. rer. nat. Angela Merkel habe lediglich »einige Erklärungen von dem Minister verlangt«, hieß es auf *zeit.de* (18.2.2011). »Offenbar empfand sie diese als zufriedenstellend. Denn danach bekundete sie trotz der Affäre um seine Doktorarbeit »volles Vertrauen« in ihren Verteidigungsminister. »Wer ohne Fehler ist, werfe den ersten Stein«, ließ sich gar Dr. jur. Edmund Stoiber vernehmen (*merkur-online.de,* 19.2.2011). »Viele erfolgreiche Politiker in Deutschland«, fuhr Stoiber fort, »mussten schon schwierige Situationen bestehen.«
Doch zurück zu Guttenberg. Dieser hat ein zweites Kapitel in diesem Buch verdient, denn schließlich geht es nicht nur um

einen einzelnen Hochstapler und Betrüger. Wie wir im Laufe des Jahres erfahren mussten, hat der Doktorbetrug hierzulande System. Schon bald purzelten weitere Schwindel-Doktoren wie faule Äpfel aus den in den Himmel gewachsenen Bäumen der Wissenschaft. Es geht daher um die Glaubwürdigkeit der deutschen Lehre, Forschung und Politik, ohne die unser Staat nicht funktionieren kann. Und es geht darum, ob man sich wirklich ein »Comeback« Guttenbergs wünschen kann, das ja erstaunlicherweise bereits vor seinem Rücktritt diskutiert wurde. Ob also die zu großen Teilen geklaute Doktorarbeit nur eine Art Unfall war und Guttenberg im Prinzip ein ministrabler Politiker und Minister ist. Und schließlich geht es um ein noch viel wichtigeres Thema – nämlich den Zusammenhang von Charisma und Hochstapelei, den ich anhand des Beispiels von US-Präsident Barack Obama aufgreifen werde (siehe 30. April: »Wie das Weiße Haus Videos manipuliert«).

Das Psychogramm eines Hochstaplers

Doch zunächst noch einmal zu Guttenbergs Rücktrittserklärung vom 1. März 2011. War sie tatsächlich ein Empfehlungsschreiben für ein baldiges Comeback? Oder nicht viel mehr das Psychogramm eines Hochstaplers?

»Ich gehe nicht alleine wegen meiner so fehlerhaften Doktorarbeit …«, schrieb er da zum Beispiel den Medien trotzig ins Stammbuch. »So fehlerhafte[n] Doktorarbeit« klingt wie »ach so fehlerhafte[n] Doktorarbeit«. Nach dem Motto: Stellt euch doch nicht so an. Noch immer ist er nicht bereit, die Dimension seines Betruges wirklich anzuerkennen und sich einzugestehen, welches Desaster er mit seiner Dissertation und erst recht mit seinem katastrophalen Krisenmanagement angerichtet hat.

Tatsächlich hat der Mann überhaupt nicht realisiert, was passiert ist. Die Sache mit der Doktorarbeit spaltet er völlig von seiner Persönlichkeit ab, und daher ist auch nicht damit zu rechnen, dass

Guttenberg irgendetwas daraus lernt. Als hätte er nicht gerade eindrucksvoll das Gegenteil bewiesen, besteht er darauf, »höchste Ansprüche« an sich selbst anzulegen: Der Grund für seinen Rücktritt »liegt im Besonderen in der Frage, ob ich den höchsten Ansprüchen, die ich selbst an meine Verantwortung anlege, noch nachkommen kann«. Natürlich nicht, denn schließlich hat er fast eine komplette Doktorarbeit zusammengeklaut. Aber so meint Guttenberg das nicht, sondern der Hauptgrund für seinen Rücktritt liegt aus seiner Sicht darin, dass er sich bei dem fortgesetzten Geschrei der Medien einfach nicht mehr konzentrieren könne. Schließlich trage er »bis zur Stunde Verantwortung in einem fordernden Amt. Verantwortung, die möglichst ungeteilte Konzentration und fehlerfreie Arbeit verlangt.«

»Fehlerfreie Arbeit«? Wie wäre es zunächst einmal mit einer fehlerfreien Doktorarbeit gewesen? Die spaltet er jedoch völlig ab von seiner Arbeit als Minister, als könnte man daraus überhaupt keine Schlüsse für seine Amtsführung ziehen. Seine Konzentration leide, beklagt sich Guttenberg, »wenn allerdings, wie in den letzten Wochen geschehen, die öffentliche und mediale Betrachtung fast ausschließlich auf die Person Guttenberg und seine Dissertation statt beispielsweise auf den Tod und die Verwundung von 13 Soldaten abzielt«.

Die verpuffte Schießerei

Da ist sie wieder, die Schießerei in Afghanistan. Nicht Guttenberg ist an seinem Rücktritt schuld, sondern alle, die lieber über eine Doktorarbeit statt über 13 verwundete und getötete Soldaten berichten. Übersetzt heißt das: Ist die Kritik an seinem Doktorschwindel nicht einfach menschenverachtend? Die Verbitterung darüber, dass der Tod der drei Soldaten bei der dubiosen Schießerei am 18. Februar 2011 in Afghanistan überhaupt keinen Einfluss auf die Diskussion über seine Doktorarbeit hatte, ist mit Händen zu greifen. »Nachdem dieser Tage viel über Anstand diskutiert wurde«, sei es für ihn, den peinlichsten Plagiator der deutschen Politikgeschichte, »gerade eine Frage des Anstandes« gewesen, »zunächst die drei gefallenen Soldaten mit Würde zu Grabe zu tragen und nicht erneut ihr Gedenken durch Debatten über meine Person überlagern zu lassen«. Umgekehrt wird ein Schuh daraus: Eigentlich, so mag der Minister gehofft haben, sollte das Gedenken an die Soldaten die Debatten über seine Person überlagern. Aber genau das geschah nicht. Statt Guttenbergs Verfehlungen aus den Schlagzeilen zu drängen, verpuffte die Schießerei ganz einfach.

Und statt schleunigst eimerweise Asche auf sein Haupt zu streuen, spielt sich Guttenberg weiter als der edle Schutzpatron der ihm »anvertrauten« Soldaten auf. Nicht weil er Fehler gemacht hat, tritt er zurück – nein, sondern um die Soldaten zu schützen. Mit seinem Rücktritt will er die Bundeswehr davor bewahren, dass »es auf dem Rücken der Soldaten« nur noch um seine Person gehe. Das könne er nicht mehr verantworten.

Sein zögerlicher Rücktritt war nur seinem unermüdlichen Bemühen um andere geschuldet. Ja, »es war auch ein Gebot der Verantwortung gegenüber diesen, ja gegenüber allen Soldaten«. Und was sich »gehört«, weiß Guttenberg plötzlich auch, nämlich, »ein weitgehend bestelltes Haus zu hinterlassen. Weshalb letzte Woche noch einmal viel Kraft auf den nächsten entscheidenden Reformschritt verwandt wurde, der nun von meinem Nachfolger bestens vorbereitet verabschiedet werden kann. Das Konzept der Reform steht.« Eine letzte Heldentat des Herrn zu Guttenberg: Wer auch immer diese Bundeswehrreform jetzt durchzieht, sie bleibt letztlich sein, Guttenbergs, Werk.

Guttenbergs seltsame Arithmetik

Tatsächlich scheint der Mann unter einem totalen Realitätsverlust zu leiden. Er, der die Wissenschaft ebenso beschädigt hat wie die Politik und das Amt des Verteidigungsministers, bewahrt das »Amt«, »die Wissenschaft und die mich tragenden Parteien« laut seiner Rücktrittserklärung vor Schaden, der in dieser seltsamen Arithmetik allerdings nicht von ihm ausgeht, sondern letztlich von dem Geschrei, das um seine Person gemacht wurde. Ein Satz wie »Ich habe wie jeder andere auch zu meinen Schwächen und Fehlern zu stehen« wirkt da fast wie ein Fremdkörper, als hätte ihm jemand anderer die Feder geführt. Warum er erst heute zurücktritt? »Wohl niemand wird leicht, geschweige denn leichtfertig, das Amt aufgeben wollen, an dem das ganze Herzblut hängt«, sagt Guttenberg. »Zumal Vorgänge in Rede stehen, die Jahre vor meiner Amtsübernahme lagen.« Soll wohl heißen: »Die Doktorarbeit? Das ist doch Schnee von gestern.«

Die Krönung kommt aber noch: »Nun wird es vielleicht heißen, der Guttenberg ist den Kräften der Politik nicht gewachsen. Das mag sein oder nicht sein. Wenn ich es aber nur wäre, indem ich meinen Charakter veränderte, dann müsste ich gerade deswegen handeln.« Dabei war sein Charakter ja gerade das Problem. Doch Guttenberg verherrlicht seinen Charakter und gibt vor, ihn vor den schädlichen Einflüssen der Politik schützen zu müssen – statt die Politik vor den schädlichen Einflüssen seines Charakters. Man wird das Gefühl nicht los, dass es sich in Wirklichkeit nicht um eine Rücktrittserklärung und schon gar nicht eine Empfehlung für eine baldige Wiederkehr handelt, sondern um den Kündigungsbrief eines Hochstaplers an eine verständnislose Gesellschaft. Vielleicht sollte man deshalb in Zukunft von angehenden Amtsträgern keinen Amtseid mehr verlangen, sondern probeweise zunächst einmal die Abfassung einer Rücktrittserklärung …

11. März Japans fürsorgliche Belagerung

Kennen Sie den: Gab es früher ein Erdbeben, kam das Rote Kreuz. Gibt es heute ein Erdbeben, kommt erst mal ein US-Flugzeugträger. Halt! Der Witz ist ja alt. Ich hatte ihn letztes Jahr schon einmal gemacht, als US-Truppen nach dem verheerenden Erdbeben vom 12. Januar 2010 die Karibikinsel Haiti besetzten und zur Kolonie umfunktionierten. Diese Besetzung erschien als derart planvoll, dass verschiedene Kritiker, darunter der venezolanische Präsident Hugo Chavez sowie russische Militärs und Medien, die USA verdächtigten, das Erdbeben künstlich ausgelöst zu haben – zu keinem anderen Zweck als dem, die Karibikinsel Haiti einzunehmen.

Und was soll ich sagen: Auch als am 11. März 2011 ein Erdbeben die japanische Ostküste heimsucht und einen Tsunami auslöst, kommt zuerst ein US-Flugzeugträger! Und das ist kein Witz. Kurz nach einem Erdbeben der Stärke 8,9 oder 9,0 auf der Richterskala und einem Tsunami an der japanischen Ostküste kreuzt die USS Ronald Reagan vor der japanischen Küste auf. Am 5. März war sie in Kalifornien aufgebrochen und hatte Kurs auf den Pazifik genommen, am 9. März hatte sie hinter Midway die Datumsgrenze überschritten, und siehe da: »Pünktlich« am 11. März näherte sie sich Japan. Angeblich reiner Zufall, denn schließlich wollte der Flugzeugträger an einem gemeinsamen Manöver (»Foal Eagle«) mit Südkorea teilnehmen. Dafür war das Kriegsschiff allerdings ein bisschen spät dran, denn die Übung hatte bereits mehr als zehn Tage zuvor angefangen (28. Februar). Genau wie in Haiti kreuzten die Schiffe der US-Pazifikflotte nun vor Japan auf, »um den Menschen in den durch das massive Erdbeben und den folgenden Tsunami beschädigten Regionen zu helfen«, hieß es am 12. März 2011 auf der Website der 7. US-Flotte. Zu dem Verband gehörten neben dem Flugzeugträger USS Ronald Reagan weitere Schiffe, wie zum Beispiel der Lenkwaffenkreuzer USS Chancellorsville und der Zerstörer USS Preble. »Alle drei Schiffe wurden zur Ostküste der japanischen Hauptinsel Honshu geschickt.«

Edel sei der Machtmensch, hilfreich und gut

Was war los? Hatte sich das US-Militär plötzlich in eine karitative Organisation verwandelt? Und ob. Um nichts sind die USA so besorgt wie um das Wohlergehen ihrer Mitbürger rings um den Erdball. Edel sei der Machtmensch, hilfreich und gut: »Wir hegen große Sympathien für die Menschen von Japan, und wir sind darauf vorbereitet, ihnen auf jede mögliche Weise zu helfen«, sagte US-Verteidigungsminister Robert Gates beispielsweise nach der 3/11-Katastrophe in Japan. »Es handelt sich ganz offensichtlich um ein sehr hochentwickeltes Land, aber dies ist eine große Katastrophe, und wir werden alles tun, alles, worum wir gebeten werden, um Hilfe zu leisten.«

Tatsächlich rühmen sich die Seestreitkräfte der Vereinigten Staaten immer wieder ihrer Hilfsbereitschaft. Überall, wo es in den letzten Jahren schwere Naturkatastrophen wie Erdbeben oder Tsunamis gab, waren blitzschnell US-Flugzeugträger vor Ort. Schon seit einigen Jahren geriert sich die Kriegsmaschine der Vereinigten Staaten als neue Hilfsorganisation. Vor allem nach großen Katastrophen kreuzt, noch bevor zivile Hilfsorganisationen in den betroffenen Gebieten auftauchen, die US-Flotte vor den Küsten der zerstörten Länder auf. So war es zum Beispiel auch nach dem verheerenden Pazifik-Seebeben und Tsunami am 26. Dezember 2004. Damals »reagierte das US-Militär schnell und entsandte Schiffe, Flugzeuge und Hilfsgüter in die Region«, heißt es in einem Papier des Naval Historical Center. Unter anderem machte sich der Flugzeugträger USS Abraham Lincoln aus dem Pazifik auf den Weg nach Indonesien. Und ebenso geschah es 2008 in Myanmar (Birma), das von einem schweren Wirbelsturm heimgesucht worden war, und eben 2010 in Haiti.

Besuch vom Kampfstern »Galactica«

Im Zusammenhang mit dem Erdbeben und der amerikanischen »Erdbebenhilfe« für Japan zeigte der Fall Myanmar exemplarisch, welche geostrategischen Implikationen mit diesen »Hilfseinsätzen« einhergehen: Kurz vor einer für den 10. Mai 2008 anberaumten Volksabstimmung über eine von den USA strikt abgelehnte Verfassung schlug vom 2. auf den 3. Mai 2008 in Birma der stärkste Zyklon seit Menschengedenken zu. Das an Indien, China und Thailand grenzende Land wurde von dem bis zu 215 Stundenkilometern schnellen Sturm weitgehend verwüstet, Tausende von Häusern wurden zerstört und bis zu 100 000 Menschen getötet. Eine Sturmflut setzte große Teile der Küste unter Wasser, wobei zahlreiche Menschen ertranken. In fünf Regionen wurde Katastrophenalarm ausgerufen, Hunderttausende von Menschen wurden obdachlos. Die Abstimmung über die von US-Präsident George W. Bush als »gefährlich mangelhaft« bezeichnete neue Verfassung stand auf der Kippe. Doch während das Verhältnis zwischen den USA und Birma/Myanmar seit Jahrzehnten äußerst gespannt war, wurden die Vereinigten Staaten angesichts des Wirbelsturms plötzlich von Hilfsbereitschaft übermannt. Vor der Küste von Myanmar tauchte ein Kampfverband mit dem Hubschrauber- und Senkrechtstarterträger USS Essex an der Spitze auf – was für die birmanische Regierung in etwa so beruhigend gewesen sein dürfte wie ein Besuch vom Kampfstern »Galactica«.

Die USA, aber auch Großbritannien und Frankreich, also dieselbe Koalition, die im März 2011 Krieg gegen Libyen führen würde, »entsandte mit Hilfsgütern beladene Kriegsschiffe«, heißt es in einer Studie des Griffith Asia Institute. »Aber eine Landung oder Lieferung der Hilfsgüter per Helikopter wurde ihnen untersagt« (»Burma and the Threat of Invasion: Regime Fantasy or Strategic Reality?«, Brisbane 2008). Klar, denn aus birmanischer Sicht wa-

ren die Hilfslieferungen der Vereinigten Staaten vergiftet. Oder, wie sich das Regime von Myanmar ausdrückte, die »Fäden, die an den Hilfsgütern kleben, die von den Kriegsschiffen und Helikoptern transportiert werden«, seien »für das Volk von Myanmar nicht akzeptabel«.
Zwar mag man von »Militärdiktaturen«, und als eine solche wird das Regime von Myanmar wahrgenommen, halten, was man will. Doch jenseits der politischen Binnenverhältnisse ist Birma ein Dominostein im geostrategischen Gefüge und Gleichgewicht zwischen West und Ost, also zwischen den USA und ihren westlichen Verbündeten auf der einen und China, Russland und deren Verbündeten auf der anderen Seite. Und das sollte man nicht vergessen.

Zwangslieferung von Hilfsgütern?

Laut Griffith Asia Institute machte die birmanische Regierung klar, »dass nur ›freundlichen Staaten‹ die Einreise nach Birma gestattet werden würde; Streitkräfte wurden explizit ausgenommen«. Es sah so aus, als würde das birmanische Regime die Naturkatastrophe »eher als Frage der nationalen Sicherheit denn als humanitäre Herausforderung sehen« oder, zugespitzt, eher als Krieg denn als Naturkatastrophe. Und genau darauf lief es hinaus. Die Frustration über die Blockadehaltung der birmanischen Regierung sei so groß gewesen, »dass einige Mitglieder der internationalen Gemeinschaft begannen, über außergewöhnliche Maßnahmen nachzudenken, um die Hilfsgüter zu liefern«, sprich: die birmanische Souveränität zu missachten und einfach in das Land »einzumarschieren«. Nanu – welche »Mitglieder der internationalen Gemeinschaft« könnten das denn gewesen sein? Auch einige Aktivisten und Kommentatoren »sahen den Zyklon als Gelegenheit für noch drastischere Maßnahmen und erörterten die Option, das Militärregime ein für alle Mal loszuwerden. Der Alptraum einer fremden Invasion schien für das Regime zurückgekehrt.« Die größte Sorge bestand darin, »dass die USA und ihre westlichen Alliierten die Katastrophenhilfe als Deckmantel für eine Invasion benutzen würden, entweder um einen Volksaufstand zu unterstützen oder das Regime selbst niederzuwerfen« und dadurch die Kontrolle über die birmanischen Ölreserven zu übernehmen.

»Solange eine Flotte von Kriegsschiffen vor der Küste dümpelte, sah das Regime die Gefahr einer bewaffneten Invasion«, schrieb das Griffith Asia Institute. Tatsächlich sind – wie wir 2011 erfahren mussten – die USA, Großbritannien und Frankreich bereit, ein fremdes Land unter dem Deckmantel einer »humanitären Aktion« zu bombardieren, wie der Krieg gegen Libyen beweist, der inzwischen ganz offen geführt wird, um »den Diktator Gaddafi« zu stürzen. In Myanmar zogen die westlichen Kriegsschiffe Anfang Juni 2008 jedoch ab, ohne ihre Hilfsgüter – oder was sie sonst noch für »milde Gaben« dabeihatten – entladen zu haben. Zum tiefsten Bedauern des Kommandeurs des US Pacific Command, Admiral Timothy J. Keating: »Ich bin frustriert und traurig zu wissen, dass wir in der Lage gewesen wären, das Leid von Hunderttausenden von Menschen zu lindern und weitere Verluste von Menschenleben zu verhindern, aber das wegen der unnachgiebigen Haltung der birmanischen Militärjunta nicht tun konnten.« Tja, die Welt ist eben schlecht – manchmal noch schlechter, als es ein zart besaiteter US-General zu verdauen vermag. Doch während alle Welt dachte, dass es in Myanmar um eine »humanitäre Aktion« ginge, ging es in Wahrheit vor allem um Krieg und Intervention – zumindest ließ sich beides nicht voneinander trennen.

Katastrophenhilfe = Krieg

In Wirklichkeit muss man die Hilfsaktionen des US-Militärs einmal mit ganz anderen Augen sehen – auch im Hinblick auf die japanische Tsunami-Katastrophe vom 11. März 2011. Während Naturkatastrophen oft dieselben strategischen und militärischen

Vorteile bieten wie Kriegseinsätze, sind sie nicht mit denselben Nachteilen verbunden – zum Beispiel dem, von aller Welt als »Feind« angesehen zu werden:

- Als Hilfsaktion wird der Einsatz von der Öffentlichkeit nicht kritisch hinterfragt.
- In der Not kann das betroffene Land die Hilfe nur schwer ablehnen.
- Ohne einen Schuss abzufeuern, ermöglicht die Hilfsaktion den Streitkräften Zutritt zu dem betroffenen Land.

Tauchen nach großen Naturkatastrophen also tatsächlich amerikanische und andere Kriegsschiffe der westlichen Hemisphäre auf, um wie die sprichwörtlichen Aasgeier zu erkunden, was es in dieser Situation militärisch und politisch »abzustauben« gibt? Wobei die Hilfsgüter dabei nur Vorwand, Deckmantel und Eintrittskarte zugleich sind? Was für eine böse Unterstellung! Wo das US-Militär doch einfach nur helfen möchte! Moment. Das US-Militär selbst nennt »humanitäre Aktionen« in einem Atemzug mit militärischen Operationen, sprich: Kriegen. »Operation Desert Storm, Operation Enduring Freedom und die Katastrophenhilfe bei dem Tsunami in Indonesien sind Beispiele dafür, wie das US-Militär mit internationalen Partnern zusammenarbeitet, um Leben zu schützen und die Freiheit zu verteidigen«, heißt es in einem Papier des US-Verteidigungsministeriums (»Department of Defense Strategic Plan for Joint Officer Management«, 3.4.2006). Da es bei beidem um ein und dasselbe geht, nämlich darum, Leben und Freiheit zu schützen, sind Katastrophenhilfe und Krieg aus Sicht der US-Streitkräfte ein und dasselbe. Die Naturkatastrophe ist eine einmalige Gelegenheit zur Neuordnung der lokalen und globalen politischen Verhältnisse. »Die gemeinsame Anstrengung zur Katastrophenhilfe nach dem Tsunami, der Indonesien traf«, resultierte zum Beispiel »in politischen Veränderungen, die eine friedliche Einigung in dem erbitterten separatistischen Konflikt in Aceh ermöglichten«, heißt es in einer Broschüre des Weißen Hauses über die Nationale Sicherheitsstrategie (The White House: *The National Security Strategy of The United States of America,* März 2006).

»Health care diplomacy«

Mit anderen Worten: Naturkatastrophen dienen den Interessen der USA und ihrer Verbündeten und werden für deren Zwecke nutzbar gemacht. Mit dem Gesundheitswesen mag es in den USA vielleicht nicht weit her sein, dafür ist ihre sogenannte »health care diplomacy« (»Gesundheitsfürsorge-Diplomatie«) sehr weit entwickelt. Damit es dabei nicht zu Reibungen mit herkömmlichen Hilfsorganisationen kommt bzw. letztere reibungslos instrumentalisiert werden können, haben die USA auch ein eigenes, fast 400 Seiten starkes Militärhandbuch über die Zusammenarbeit mit »anderen« Hilfsorganisationen herausgegeben (Grey Frandsen/Lynn Lwary: *Guide to Nongovernmental Organizations for the Military*). »Das US-Militär hat eine lange Geschichte im Umgang mit Katastrophen und bei der Teilnahme an humanitären Hilfsmissionen«, heißt es dort. »Bis vor kurzem wurden diese Missionen als weniger wichtig angesehen als traditionelle Kampf- und Kampfunterstützungseinsätze.« Bis vor kurzem, wohlgemerkt. Jüngste Richtlinien des Verteidigungsministeriums würden jedoch sogenannten »Stabilitätsoperationen, einschließlich humanitärer Hilfe und Katastrophenhilfe, dieselbe Priorität einräumen wie Kampfeinsätzen«. Soso. Und nicht nur das: »Im Rahmen kürzlicher Veränderungen der Politik des Verteidigungsministeriums wurde die militärische Tradition der medizinischen Hilfe rund um den Globus in eine zentrale militärische Aufgabe der USA transformiert.« Die Direktive 3000.05 des Pentagons beschreibe »die Rolle des Verteidigungsministeriums beim Wiederaufbau und der Stabilisierung als eine zentrale Aufgabe

des US-Militärs mit einer vergleichbaren Priorität wie der von Kampfeinsätzen«. Das heißt: Krieg und humanitäre Aktion sind tatsächlich ein und dasselbe.
Dabei sind sich Hilfsgüter und Waffen bisweilen sogar zum Verwechseln ähnlich. So hatten beispielsweise über Afghanistan abgeworfene Hilfspakete dieselbe Farbe wie liegen gebliebene Streubomben: »Viele Menschen wurden aufgrund dieser Verwechslung getötet«, hieß es am 18.4.2011 auf *Kopp Online*. »Im Irak wurden 4000 der hochexplosiven Mini-Bomben auch auf engste Räume in dicht besiedelten Gebieten abgeschossen.« Ja, die Streubombe ist aus Sicht der USA eigentlich gar keine Bombe, sondern eine humanitäre Gabe: »Die USA haben ihren Widerstand gegen ein internationales Verbot von Streubomben bekräftigt«, hieß es am 22. Mai 2008 auf *N24.de*. Begründung: »Ein solches Abkommen gefährde die weltweite Sicherheit und verhindere humanitäre Hilfseinsätze der US-Streitkräfte, sagte ein ranghoher Vertreter des US-Außenministeriums am Mittwoch in Washington.«

Krieg = humanitäre Aktion

Wenn es also stimmt, dass der Krieg eine Fortsetzung der Politik mit anderen Mitteln ist, dann ist der humanitäre Hilfseinsatz eine Fortsetzung des Krieges mit anderen Mitteln. Die humanitäre Aktion ist nur die modernste Form der Kriegführung. Eine Naturkatastrophe ist für die USA und ihr Militär überaus nützlich und nur ein mehr oder weniger zufälliger oder natürlicher Anlass für eine »humanitäre Aktion«. Sie schüttelt die politischen Verhältnisse durcheinander, schwächt den politischen Gegner und macht ihn hilfsbedürftig und abhängig, so dass man in dieser »Ausnahmesituation« leichter einen Fuß in die Tür bekommen kann als unter normalen Umständen. Im Rahmen der Hilfsaktion kann Aufklärung betrieben, Personal (Militärs, Agenten etc.) eingeschleust und an der Veränderung der politischen Verhältnisse gearbeitet werden. Ja, nachdem oft weite Landstriche wie durch einen Bombenangriff verwüstet und ihrer Verwaltung und Infrastruktur beraubt wurden, könnten sich die »freundlichen Eindringlinge« leicht festsetzen, so dass es schwierig sein könnte, sie wieder loszuwerden.

Ein freundschaftlicher Putschversuch

Kein Wunder, dass die selbstlose Hilfe der US-Kriegsmaschine nach dem Erdbeben und Tsunami vom 11. März 2011, in deren Verlauf die Atomanlagen von Fukushima beschädigt wurden, selbst von den japanischen Verbündeten zunächst zurückhaltend aufgenommen wurde. Auch Frankreich versuchte den Japanern seine Hilfe aufzudrängen. Interessanterweise trat hier dieselbe amerikanisch-französische Koalition auf, die auch im Fall Myanmar aktiv geworden war und in Libyen erneut in Erscheinung trat. »Kurz vor neun Uhr am 12. März 2011, als die Dramatik der Situation im Atomkraftwerk Fukushima 1 offensichtlich wurde, rief der Kommandeur des US-Pazifik-Kommandos, Admiral Robert Willard, den Stabschef der japanischen Verteidigungskräfte, General Ryoichi Oriki, an«, hieß es am 12. April 2011 auf der Nachrichtenseite *Daily Yomiuri Online*. Willard habe im Auftrag des Weißen Hauses akkurate Informationen über den Atomunfall verlangt. Zu diesem Zeitpunkt hätten die japanischen Streitkräfte aber noch kein genaues Bild von der Nuklearkrise gehabt. Danach begannen jedoch die Explosionen in den Kernreaktoren. Nachdem der Reaktor Nr. 1 explodiert war, habe der amerikanische Botschafter John Ross immer wieder den japanischen Kabinettssekretär Yukio Edano angerufen. Demzufolge wollten die USA nach der Atomkatastrophe von Fukushima gleich in das Büro des japanischen Premierministers einziehen. Ein spektakulärer Präzedenzfall: Offenbar wollten die USA im Gefolge der Fukushima-Krise gleich die Regierung übernehmen. Wie soll man so etwas nennen? Einen »fürsorglichen Putsch«? Kabinettssekretär Edano bedankte sich dem Bericht zufolge jedoch vielmals für die glänzende Idee, »US-Experten den Zutritt zum Büro des Premierministers zu gestatten«. Verständlich. Denn dann hätte man Japan ja gleich dem Kommando der US Navy unterstellen können.

17. März
Die Jugend von heute

Also – die Jugend von heute! Schon seit Tagen geistert sie durch alle Medien! Zum Beispiel die Jugend von Bengasi, Libyen: »Gaddafi? Game over!«, hieß es auf ihren in den Medien zitierten Plakaten. Aber was war das für eine Jugend! Da war zum Beispiel ein bärtiger Typ mit einer Windjacke, einer Art rotem Stirnband oder Kopftuch und einer hellen Kapuze! Na und? So laufen sie doch heutzutage alle rum. Ja, aber da gab es noch die anderen, die mit ihren Autos durch die Straßen von Bengasi brausten und sich wilde Rennen lieferten! Na und? Haben wir doch auch gemacht, als wir jung waren. Schön – aber wahrscheinlich fuchtelten nur wenige von uns dabei mit einer Maschinenpistole herum. Und noch seltener kam es vor, dass unsere Kumpels MGs auf den Ladeflächen ihrer Pritschenwagen montiert hatten. O tempora! O mores!

Tollhaus Globus

Am 17. März 2011 befinden wir uns mitten im Volksaufstand gegen den libyschen Staatschef Muammar al-Gaddafi. Und weil der schreckliche »Diktator« doch tatsächlich anfing, seine friedliche »Jugend« zu bombardieren, verhängt die berühmte »internationale Staatengemeinschaft« an demselben 17. März 2011 mit der UN-Resolution 1973 ein Flugverbot über Libyen. Wobei »Flugverbot« gar nicht so leicht zu erklären ist. Es bedeutet nämlich nicht, dass niemand mehr fliegen darf, sondern dass noch viel mehr Flugzeuge fliegen dürfen. Seltsam, nicht? Tja – das sind die Wunder der internationalen Politik. Das Flugverbot bedeutet nämlich in Wirklichkeit, dass statt der Luftwaffe Gaddafis nurmehr die Luftstreitkräfte von England und Frankreich und die Luftwaffe des Friedensnobelpreisträgers Barack Obama fliegen dürfen. Und statt der »Jugendlichen«, über deren zivilen Status man vielleicht streiten könnte, werden nun endlich wirkliche Zivilisten bombardiert – nämlich auf Straßen, in Krankenhäusern und in Schulen. Sie meinen, das klingt total irrsinnig? Eben – so irrsinnig, wie sich das »Tollhaus Globus« im März 2011 eben darstellte.

Hauptauslöser für die erwähnte UN-Resolution 1973 vom 17. März 2011 war die angebliche Bombardierung von »Rebellen«, »Zivilisten«, ja, »der eigenen Bürger«, durch die libysche Luftwaffe. Diese angeblichen Bombenangriffe auf Zivilisten waren der Medienaufreger zwischen Ende Februar und Mitte März 2011 und gipfelten in Überschriften wie »Gaddafi lässt Demonstranten bombardieren« (*B.Z. Berlin,* 21.2.2011). Auf der dadurch ausgelösten globalen Welle der Empörung wurde die Resolution 1973 durch den Weltsicherheitsrat gepeitscht. Neben einem sofortigen Waffenstillstand zwischen den Gaddafi-Truppen und den »Rebellen« forderte die Resolution »ein Verbot aller Flüge« im libyschen Luftraum, wobei dieses Verbot aber »nicht für Flüge gilt, die einen ausschließlich humanitären Zweck haben, wie die Bereitstellung oder die Erleichterung der Bereitstellung von Hilfe«, namentlich in Gestalt von »medizinischen Versorgungsgütern, Nahrungsmitteln, humanitären Helfern und damit zusammenhängender Hilfe, oder die zur Evakuierung ausländischer Staatsangehöriger« aus Libyen durchgeführt werden.

Wie man sich die eigenen Bombenangriffe genehmigt

Nachtigall, ick hör dir trapsen – da ist er wieder, der internationale »Hilfseinsatz«. Wie man sieht, hatte ich bei der Schilderung der Katastrophenhilfe für Japan nicht übertrieben, als ich die »humanitäre Aktion« als neue Methode der Kriegführung darstellte. Wie bereits ausgeführt, haben vor allem die USA eine recht dehnbare Vorstellung von »humanitären Einsätzen«, die beispielsweise auch die »Lieferung« von Streubomben einschließen kann. Des Weiteren erlaubt die Resolution, abgesehen von »Hilfseinsätzen«, auch Flüge, die kraft der erteilten Ermächtigungen »im Interesse des libyschen Volkes für notwendig erachtet werden«. Ebenfalls ein dehnbarer Begriff. Danach ist nicht einmal ein Hilfseinsatz nötig, sondern es reicht das wie auch immer verstandene »Interesse des libyschen Volkes«. Und das definieren in diesem Fall die USA, Frankreich und Großbritannien, die sich auf diese Weise über den UN-Sicherheitsrat durch die Hintertür die eigenen Bombenangriffe genehmigten.

Wie Schuppen fiel es mir dabei von den Augen, dass sich die Methoden, einen Krieg zu beginnen, seit den Zeiten des Neandertalers doch entscheidend weiterentwickelt hatten:

- Am Anfang stand der direkte und primitive Überfall. Nachteile: Durchschaubarkeit, schlechte Legitimation selbst vor den »eigenen Leuten«, moralische Probleme, »Rückstöße« und »Wehrkraftzersetzung.«
- Der durch einen angeblichen feindlichen Angriff legitimierte Überfall (inszenierter Kriegsgrund). Beispiele: Sprengung der Maine 1898 (spanisch-amerikanischer Krieg), Überfall auf den Sender Gleiwitz 1939 (Zweiter Weltkrieg), Überfall auf Pearl Harbor 1941 (Eintritt der USA in den Zweiten Weltkrieg), Flugzeuganschlag auf das World Trade Center und das Pentagon 2001 (Überfall auf Afghanistan, Irak etc.). Vorteile: geringere Durchschaubarkeit, bessere Legitimation und emotionale Mobilisierung durch eigene Opferrolle.
- Die »humanitäre Aktion« der »Staatengemeinschaft«. Beispiel: Überfall auf Libyen 2011. Vorteile: sehr geringe Durchschaubarkeit; Tarnung und Legitimation der Kriegshandlun-

gen als Hilfeleistung für Bedrohte und Bedürftige, zusätzliche Legitimation durch scheindemokratischen Mehrheitsbeschluss der »Staatengemeinschaft« (Weltsicherheitsrat).

Letzteres geht dann so: Ein internationales Syndikat mit Interessen in einem bestimmten Land oder einer bestimmten Region zettelt dort einen zivilen Aufstand an (siehe Tunesien). Wenn das zum Sturz der Regierung nicht reicht, stellt man dem Aufstand bewaffnete Söldner als »Rebellen« an die Seite. Wenn diese Söldner bekämpft werden, behauptet man, der feindliche »Diktator« würde »seine eigenen Bürger« bombardieren. Daraufhin beschließt das Syndikat, diesem Volk im Rahmen einer humanitären Aktion »zu Hilfe zu kommen« (der Hilferuf war schließlich schon in der Sowjetunion das klassische Mittel zur Intervention in einem fremden Land). Und wer ist das Syndikat? Natürlich der sogenannte Weltsicherheitsrat, der in etwa so für Sicherheit sorgt wie das Wahrheitsministerium in George Orwells *1984* für die Durchsetzung der Wahrheit. In Wirklichkeit handelt es sich beim Weltsicherheitsrat um einen Weltkriegsrat der herrschenden globalen Mächte zur Scheinlegitimierung ihrer jeweiligen Angriffskriege.

Journalisten wollen Blut sehen

Und während die Bombenangriffe der NATO auf Libyen durchaus real waren, stellte sich heraus, dass an den libyschen Luftangriffen auf »Zivilisten« oder »Demonstranten« gar nichts dran war. Wovon man hierzulande nichts erfuhr: Selbst US-Verteidigungsminister Robert Gates und US-Generalstabschef Mike Mullen räumten gegenüber Reportern ein, dass sie über keine unabhängigen Berichte oder Beweise für Luftangriffe auf libysche Zivilisten verfügten. »Wir haben die Zeitungsberichte gesehen, aber haben dafür keine Bestätigung«, gab Gates laut *International Business Times* vom 2. März 2011 auf einer Pressekonferenz zu.

»Das ist richtig: Wir haben keinerlei Bestätigung dafür«, pflichtete Mullen bei. Auf konkrete Nachfragen konnten das die US-Militärs allerdings leichthin sagen, denn zu den Konsumenten der westlichen Massenmedien drangen diese Nachrichten nicht durch. Für sie war Gaddafi der »Teufel«, der Bomben auf die eigenen Bürger warf. Aber nicht nur der amerikanische, auch der russische Generalstab fand »keine Hinweise auf Luftangriffe auf die Oppositionshochburg Bengasi« durch die libysche Luftwaffe. Das russische Militär behauptet, »dass längst nicht alle Berichte aus Libyen über Angriffe der Gaddafi-Truppen auf Demonstranten oder Militärstützpunkte der Wahrheit entsprächen: So hätten sich bei der Beobachtung des Bürgerkriegsgeschehens durch russische Satelliten keine Hinweise darauf gefunden, dass es die angeblich erfolgten Bombardierungen in Bengasi gegeben habe«, hieß es in *Russland Aktuell* am 1. März 2011. Laut dem russischen Fernsehsender Russia Today waren die »angeblichen Angriffe der libyschen Luftwaffe auf demonstrierende Menschenmengen … ›reine Einbildung‹ westlicher Medien« (*junge Welt,* 9.3.2011). Laut *junge Welt* wurden Journalisten von Russia Today Zeugen, »wie ein Al-Dschasira-Team auf einer etwas erhöhten Terrasse seine Kamera aufbaut und ein Mitarbeiter die Menschen auf dem Platz auffordert, nach vorn zu kommen, um Anti-Ghaddafi-Parolen zu rufen. Der Al-Dschasira-Mann führt wie ein Dirigent Regie, während die Kamera die ›Wut‹ der Massen in Bildern einfängt, die später um die Welt gingen.« Die westlichen Journalisten seien »nicht nur Teil der Entwicklungen hier, sondern die eigentliche Kraft, die diese Entwicklungen vorantreibt«, zitierte die *junge Welt* eine Korrespondentin des russischen Senders. »Sie seien nicht daran interessiert, ›wie man Blutvergießen und Gewalt verhindern‹ könne, sondern sie ›fordern geradezu mehr davon‹.«

Da erhebt sich die Frage: Was haben sie alle gegen Gaddafi? Warum musste speziell der »Revolutionsführer« unbedingt weg? Nun, die Zeiten hatten sich seit den Tagen von Gaddafis Putsch und Machtantritt geändert. Denn immerhin bestimmt, wie schon Karl Marx feststellte, »das Sein das Bewusstsein«. Und je länger ein US-Freund oder Freund des Westens an der Macht ist, umso mehr identifiziert er sich trotzdem mit den Belangen seines Landes. »Die Nationen sind starke Institutionen, die gewisse Leute gefangen nehmen können«, sagt der Geoanalytiker Webster G. Tarpley aus Washington – ein Mechanismus, den man auch bei Gaddafi beobachten konnte.

Mit den Öl-Einnahmen wuchsen Gaddafis Macht und Möglichkeiten; er investierte die Gelder in gigantische strategische Entwicklungsprojekte für Libyen und (Nord-)Afrika. Gaddafi glaubte nicht nur an die libysche Nation, sondern wirklich an die Idee des Panarabismus bzw. sogar »Panafrikanismus«. Aus der Sicht seiner ausländischen Mentoren beschränkte sich Gaddafi nicht länger auf die bequeme Rolle des ewigen Schurken und mehr oder weniger brauchbaren Verwalters seines Landes, sondern begann das große geostrategische »Spiel« zu spielen und Libyen und Afrika zu entwickeln. So baute er ein monumentales Bewässerungssystem, das aus großen Bassins unter der Sahara fossiles Grundwasser gewinnt und in großen »Schlagadern« zur libyschen Küste leitet – das »Great Man-Made River Project« (GMMRP), das »Projekt des Großen Künstlichen Flusses«.

Nach Angaben der federführenden libyschen Behörde wurden bis heute viertausend Kilometer Betonröhren mit einem Durchmesser von vier Metern im Wüstenboden verlegt, die im Endzustand täglich sechs Millionen Kubikmeter Wasser aus den Tiefbassins der Sahara zu den Bevölkerungszentren an der libyschen Küste transportieren sollen. Das erste Wasser aus dem Projekt floss 1996 nach Tripolis. Mit dem unterirdischen Fluss sollten auch Wüstenstriche bewässert und landwirtschaftliche Produkte produziert werden – und zwar nicht unbedingt für die Überflussgesellschaften Europas und der USA, sondern für Afrika selbst, zum Beispiel die Gebiete südlich der Sahara. »Über 70 Prozent des Wassers sind für die landwirtschaftliche Entwicklung vorgesehen, und es wird erwartet, dass etwa 130 000 Hektar landwirtschaftliche Nutzfläche entstehen werden«, heißt es auf der Website des Projekts. »Mit Hilfe von großen Wasserspeichern soll eine konstante Wasserversorgung über das gesamte Jahr hinweg gewährleistet werden. Im Rahmen dieser landwirtschaftlichen Entwicklung wird bei Getreide und Tierfutter der höchste Grad an Selbstversorgung, Versorgungssicherheit sowie eine Investitionssteigerung und Zunahme von Arbeitsplätzen im landwirtschaftlichen Sektor angestrebt …« Die Gesamtkosten für alle drei Ausbaustufen wurden 2008 auf etwa 20 Milliarden Dollar veranschlagt (Great Man Made River Authority, 31.10.2008).

Wasser – das flüssige Gold

Es wäre ein Wunder, wenn die 6500 Luftschläge der westlichen Koalition (Stand: 30. Juli 2011) neben militärischen Einrichtungen nicht auch diesen Projekten gelten sollten. Verschiedene – glaubwürdige! – YouTube-Videos, die in unseren Nachrichten allerdings nicht zu sehen waren, zeigten zerbombte Einrichtungen des großen Wassernetzwerkes. In einem Video mit dem Titel: »Libya: NATO hit the Libyan Great Man-Made River«, hochgeladen am 24. Juli 2011, heißt es, der 22. Juli 2011 sei ein Datum, an das sich die Menschheit erinnern müsse. An diesem Tag habe die NATO die libysche Wasserpipeline angegriffen. Als Nächstes sei eine Röhrenfabrik bombardiert worden, die Röhren für die reguläre Wartung und Erneuerung der Pipeline herstellte – die Trinkwasser- und Bewässerungsquelle für 4,5 Millionen Menschen. Der libysche Führer Muammar al-Gaddafi habe

Mitglieder des UN-Sicherheitsrates informiert, dass die Allianz einen Massenmord am libyschen Volk begehe, indem sie dessen einzige Trinkwasserversorgung ins Visier nehme, heißt es auf *uruknet.info* (24.7.2011). Er frage sich, in welcher Beziehung die Zerstörung der Röhrenfabrik zum von der NATO beabsichtigten »Schutz libyscher Zivilisten« stehe.

Allerdings fällt auf, dass die Berichte über Angriffe auf das spektakuläre Wassernetz relativ dünn gesät sind. Um dessen Vernichtung geht es anscheinend auch gar nicht, sondern eher darum, die Wasserversorgung zu Erpressungszwecken vorübergehend zu unterbrechen. Tatsächlich brach in der mit hochwertigem Wasser gesegneten Hauptstadt Tripolis Ende August 2011 die Wasserversorgung zusammen, eine besonders bizarre Folge dieser »Hilfsaktion« der »internationalen Staatengemeinschaft«. Unterbrochen wurde das »gigantomane« Wassernetz natürlich von dem »gestürzten Diktator Gaddafi«, so die Website der *Süddeutschen Zeitung*. Aber Zweifel sind berechtigt. Erstens erschien Gaddafi gegenüber der NATO-Koalition immer mehr wie der reinste Ehrenmann, zweitens handelte es sich bei dem Wassernetz um sein Lebenswerk, und drittens könnte die Austrocknung von Tripolis – je nach Frontverlauf – natürlich beiden Seiten dienen. Wie es scheint, tobt der NATO-Krieg nicht einmal nur um das libysche Öl, sondern vor allem auch um die größten Wasserreserven in Nordafrika, die von diesem Netz erschlossen werden und die auf etwa 35 000 Kubikkilometer geschätzt werden. Ein Kubikkilometer sind eine Milliarde Kubikmeter. Insgesamt ginge es also um 35 Billionen Kubikmeter. Welchen Wert repräsentiert das? Nun, hierzulande werden für den Kubikmeter Wasser zum Beispiel 2,29 Euro verlangt (Kreuznacher Stadtwerke). Bei einem Abgabepreis von abgerundet zwei Euro pro Kubikmeter stellen diese Wasserreservoirs demnach einen Wert von 58 Billionen Euro dar (siehe auch: brd-schwindel.info)! Tatsächlich sehen manche Berichterstatter im »Großen Künstlichen Fluss« einen wichtigen

Grund für den NATO-Angriff. »Das US-geführte internationale Bankenkonsortium ist so weit, diese äußerst wertvollen Anlagen zu übernehmen, die nun ihrer Fertigstellung entgegengehen. In den kommenden Jahren werden in der arabischen Welt Kriege um Wasser geführt werden. Die Kontrolle über das Wasser könnte in den nächsten Jahrzehnten noch entscheidender werden als die Kontrolle über das Öl«, heißt es in dem (übrigens sehr empfehlenswerten) Nahost-Informationsdienst *uruknet.info*.

Ein Eisenbahnnetz für Nordafrika

Daneben schweigen sich unsere Medien auch über andere große Infrastrukturprojekte in Nordafrika und speziell in Libyen aus. Ein über dreitausend Kilometer langes Eisenbahnnetz sollte eine weitere große Schlagader zur Entwicklung der Region werden. Seit 2008 baut Libyen an einer 550 Kilometer langen Küstenstrecke zwischen Sirte und Bengasi, die zu einer Küstenverbindung zwischen Tunesien und Ägypten erweitert werden soll. Etwa in der Mitte der Strecke, von Sirte aus, soll eine Eisenbahnlinie Richtung Süden führen und die Produkte der durch »Wüstenwasser« bewässerten »libyschen Kornkammer« auch in den Tschad und nach Niger transportieren. Die Aufträge für das Eisenbahnnetz flossen allerdings weniger an den Westen als vielmehr an Russland und China. »Die Hauptaufträge des Großprojektes haben China und Russland erhalten, wobei die chinesischen Abschnitte scheinbar schneller vorangetrieben werden als die russischen. Zumindest für den russischen Part plant man noch zwei Jahre ein. Ob dann die gesamte Strecke fertig und einsatzfähig ist, ist noch nicht ganz klar« (*Sarsura-Syrien.de,* 22.4.2011).
Das heißt: Die blühenden Landschaften, die Helmut Kohl eigentlich den Deutschen versprochen hatte, baute überraschenderweise niemand anderer als Gaddafi – und zwar in Libyen. Während Deutschland und Europa unter anderem aufgrund des Wirkens von Kohl, Merkel und anderen führenden Politikern

bankrott gehen, wollte Gaddafi diese blühenden Landschaften in Libyen und Afrika schaffen. Das heißt auch: Während wir als Steuerzahler Milliarden an Entwicklungshilfe zahlen und als Privatpersonen nochmals Milliarden an die verschiedenen Hilfswerke spenden, werden die eigentlichen Entwicklungsprojekte Afrikas von den westlichen Regierungen systematisch geraubt oder dem Erdboden gleichgemacht. Wer sich wundert, warum das unermesslich rohstoffreiche Afrika ständig leidet und hungert, der kann im Frühjahr 2011 und im Krieg gegen Libyen ein Beispiel dafür finden, wie hier bereits seit Jahrzehnten verfahren wird. Nämlich so, als würde man einem Drogenabhängigen (in diesem Fall Afrika) permanent seinen Stoff bezahlen, statt ihm endlich die Gründung einer eigenen erfolgreichen Existenz zu ermöglichen.

Kriegserklärung an den Dollar

Tatsächlich hat sich das mutmaßliche einstige Ziehkind des Westens Muammar al-Gaddafi bei näherem Hinsehen zum weitblickenden afrikanischen Entwicklungsstrategen gemausert. So hat er auch nicht übersehen, dass, wer die Wirtschaft wirklich entwickeln will, sich von Schrottwährungen wie dem Dollar und dem Euro trennen und seine eigene werthaltige Währung schaffen muss, in der Rohstoffe, vor allem Öl und Wasser, in Zukunft zu handeln sind. Wer derartige Mengen solch hochwertiger Rohstoffe besitzt, möchte diese auf Dauer natürlich nicht in Spielgeld handeln. So organisierte Gaddafi in den Jahren 1986 und 2000 denn auch zwei Konferenzen über die Einführung einer neuen afrikanischen Währung namens Gold-Dinar, berichtete der Friedensaktivist und Mitbegründer der internationalen Friedensorganisation Ministry for Peace, Dr. James Thring. Bei dem Gold-Dinar sollte es sich, wie der Name schon sagt, nicht um berüchtigtes »Fiat Money« (»Geld aus dem Nichts«) vom Schlage eines Dollar oder Euro handeln, sondern um eine Goldwährung.

Also praktisch um einen »Gold-Euro« für Afrika. Da Libyen mit etwa 144 Tonnen Gold im Verhältnis zu seiner geringen Einwohnerzahl über sehr viel Gold verfügt, wäre eine Goldwährung oder goldgedeckte Währung durchaus möglich. Aber auch »die meisten afrikanischen Staaten« sollen von der Idee »begeistert« gewesen sein.

In den Monaten vor der Militärintervention 2011 forderte Gaddafi »die afrikanischen und moslemischen Nationen auf, sich zusammenzuschließen und diese neue Währung einzuführen, die ein Gegengewicht zum Dollar und zum Euro bilden sollte«, hieß es am 7. Mai 2011 auf *Kopp Online:* »Erdöl und andere Rohstoffe würden weltweit dann nur noch in Gold-Dinar gehandelt.« Sehr schön – aber die USA waren mit Sicherheit weniger begeistert. »Diese Idee würde das wirtschaftliche Gleichgewicht weltweit erschüttern. Denn dann hinge der Wohlstand einer Nation davon ab, wie viel Gold sie besäße, und nicht, mit wie viel Dollar sie handelt« (*Kopp Online,* 7.5.2011).

Der Dollarzwang

Tatsächlich fußt ein großer Teil der amerikanischen Macht auf dem globalen Zwang, Öl ausschließlich gegen Dollar zu verkaufen. Angeblich beruht dieses ungeschriebene Gesetz auf einer Abmachung zwischen den USA und Saudi-Arabien. Aus diesem Grund konnten die USA jedenfalls jahrzehntelang Dollars drucken, die problemlos vom Markt aufgesogen wurden – ganz einfach deshalb, weil jedes Land der Welt Dollars horten musste, um Öl zu kaufen. Noch besser: Da auch viele Ölländer plötzlich auf riesigen Dollarbeständen saßen, war es die natürlichste Sache der Welt, diese Dollars im Land ihrer Herkunft, also in den USA, zu reinvestieren. Auf diese Weise floss gewaltiges Kapital in die Vereinigten Staaten zurück – ein nicht enden wollendes Investitionsprogramm. Eine Unterbrechung dieses künstlichen Dollarkreislaufs würde umgekehrt zu Dollarstau und Dollarschwemme mit einem erheblichen Wertverlust dieser Währung führen. Die Dollarfakturierung des Erdöls anzutasten ist daher ein todeswürdiges Verbrechen. Und genau das hatte Libyen offenbar begangen, genau wie zuvor angeblich der Irak. Unter Saddam Hussein setzte man allerdings weniger auf eine eigene Goldwährung als auf eine Ölabrechnung in Euro.

»Sollte Gaddafi beabsichtigt haben, sein Erdöl oder was immer sein Land sonst noch auf den Weltmärkten verkauft, neu auszupreisen und etwas anderes als Währung zu akzeptieren oder möglicherweise eine Währung auf der Grundlage des Gold-Dinars einzuführen, würde jeder Schritt in dieser Richtung mit Sicherheit von der heutigen Machtelite als feindlicher Akt gesehen. Denn diese Machtelite kontrolliert die Zentralbanken weltweit«, sagte Anthony Wile, Gründer und Chefredakteur von *The Daily Bell,* der Website der »Foundation for the Advancement of Free-Market Thinking« (»Stiftung zur Förderung des Freier-Markt-Gedankens«, FAFMT). »Das wäre sicher ein Grund, ihn sofort zu stürzen. Man müsste dann aber andere Gründe vorbringen, um ihn loszuwerden« (*Kopp Online,* 7.5.2011).

Denn während Libyen über Gold und andere wertvolle Rohstoffe verfügt, erschienen »vor allem die Goldbestände der angeblich größten Goldbesitzer, USA und Deutschland … fragwürdig«, schrieb der Kopp-Autor Michael Morris: »Es gibt deutliche Hinweise darauf, dass sowohl die USA als auch Deutschland in Wahrheit kein Gold mehr besitzen dürften.« Nett – was man da so nebenbei erfährt! Demnach stellt sich der Nordafrika-, aber vor allem der Libyen-Krieg ganz anders dar denn als edler Kampf für die Menschenrechte. In Wirklichkeit ist es der uralte Kampf krimineller Prasser und hochverschuldeter Betrüger gegen wohlhabende Besitzer und Entwickler von wirklichen Werten. Und genau deshalb wollte Gaddafi auch nicht so einfach aufgeben wie Tunesiens Ben Ali oder Ägyptens Mubarak. Denn schließlich geht es erstens um sein Lebenswerk und zweitens um das

Schicksal ganz Nordafrikas, wenn nicht sogar Afrikas. Eine solche Chance auf eigenständige Entwicklung würden Libyen und Afrika vielleicht nie wieder bekommen.

Der Kampf um Afrika

Allerdings stehen die verdeckten Kriege in Nordafrika noch in einem größeren geostrategischen Zusammenhang. Denn da Afrika ein gewaltiges Stück des globalen Kuchens darstellt, geht es letztlich ums Ganze – nicht nur um den als »Hilfseinsatz« verbrämten Raub nordafrikanischer Ressourcen und um überkommene Herrscher, die sich verselbständigen. In Wirklichkeit geht es im »großen Schachspiel« um den Schwarzen Kontinent insgesamt. Sowohl Russland als auch China konnten in den letzten Jahrzehnten verstärkt in Afrika Fuß fassen. »Argwöhnisch beobachten US-Diplomaten Chinas Vormarsch in Afrika«, schrieb *Spiegel Online* am 9. Dezember 2010 und beklagt die »rauen Methoden«, mit denen sich »die zweite Weltmacht« Rohstoffe und politischen Einfluss sichere. Und man höre und staune: »ohne Rücksicht auf Arbeiter und die Natur«. Kaum zu glauben – sind da die Bomben der NATO nicht viel rücksichtsvoller?

»Die Großmacht China engagiert sich so stark wie sonst niemand in Afrika«, schrieb *Spiegel Online* weiter. »Staatspräsident Hu Jintao hat bereits zwanzig Länder dort bereist, auch der Premier und der Außenminister sind regelmäßig auf dem Kontinent unterwegs.« Allein im vergangenen Jahr hätten »chinesische Unternehmen 56,5 Milliarden Dollar in Afrika investiert«. Die »zweite Weltmacht« hat einen fast unstillbaren Bedarf an Rohstoffen. Während die USA »Hilfseinsätze« fliegen, sind die Chinesen »gierig«. Und zwar »auf Gold und Holz, Kupfer und Kohle, Öl und Coltan«. Die Wahrheit ist: In Afrika geht es zwischen den Weltmächten um die Wurst. Hunderte von Verträgen seien bereits abgeschlossen, »milliardenschwere Kredite gegeben und Zigtausende Arbeiter nach Afrika geschickt« worden, beschreibt *Spiegel Online* die chinesische Afrika-Offensive. »Hunderte Krankenhäuser und Tausende Straßenkilometer« seien ebenso gebaut worden wie »Regierungsgebäude, Bahnlinien, Fußballstadien«. In Windeseile entwickeln und erschließen die Chinesen den Schwarzen Kontinent, und zwar nicht nur als Rohstoffquelle, sondern auch als Absatzmarkt. Wenn sich Afrika entwickelt, so das Kalkül, dann entwickelt sich auch die Kaufkraft, um chinesische Produkte zu kaufen. Was sich wesentlich mehr nach wirklicher »Entwicklung« anhört als die westlichen Bombenkriege. Und auch wenn es sich um profane »Ausbeutung« handeln sollte, ist es noch lange kein »Hilfseinsatz« à la NATO. Die USA verfolgen die chinesische Eroberung Afrikas geradezu mit imperialer Existenzangst: »Die amerikanischen Botschaften in Afrika beobachten genau, was die andere Weltmacht tut. Aus nahezu sämtlichen Ländern des Kontinents schicken sie präzise Aufstellungen nach Washington«, so *Spiegel Online*.

Der »Größere Nahe Osten«

Was wir 2011 in Nordafrika beobachten, ist ein Teil der Gegenoffensive. »Die Geschehnisse in Nordafrika und von Jemen bis Bahrain waren bis ins letzte Detail geplant«, so der Autor und Geo-Analytiker William Engdahl in dem bereits erwähnten Beitrag für das Österreichische Fernsehen (»Die Revolutions-Profis«, ORF 2, 11.5.2011). Getreu dem erwähnten Motto von US-Präsident Franklin D. Roosevelt: »In der Politik geschieht nichts zufällig …« Tatsächlich wurden die Umwälzungen im Nahen Osten und in Nordafrika schon seit mindestens 2004 geplant, also mindestens sieben Jahre bevor die »Revolutionen« in Nordafrika »plötzlich« losbrachen. Während unsere Medien ihrem Publikum die Aufstände als Ausdruck des spontanen »Freiheitswillens« der arabischen Völker verkauften, handelte es sich in Wirklichkeit eher um den unbändigen »Freiheitswillen« von US-Präsident George W. Bush – allerdings nicht für die Länder, die im strategischen Fokus der Vereinigten Staaten liegen, sondern für die

USA. Was 2011 geschah, konnte man bereits spätestens 2004 wissen, als die Bush-Regierung ihre Pläne dem G8-Gipfel präsentierte (8.–10.6.2004 auf Sea Island, US-Bundesstaat Georgia). Der Schlüssel zum Verständnis der geradezu gespenstisch koordinierten Revolutionen im Maghreb und im Nahen Osten lautet: »Greater Middle East Initiative« – »Initiative für einen Größeren Nahen Osten«.
Der Plan beinhaltet eine komplette Neuordnung und Zusammenfassung der nordafrikanischen Maghreb-Staaten, des Horns von Afrika, der Arabischen Halbinsel sowie der Türkei und Irans zu einem »Größeren Nahen Osten«. Dazu gehört eine »demokratische Umgestaltung« ebenso wie eine »ökonomische und soziale Umgestaltung« (»Policy Brief« der Stiftung »Carnegie Endowment for International Peace«, 29.3.2004). Kurz: Der gesamte »Größere Nahe Osten« soll über einen Kamm geschoren und in einem Aufwasch »reformiert« werden. Tatsächlich sagte US-Präsident George W. Bush ganz offen: »Die USA fördern eine Freiheitsstrategie im neuen Nahen Osten. Wir unterstützen Demokraten und maßvolle Reformer im neuen Nahen Osten. Von Damaskus bis Teheran: Freiheit ist die Zukunft für jede Nation.« Natürlich jene »Freiheit«, die der Westen meint: durch Wahlen scheinlegitimierte Pseudodemokratien. Auch die jetzige US-Außenministerin Hillary Clinton bekannte sich dazu, die »Wirtschaft und politischen Systeme« im Nahen Osten zu öffnen. »Obwohl die Pläne für die Initiative noch in der Entwicklung stecken, sind die Grundzüge dank eines durchgesickerten US-Papiers für den G8-Gipfel bereits klar«, hieß es im März 2004 in dem oben zitierten »Policy Brief«. Demnach setzt die Initiative »drei oberste Prioritäten«: Förderung der Demokratie und guter Regierungen, Entwicklung einer Wissensgesellschaft und Erweiterung der wirtschaftlichen Möglichkeiten. Allen diesen Zielen gemeinsam ist die Fortentwicklung der Frauenrechte (was einmal mehr beweist, dass die Förderung von »Frauenrechten« ein strategisches An-

liegen der USA ist). Was so gut klingt, soll jedoch nicht in erster Linie den dort beheimateten Menschen nutzen, sondern sich nach den Anforderungen der USA und der westlichen Staaten richten. Und von Selbstbestimmung oder Souveränität ist dabei schon gar nicht die Rede.

Ein Zug auf dem »Großen Schachbrett«

Und weil diese Pläne spätestens beim G8-Gipfel 2004 durchsickerten, wussten natürlich auch die betroffenen Staaten genau Bescheid, was auf sie zukommen würde. Schon provoziere der Plan »starke negative Reaktionen von arabischen Regierungen, die den Eindruck haben, dass die Vereinigten Staaten der Region ohne jede Konsultation und schrittweise bilaterale Gespräche einen großen Plan aufzwingen wollen«. Insbesondere Ägypten und Saudi-Arabien hätten bei der Ablehnung des Plans als eines Versuchs, der arabischen Welt westliche Werte und Perspektiven aufzuzwingen, die Führung übernommen. Auch europäische Staaten äußerten Skepsis, ob es wirkliche weise sei, »eine großangelegte Initiative zu starten, statt im Stillen an einem Wandel zu arbeiten«. Schließlich drohe dabei auch eine Herausforderung und Entfremdung der Nahost-Regierungen (Carnegie Endowment, a. a. O.). Allerdings wären die USA nicht die USA, wenn sie solche Bedenken nicht einfach hinwegwischen würden: »Think big«, »nicht kleckern, klotzen«, lautet von jeher die Devise des US-amerikanischen Imperiums, und dies gilt insbesondere auch für das »Große Schachbrett«, für das die USA den Globus halten.
Demzufolge ist auch der Plan eines »Größeren Nahen Ostens« nur ein Zug auf diesem Schachbrett, der 2011 ohne Rücksicht auf Verluste umgesetzt wurde. Mit anderen Worten, die Staaten Nordafrikas kämpften Anfang 2011 nicht mit einzelnen Graswurzel-Revolutionen, sondern mit der großen imperialen Dampfwalze, die über sie hinwegrollte.

Auf Bushs Plan für einen neuen »Größeren Nahen Osten« aus dem Jahr 2004 folgte 2007 folgerichtig die Gründung eines zentralen militärischen Kommandos für Afrika, des »United States Africa Command«, mit Sitz in Stuttgart. Natürlich ist das nicht etwa ein militärisches Hauptquartier, sondern – richtig! – eine humanitäre Organisation. »Mit dem Afrika-Kommando verstärken wir unsere Bemühungen, den Völkern Afrikas Frieden und Sicherheit zu bringen und unsere gemeinsamen Ziele von Entwicklung, Gesundheit, Bildung, Demokratie und wirtschaftlichem Wachstum in Afrika voranzubringen«, log der damalige US-Präsident Bush die geplanten imperialen Raubzüge in einen einzigen großen Hilfseinsatz um. Das Afrika-Kommando »wird sich hauptsächlich auf humanitären Beistand, Katastrophenhilfe und Kriseneinsätze konzentrieren«, heißt es in einer Pressemitteilung des US-Militärs vom 6. Februar 2007. Die erste »humanitäre Aktion« ließ denn auch nicht lange auf sich warten: »Ab dem 19. März 2011 führte das Regionalkommando den Oberbefehl über die US-Angriffe auf Libyen im Rahmen des mehrphasigen Militäreinsatzes in Libyen (Operation Odyssey Dawn)«, heißt es auf Wikipedia. Die erste Hilfslieferung: Tomahawk-Marschflugkörper.

20. März Tatort: Der schwule Held

Kurz vor einem Bundesligaspiel. Im Tunnel zum Spielfeld stellen sich die Mannschaften in Reih und Glied auf. An der Hand hält jeder Spieler ein Kind. Schließlich wird jeder vom Stadionsprecher namentlich angekündigt und läuft auf den Rasen. Als der Spieler Ben Nenbrook ausgerufen wird, brandet besonderer Applaus auf. Hocherhobenen Hauptes läuft der Mann mit der Nummer 11 aufs Spielfeld, und nun wird er wie ein Held gefeiert. Und das hat nichts mit seinen spielerischen Leistungen zu tun, sondern – man

höre und staune – mit seinem Sexualleben. Kurz zuvor hat Nenbrook sich nämlich als schwul »geoutet«.
Davon haben Sie nichts mitbekommen? Nenbrook kennen Sie nicht? Das kann eigentlich nicht sein: Ziemlich genau 9,42 Millionen Zuschauer haben diese Szene am 20. März 2011 beobachtet. Wiederholungen mitgerechnet, etwa 40 Millionen. Allerdings nicht in der Bundesliga, sondern in dem »Tatort«-Krimi »Mord in der ersten Liga«. Die Geschichte handelt von dem Mord an einem Fußballer und von seinem Freund, der sich danach zu seinem Schwulsein bekennt und als Held gefeiert wird – besagter Ben Nenbrook eben. Ein »Outing« ist für einen Fußballprofi doch gar nicht so schlimm, so die Botschaft des Films – vielmehr steigt man hinterher zum Helden auf.

»Tatort«: Die Schule der Nation

Sonntagabend ist in Deutschland »Tatort«-Zeit. Die Krimi-Reihe »Tatort« ist der Langzeitüberlebende unter den Fernsehformaten. Seit nunmehr vier Jahrzehnten schauen die Bundesbürger den mehr oder weniger sympathischen Ermittlern der »Tatort«-Reihe bei der Arbeit zu. Die erste Folge wurde am 29. November 1970 ausgestrahlt. Dabei ist »Tatort« eigentlich keine Krimireihe, sondern eine Institution. Von der bereits beklagten Zersplitterung der Fernsehlandschaft gibt es im Grunde nur wenige Ausnahmen: Fußball-Länderspiele, »Wetten, dass …?« und »Tatort«. Nach diesen Programmen hat man am Montag gute Chancen, einen Kollegen zu treffen, der die Sendung auch gesehen hat. Gab es anfangs eine Folge pro Monat, so ist der »Tatort« inzwischen bis zu viermal im Monat für Millionen ein »jour fixe«. Während andere Krimis längst in der Mottenkiste verschwunden sind, verjüngt und erfindet sich der »Tatort« immer neu. »Sahen die Erstausstrahlungen 2007 durchschnittlich 7,33 Millionen Zuschauer«, lag die durchschnittliche Zuschauerzahl 2010 laut *quotenmeter.de* (29.11.2010) gar bei 8,34 Millionen. Den Rekord hält laut *quotenmeter.de* der

»Tatort« vom 10. Oktober 2010 mit 9,88 Millionen Zuschauern (Titel: »Spargelzeit«). Dabei sind die Beliebtheit und der Einfluss der Reihe damit bei weitem noch nicht ausreichend beschrieben. Denn durch die Wiederholungen in den dritten Programmen bringt es eine »Tatort«-Folge auf eine Zuschauerzahl von rund 44 Millionen – rein rechnerisch wird eine Folge also von der Hälfte der deutschen Bevölkerung gesehen. Und das ist furchterregend. »Den Folgen kann auch eine gesellschaftspolitische Bedeutung zugeschrieben werden«, heißt es lapidar auf Wikipedia. Bei 44 Millionen Zuschauern pro Folge darf man wohl sagen: Der »Tatort« ist die Schule der Nation. Für Fernsehmacher und Gesellschaftspolitiker ist die Reihe die ganz große Chance, auf spannende und unterhaltsame Weise Botschaften und Lebensstile unters Volk zu bringen:

- Wie alle anderen Krimi-Serien oder -Reihen ist auch der »Tatort« zuallererst natürlich Sympathiewerbung für Staat und Polizei. Nach dem Motto: Möchten Sie nicht auch mal von diesen netten »Bullen« verhaftet werden? Das ist sozusagen die psychologische Grundausstattung.
- Darüber hinaus greift der »Tatort« gesellschaftliche Themen auf und biegt sie in eine ganz bestimmte Richtung.

Oder er erfindet selbst neue gesellschaftliche Themen. So kann man eine »Tatort«-Folge, wie jeden anderen Film auch, auf zwei verschiedene Arten sehen:

- Man nimmt sich eine Tüte Chips, ein Glas Wein, Bier oder Wasser, setzt sich aufs Sofa, streichelt die Katze und lässt sich berieseln (und das ist auch gut so).
- Oder: Man zerlegt die Handlung und Symbolik des Films Schritt für Schritt, um festzustellen, was man da eigentlich aufgetischt bekommt und mit welchen Inhalten man hier geimpft wird.

Zugegeben: Letzteres tue auch ich nur selten – schließlich will man sich ja auch mal entspannen. So richtig versteht man die »Mechanik« eines solchen Films aber nur, wenn man sich tatsächlich hinsetzt, vor- und zurückspult und sich jede wichtige Szene, Symbolik und Botschaft notiert. Und siehe da: Heraus kam zumindest am 20. März 2011 ein psychologisches Lernprogramm, das sich gewaschen hat.

Kein Schimanski und kein Trimmel mehr ...

Zunächst einmal ermittelt natürlich kein kumpelhafter Schimanski, kein brummiger Trimmel, kein männlicher Kressin und kein charmesprühender Haferkamp mehr, sondern eine eiskalte Karrierefrau mit der Ausstrahlung eines Kühlschranks, dargestellt von Maria Furtwängler. Mit Hilfe von Furtwängler werden die Geschlechterrollen im »Tatort« neu gemischt. Und das ist denn auch das erste und wichtigste gesellschaftliche Lernprogramm dieses Millionenkrimis: die Rollen von Mann und Frau und ihr Verhältnis zueinander. Insbesondere Furtwängler ist weit mehr als nur eine Schauspielerin, sondern wird als Vorbild für Millionen Frauen inszeniert. Als Gattin des Bilderbergers und globalen Medienstrategen Hubert Burda gehört sie als »Madonna des Gender Mainstreaming« zu den tonangebenden Eliten der Gesellschaft. Medienstrategen sind schließlich immer auch Psycho- und Sozialstrategen. Die jährliche Bilderberg-Konferenz, an der Burda häufig teilgenommen hat, ist eines der entscheidenden Lenkungsgremien des Planeten, über das globale Strategien in die jeweiligen Länder der Teilnehmer einsickern, unter anderem natürlich mit Hilfe der Medien (siehe Gerhard Wisnewski: *Drahtzieher der Macht. Die Bilderberger – Verschwörung der Spitzen von Wirtschaft, Politik und Medien,* München 2010). Furtwängler ist denn auch nicht nur schauspielerisch, sondern auch ideologisch tätig. So war sie 2010 Schirmherrin einer Konferenz mit dem Titel »The Female Decade« (»Das Jahrzehnt der Frau«), bei der so illustre »Speaker« auftraten wie Silvana Koch-Mehrin, der 2011 wegen ausgedehnter Plagiate in ihrer Dissertation der Doktortitel entzogen wurde. Furtwängler hofft, »eine neue Bewegung anzustoßen und ein neues Frauenbild für das kommende Jahrzehnt zu entwickeln«, berichtete *Focus Money Online* (aus dem Burda Verlag) am 10. Juni 2010. Die Frauenbewegung der sechziger und siebziger Jahre sei nämlich stecken geblieben, so Furtwängler. Jetzt müsse es einen Schritt weiter gehen.

Dinner mit dem Laptop

Und wie es weitergehen soll und wie die moderne Frau aussehen soll, das kann man im »Tatort« anhand von Furtwängler alias »Kommissarin Lindholm« eindrucksvoll beobachten:

- Selbstverständlich ist die smarte Kommissarin solo und allein erziehend.
- Das romantische »Dinner for Two« bei Kerzenlicht zelebriert Furtwängler/Lindholm nicht mit einem Mann oder Partner, sondern mit einem Laptop.
- Zu einem Mann unterhält sie nur eine flüchtige, distanzierte »Beziehung«, wenn man überhaupt von Beziehung sprechen kann.

Aber noch vor den Männern tut einem am meisten das gezeigte Kind leid:

- Das Kind der Kommissarin ist ein Phantom. Es ist in Gestalt von herumliegendem Spielzeug nur geisterhaft anwesend. Wo es die Woche über ist und wer es betreut, während die Mutter den Männern zeigt, wo's langgeht, ist kein Thema und interessiert nicht. Man bekommt es genau zweimal zu Gesicht, nämlich als sie es am Wochenende dekorativ wie ein modische Handtasche zu einem Fußballspiel ins Stadion mitnimmt (immer mehr Stars, vor allem in Hollywood, tragen Babys nicht mehr wie lebende, liebebedürftige Wesen, sondern wie Modeaccessoires).

- Das Kind ist also bloße Dekoration für eine erfolgreiche, emanzipierte Frau (in der Sprache Hollywoods ein »must have«).
- Der Vater taucht überhaupt nicht auf und spielt auch keine Rolle.

Einmal sieht man, wie bereits angedeutet, Playmobil-Männchen auf dem Tisch stehen. Eigentlich könnte das der Auslöser für eine anrührende Szene sein – etwa, indem die Mutter die Figürchen erblickt und sich vergegenwärtigt, wie wenig Zeit sie doch für den Kleinen hat. Aber nichts da: Furtwängler schnippt die Figürchen nur verächtlich mit dem Finger weg, ganz so, als würde sie gleich das Kind selbst aus ihrem Leben befördern. Ein andermal stolpert jemand in ihrer Wohnung über Spielzeug. Botschaft: Kinder stören nur, die letzten Spuren des Kindes stehen nur im Weg herum. Im Alltag taucht das Kind nur einmal auf, und zwar auf dem Anrufbeantworter, der von der Mutter beiläufig abgehört wird. Ihr Sohn fragt, ob er noch zwei Tage »bei Martin« bleiben dürfe, sie sei doch bestimmt nicht traurig. Botschaft: Das Kind bleibt aus freien Stücken weg. Bei »Martin« handelt es sich um einen von »Charlotte Lindholms« kastrierten Männern: ihren ehemaligen Film-Mitbewohner »Martin Felser«, dessen Darsteller Ingo Naujoks Anfang 2010 aus dem »Tatort« ausstieg: »Am Ende wurde Martin nur noch aufs Babysitten und Frühstückmachen reduziert, was mir immer weniger gefiel«, beschwerte sich Naujoks (*focus.de,* 18.2.2010). So kann »Martin« nur noch als »Gespenst« in der Serie auftauchen, genau wie Lindholms kleiner Sohn. Auf dessen Nachricht auf dem Anrufbeantworter hin ruft die Mutter ihren Kleinen nicht etwa sofort zurück, sondern murmelt nur beiläufig »kein Problem«.

Was man auch mit »Bleib doch, wo der Pfeffer wächst« übersetzen könnte. Zusammenfassend kann man dieses eiskalte und distanzierte Verhalten der Mutter zu dem Kind nur als widerwärtig bezeichnen. Die vielbewunderte Kommissarin Lindholm ist nichts weiter als eine gewöhnliche Rabenmutter. Ein solches Mutterbild als Vorbild für 44 Millionen Zuschauer gleicht einem gesellschaftspolitischen Amoklauf. Würde es sich um ein reales Kind handeln, müsste man wohl kein Hellseher sein, um für später Delinquenz und Drogensucht zu prophezeien. Aber genauso kalt und rücksichtslos verhält sich die Frau auch gegenüber Männern – es sei denn, sie sind schwul. Doch darauf komme ich gleich.

Besuch in der Männerumkleide

Mit Männern wird in diesem »Tatort« besonders übel und sexistisch umgesprungen. Zweimal missachten Frauen ganz selbstverständlich die Intimsphäre von Männern. Beim ersten Mal dringt ein Team aus drei Polizisten (selbstverständlich unter Führung von Furtwängler/Lindholm) mit gezückter Waffe in die Wohnung eines Verdächtigen ein. Und als sie niemanden sehen, rücken sie selbstverständlich ins Badezimmer vor, wo sie einen halbnackten Mann vorfinden, der allerdings keine Waffe, sondern nur eine Flasche Sekt gezückt hat. Der Mann ist nicht nur betrunken, sondern verständlicherweise auch ziemlich empört. Als er herumschreit und die »Damen« mit Sekt bespritzt, wird er von den Frauen brutal niedergerungen und mit Handschellen gefesselt. Der Sieg der Frau und das Niederringen des Mannes sind ein wichtiges Thema in diesem »Tatort«. In einer späteren Szene bricht Lindholm/Furtwängler gleich mit zwei Tabus. Zunächst öffnet sie in einem Sportclub demonstrativ eine Tür mit der Aufschrift »Herren-Umkleide« und dringt in den Umkleideraum ein, wo sich ein Mann gerade entkleidet. Wobei die Aufschrift »Herren-Umkleide« selbstverständlich nur wegen der Signalwirkung angebracht wurde. Denn offensichtlich handelt es sich ohnehin um einen Männersportclub, so dass die Umkleiden wohl kaum extra als »Herren-Umkleiden« gekennzeichnet würden. Ohne Rücksicht auf weitere anwesende Männer bewegt sich Furtwängler/Lindholm durch den Umkleideraum und beschimpft den Mann als »Pfeife«, die »nicht für fünf Pfennig Rückgrat« habe. Dem ersten folgt sogleich der zweite Tabubruch. Als sich der inzwischen entkleidete Mann zu den anderen duschenden Männern begibt, folgt sie ihm einfach nach und mustert ungeniert ihn und die anderen Nackten. Würde man umgekehrt in einem »Tatort« sehen, wie männliche Polizisten eine halbnackte Frau brutal auf den Boden drücken und verhaften oder in die Frauendusche eines Fitnessstudios eindringen, der Skandal wäre wohl unvermeidlich. Das zeigt, wie weit die Diskriminierung von Männern bereits fortgeschritten ist. Ganz vorne mit dabei: die öffentlich-rechtlichen Rundfunkanstalten, finanziert mit Gebührengeldern.

Die Kanzlerin in der Kabine

Gerade dort sind Männer heutzutage Freiwild – ohne Anspruch auf Privat- oder Intimsphäre. Wobei sich Furtwängler mit ihrem buchstäblich »unverschämten« Filmverhalten auf höchste Vorbilder berufen darf. So schneite auch eine gute Bekannte von ihr, Bundeskanzlerin und Bilderbergerin Angela Merkel, nach dem Spiel Deutschland–Türkei am 8. Oktober 2010 plötzlich in die Umkleidekabine der deutschen Nationalmannschaft herein – begleitet nicht nur vom Bundespräsidenten, sondern auch noch von dessen 16-jähriger Tochter. So sahen sich die Männer plötzlich nicht nur halb- oder ganz nackt der Kanzlerin und einem halbwüchsigen Mädchen, sondern auch noch einem Fotografen gegenüber! Eigentlich unvorstellbar. Selbst die *Bild*-Zeitung nahm zur Kenntnis, dass dem Fußballspieler Mezut Özil die Situation peinlich war. Angeblich waren zwar nur Özil und Manuel Neuer in der Kabine, als die Kanzlerin hereinkam. Doch erstens hat eine

Frau grundsätzlich nichts in einer Männerumkleide zu suchen, egal ob sich darin nun einer, zwei oder zwanzig Männer befinden. Und zweitens sieht man die Kanzlerin auf Bildern des peinlichen Besuches inmitten mehrerer halbnackter Fußballer stehen. »Schon am Abend des Spiels waren die DFB-Vertreter erstaunt, dass auch Wulffs Tochter und der Fotograf dabei waren«, berichtete *Spiegel Online* am 20. Oktober 2010.

Hinter jeder Sekunde eine Absicht

Glücklicherweise hatte diese Grenzüberschreitung dann doch ein Nachspiel. Berichten mehrerer Zeitungen zufolge entschuldigte sich die Kanzlerin hinterher beim DFB. Eine Furtwängler/Lindholm entschuldigt sich natürlich nicht. Summiert man einmal die durch den »Tatort« vom 20. März 2011 vermittelten ideologischen Botschaften, ergibt sich eine komplette Umkehrung der natürlichen Geschlechterrollen (Widersprüche gehen auf den Film zurück):

- Männer haben Gefühle, Frauen sind eiskalt
- Männer weinen, Frauen trösten
- Männer folgen, Frauen befehlen
- Männer sind schutzlos, Frauen schützen
- Männer sind schwach, Frauen sind stark
- Männer sind ängstlich, Frauen furchtlos
- Männer werden gesteuert, Frauen steuern
- Männer gießen Pflanzen, Frauen sitzen am Laptop
- Männer sind weich, Frauen knallhart
- Männer schwärmen, Frauen weisen ab
- Männer lassen sich nach Hause fahren, Frauen fahren Männer nach Hause
- Männer werden sitzen gelassen, Frauen lassen sitzen
- Männer sind Mitarbeiter und Untergebene, Frauen sind Chefs

Aber wie kann man denn in einen »Tatort« so viel hineininterpretieren? Es ist doch nur ein Film! Vielleicht haben sich die Filmemacher einfach »nichts dabei gedacht«? Falsch: Kein Film ist »nur ein Film«. Sondern jeder Film wird sorgfältig geschrieben und hundertfach durchdacht. Jedes Bild und jede Szene werden sorgfältig komponiert. Anders als im richtigen Leben passiert in einem Film nichts zufällig oder unabsichtlich, auch wenn es so aussieht – vielmehr steckt hinter jeder Sekunde eine Absicht. Und da muss man feststellen: Dieser »Tatort« repräsentiert ein geschlossenes ideologisches und propagandistisches Konzept. Dabei ist das noch nicht einmal das Hauptthema des Films. Prügelnde, ballernde und brüllende Frauen gehören heute schließlich zur ideologischen Grundausstattung der gesamten deutschen Krimilandschaft – oft begleitet von eher schlichten männlichen Assistenten. Egal, ob »Polizeiruf 110« oder »Soko 5113« – überall sieht man, wie sich weibliche Macho-Karikaturen durch die Landschaft prügeln. Überhaupt lässt sich feststellen, dass die Geschlechter hierzulande mehr und mehr zur Karikatur des jeweils anderen verkommen. Der Tatort ist dafür nur ein besonders herausragendes Beispiel.

Auf besonders warmer Spur

Das Hauptthema dieser Folge ist vielmehr das »Outing« des schwulen Fußballers Nenbrook. Eigentlich ermittelt die smarte Kommissarin Lindholm gar nicht in einem Kriminal-, sondern in einem Sexualfall. Kurz: Tatort ist diesmal das Bett. Gefragt wird nicht nur: Wer war es?, wie in jedem Krimi, sondern auch: Wer treibt's mit wem, und vor allem: Warum macht er das nicht endlich öffentlich? So fingert sich die Kommissarin durch Bettwäsche ebenso wie durch Kondome und verfolgt ihre feuchtwarme Spur in Männerumkleiden und Männerduschen. Die Aufklärung des Sexualfalls ist denn auch der eigentliche Ermittlungserfolg. Denn zwar macht Lindholm auch einen Mörder dingfest, aber

das gibt es schließlich in jedem »Tatort« – nicht aber überführte schwule Fußballprofis. Das Schwulsein, und insbesondere das »Outing« von Fußballern, ist das eigentliche Hauptanliegen des Films. Dazu gibt es verschiedene verbale Schlüsselbotschaften. So wundert sich Lindholm, »warum in Zeiten eines homosexuellen Außenministers und Oberbürgermeisters es immer noch ein Problem ist, dass schwule Profisportler sich nicht outen könnten«. »Warum darf ein Fußballer nicht schwul sein?«, fragt sie, »ich meine, wir haben einen schwulen Außenminister, einen schwulen Oberbürgermeister – wo ist das Problem?« Gegenfrage: Warum darf ein schwuler Fußballer sein Privatleben nicht für sich behalten? Papperlapapp: Der schwule Fußballer ist der Einzige, der in den Genuss von Lindholms uneingeschränkter Einfühlsamkeit kommt: »Ben, ich kann mir vorstellen, wie Ihnen zumute ist. Sie mussten jahrelang in der Angst leben aufzufliegen – immerzu. Jeden Tag, jede Sekunde. Sie haben eine Frau an Ihrer Seite erfunden, Sie haben sich auf einem Bauernhof versteckt, Sie haben wahrscheinlich unzählige Dinge getan, die nichts mit Ihnen zu tun hatten. Ich weiß, dass Sie Angst haben, dass ganz Deutschland mit dem Finger auf Sie zeigt. Dass Ihre Karriere zu Ende ist. Aber es geht nicht nur um Sie, Ben.« Und schließlich kommt es bei einer Pressekonferenz zum ersehnten »Outing« – freilich nicht ersehnt vom Betroffenen selber. Der Fußballer hat seine Neigung, wie im Film vermutlich realistisch dargestellt, aus vielerlei Gründen lieber für sich behalten. Unter anderem vielleicht deshalb, weil es niemanden etwas angeht, was sich hinter Schlafzimmertüren abspielt, solange niemand dabei geschädigt wird. Aber nun bekennt Nenbrook bei der Pressekonferenz: »Ja – ja, ich bin schwul.«
Na und? Hat die Öffentlichkeit neuerdings ein Recht darauf, über das Sexualleben jedes Einzelnen Bescheid zu wissen? Oder ist es etwa so, dass wirklich ganze »Schwulencombos« in den Männerumkleiden und Fußballmannschaften verzweifelt auf die Befreiung durch Frau Lindholm warten? »Wissen Sie«, wehrt sich

Nenbrook nämlich an einer Stelle schwach gegen das sexuelle Verhör, »die halbe Nationalmannschaft ist angeblich schwul, einschließlich Trainerstab. Das ist doch schon so eine Art Volkssport, das zu verbreiten.«

Der Missbrauch der Nationalmannschaft

Eben – und der »Tatort« beteiligt sich damit an vorderster Front an diesem Volkssport. Zwar wurde das selbst kolportierte Gerücht gleich wieder halbherzig dementiert: »… das ist doch schon ’ne Art Volkssport, so was zu verbreiten.« Das Problem ist nur: Ein Gerücht kann man gar nicht dementieren. Das ist ja gerade das Wesen eines Gerüchts. Das Gerücht, »die halbe Nationalmannschaft« könnte schwul sein, wurde so an 44 Millionen Menschen herangetragen. Ein durchaus perfider Schachzug der Drehbuchautoren. Es ist nur zu verständlich, dass die Nationalmannschaft über dieses Machwerk nicht erfreut war. Nach der demonstrativen Missachtung ihrer Privat- und sogar Intimsphäre beim Besuch der Kanzlerin in der Umkleidekabine 2010 wurde sie nun ein weiteres Mal für die Gender-Strategien missbraucht. (Die offizielle Politik des »Gender Mainstreaming« geht davon aus, dass das biologische Geschlecht nicht wichtig ist, sondern dass wir alle mehr oder weniger homosexuell sind, was nur an die Oberfläche gebracht werden muss.)

»Ich finde es schade und ärgerlich«, beschwerte sich denn auch Nationalelf-Manager Oliver Bierhoff, »dass die Prominenz der Nationalelf missbraucht wird, um irgendein Thema zu entwickeln oder einen Scherz zu machen. Dieser Satz im ›Tatort‹ hatte ja keine inhaltliche Relevanz. Das sehe ich immer auch als einen Angriff auf meine Familie – die Familie der Nationalelf. Und das ärgert mich … Die Freude, an diesen Aufgaben mitzuwirken, wird uns aber genommen, wenn wir uns gegen haltlose Gerüchte wehren müssen. Wir werden jetzt grundsätzlich bei der Nationalelf überlegen, wie wir mit solchen Dingen umgehen. Dass wir nicht wehrlos sind gegen Gerüchte und falsche Unterstellungen aller Art.«

Gut gebrüllt. Allerdings fügte Bierhoff hinzu: »Wir stehen in einem engen Schulterschluss mit unserem Präsidenten und dem Präsidium.« Und das wiederum ist merkwürdig – denn diese Suppe hatte der Nationalmannschaft offenbar niemand anderer als DFB-Boss Theo Zwanziger persönlich eingebrockt. Glaubt man zahlreichen Medienberichten, war dieser »Tatort« die Idee des DFB-Präsidenten. So zitierte *sueddeutsche.de* am 29. Oktober 2010 die »Tatort«-Produzentin Dagmar Rosenbauer mit den Worten, Maria Furtwängler habe das Thema »nach einem Gespräch mit DFB-Chef Zwanziger« an den NDR herangetragen. Furtwängler und Zwanziger hätten sich »anlässlich einer Preisverleihung im November 2009 in Berlin« getroffen. Furtwängler habe damals ihren Mann Hubert Burda begleitet. »Die Idee zu dem fußballkritischen Themenkrimi, der im Coming-out eines hoch bezahlten Profi-Kickers endete, war angeblich von DFB-Präsident Theo Zwanziger selbst gekommen«, so *Spiegel Online* vom 21. März 2011. Und auch Furtwängler räumte ein: »Die Idee zu dem Film kam aus einem Gespräch zwischen mir und Theo Zwanziger« (*Bild.de,* 12.4.2011).

Nein, nein, heißt es in der Online-Enyklopädie Wikipedia, die sich ebenfalls mit dem »Tatort« beschäftigte, Zwanziger habe Furtwängler nur einen »Tatort« mit Fußballhintergrund vorgeschlagen. »Über Homosexualität in der Bundesliga sei nicht gesprochen worden«. Allerdings fällt auch Wikipedia auf, dass »sich Zwanziger in Kampagnen sehr für die Akzeptanz schwuler Fußballer einsetzt«.

Der Kampf um das Coming-out

Das ist leicht untertrieben. Bereits im letzten Jahrbuch habe ich geschildert, wie DFB-Präsident Theo Zwanziger versucht, den Männerfußball im Sinne des offiziellen »Gender Mainstreaming«

zu benutzen. Zwanziger kämpft besonders verbissen um das Coming-out – allerdings nicht um sein eigenes, sondern das eines Fußballprofis. Die Präsentation eines schwulen Fußballers steht ganz oben auf der politischen Agenda – insbesondere im Jahre der Frauenfußball-WM in Deutschland. Die Wahrheit ist: Wer die Öffentlichkeitsarbeit von Zwanziger verfolgt, stellt fest, dass der DFB-Präsident von der Idee des »Outings« eines schwulen Fußballprofis regelrecht besessen ist. »Niemand anderer als Theo Zwanziger will Geburtshilfe leisten, wenn der erste Profifußballer sich öffentlich zu seiner Homosexualität bekennt«, hatte ich damals geschrieben und Zwanzigers fast schon verzweifelte Bemühungen geschildert, einem schwulen Fußballprofi den Weg in die Öffentlichkeit zu ebnen.

»DFB-Chef Zwanziger hofft auf ein Coming-out eines aktiven Profis – und die davon ausgehende Signalwirkung«, hieß es am 26. Januar 2010 auf *sueddeutsche.de.* Der ausschließlich heterosexuelle Männerfußball passt nicht mehr in die Landschaft von schwulen Bürgermeistern, Außenministern, Christopher Street Day und Love Parade. Und vor allem nicht in die offizielle Politik des »Gender Mainstreaming« – der Gleichmachung und damit Abschaffung der Geschlechter. »Der DFB signalisiert«, dass er das Coming-out »mit allen Mitteln« begleitet und, soweit es nötig ist, »unterstützen wird«, zitierte die SZ-Website Theo Zwanziger (26.1.2010). Und da auch der Fußball so etwas wie eine »Schule der Nation« ist und der Männerfußball eine wichtige Vorbildfunktion in der Gesellschaft hat – insbesondere für männliche Kinder –, muss diese heterosexuelle Festung geschleift werden. Die Kleinen sollen sich endlich auch Poster von schwulen Ballkünstlern ins Kinderzimmer hängen. Für das »Gender Mainstreaming« wäre das ein echter Durchbruch. 9,42 bzw. 44 Millionen Zuschauer für den Auftritt des schwulen Fernseh-Fußballers Nenbrook bedeuten daher einen riesigen PR-Erfolg für Zwanzigers Steckenpferd: Schwule im Männerfußball.

Thema des Monats *15.4.:*
Human Rights Watch:
Das Menschenrecht auf Krieg

6.4. Beim Kentern eines Flüchtlingsbootes aus Nordafrika sterben bei Lampedusa ca. 250 Menschen ***15.4. Human Rights Watch verbreitet unbewiesene Behauptungen über Streubombeneinsatz durch Gaddafi-Truppen*** ***21.4. Das Kindle-E-Book von Amazon beginnt seinen Siegeszug in Deutschland*** **26.4.** Italiens Ministerpräsident Silvio Berlusconi gibt Beteiligung am internationalen Militäreinsatz in Libyen bekannt ***27.4. US-Präsident Obama kommt wegen gefälschter Geburtsurkunden in Bedrängnis*** **29.4.** Englands Prinz William heiratet seine Verlobte Kate Middleton ***30.4. Das Weiße Haus manipuliert ein offizielles Video***

15. April Das Menschenrecht auf Krieg

Eine Explosion, Funken sprühen durch die Luft, über einem ärmlichen Gebäude steigt ein Rauchpilz auf. Auf dem YouTube-Video hört man Kinder schreien und Menschen auf Arabisch durcheinander rufen. Eine Streubombe ist explodiert, angeblich in Brega, Libyen – angeblich Anfang April 2011. Streubomben oder Streugeschosse sind die Schrotmunition des Krieges. Sie können von Flugzeugen abgeworfen oder von Artilleriegeschützen abgefeuert werden. Sie zerlegen sich in der Luft in viele kleine Bomben, sogenannte Bomblets. Eine Streubombe kann mehrere hundert Bomblets enthalten. Und ein Bomblet enthält neben Sprengstoff wiederum Hunderte von Stahlgeschossen, so dass ein Bombardement oder ein Beschuss mit Streumunition einen Geschosshagel erzeugt, der alles und jeden tötet oder verstümmelt, der sich in der Nähe befindet. Bomblets, die nicht explodieren, werden zu Landminen, die oft noch nach Jahren ihre Opfer finden. Da manche Bomblets wie Spielzeug aussehen, sind diese Opfer häufig Kinder. Wer hat die Streumunition benutzt? Wer ist der Schurke, der hier Zivilisten mit dem verheerenden Geschossregen von Streubomben überzieht? Kein Mensch weiß es.

Eine globale moralische Instanz

Doch am 15. April 2011 steht endlich fest: Es war Gaddafi. Der libysche Machthaber wirft Streubomben auf die eigene Bevölkerung! An diesem Tag berichtet die Menschenrechtsorganisation Human Rights Watch (HRW), Gaddafi-treue Regierungstruppen hätten im westlichen Teil der libyschen Stadt Misrata Streubomben in Wohngebiete geschossen. Human Rights Watch sei Zeuge geworden, wie mindestens drei Streubomben in einem Stadtviertel von Misrata explodiert seien. Mitarbeiter hätten Reste der Bomben untersucht und mit Zeugen über zwei andere mutmaßliche Angriffe mit Streubomben gesprochen. »Es ist erschreckend, dass Libyen diese Waffe benutzt, vor allem in Wohngebieten«, wird Steve Goose, Waffenexperte von Human Rights Watch (HRW), zitiert. Die meisten Länder hätten sich in der Konvention zur Ächtung von Streumunition zum Verzicht auf diese Waffe verpflichtet. Aber Libyen habe diese Konvention nicht unterschrieben.

Als globale moralische Instanz wird Human Rights Watch gerne zitiert. Die Nachricht schlägt ein wie eine mediale Streubombe und richtet im libyschen Lager psychologische Verwüstungen an: »Gaddafi-Truppen setzen Streubomben ein«, kann man am 16. April 2011 bei *focus.de* lesen. »Streubomben-Angriff gegen libysches Volk: Gaddafi schreckt vor nichts zurück«, heißt es am selben Tag bei *stern.de*. Folgerichtig fragt daher *Bild.de:* »Muammar al-Gaddafi – Wie tickt der Irre, der in Misrata sein Volk abschlachten lässt?« Gaddafi ist also doch der grauenhafte Diktator und Kriegsverbrecher, als der er von unseren Medien dargestellt wird. Wenn *Bild* das schreibt, dann muss es ja stimmen. Vergessen Sie daher alles, was ich bisher über diesen Schurken geschrieben habe. Und wenn sich das Blatt dabei auf eine ehrenwerte Menschenrechtsorganisation beruft, dann doch wohl erst recht – oder nicht? Aber nicht nur die deutschen Medien berichten, sondern die Nachricht geht wie ein medialer Tsunami um die Welt. Das Kriegsgeschrei nimmt bedrohliche Formen an. Dunkle Wolken brauen sich über dem Gaddafi-Regime zusammen. Die veröffentlichte Meinung (nicht zu verwechseln mit der öffentlichen Meinung) schreit geradezu danach, diesen »Diktator« endlich aus dem Weg zu räumen. Jede Bombe gegen Gaddafi scheint zum humanitären Akt zu werden. Gelobt sei Human Rights Watch, diese treffliche Menschenrechtsorganisation, die dem »Diktator« die Maske vom Gesicht reißt.

Als ich gerade eine Träne der Dankbarkeit vergieße, tropft sie doch glatt auf den Originalbericht, der den Medien-Tsunami auslöste: den Artikel von Human Rights Watch vom 15. April 2011. Mit verschleiertem Blick versuche ich die Worte zu entziffern, und tatsächlich: Da stehen sie, die Buchstaben, wie in Stein gehauen, und jeder einzelne trifft jeden rechtschaffenen Menschen wie ein Peitschenhieb. Human Rights Watch sei Zeuge geworden, wie »mindestens drei Streubomben in einem Stadtviertel von Misrata explodierten«. Auf Fotos sind einzelne Bomblets der Streumunition zu sehen. Unfassbar.

Der berühmte »Casus knacksus«

Das Problem ist nur: Eine Streubombe trägt ja keinen Absender nach dem Motto: »Hässliche Grüße von dem grässlichen Diktator«. Warum und wieso diese Streubomben von libyschen Truppen stammen sollen, wird von Human Rights Watch in dem Artikel, der weltweite Empörung über das »Gaddafi-Regime« auslöste, seltsamerweise nirgends erklärt. Dabei ist das natürlich der berühmte »Casus knacksus«: Woraus ergibt sich, dass diese Streubomben von Gaddafi stammten? Aber dass diese Informationen fehlen, ist sicher nur ein Irrtum. Also schreibe ich Human Rights Watch eine E-Mail und frage nach Beweisen, dass die Streumunition tatsächlich von Gaddafi-Truppen verschossen wurde. Antwort vom 20. April 2011:

> »Ein Mitarbeiter von HRW hat vor Ort in Misrata mehrmals selbst gesehen, wie Streubomben von Position der Gaddafi-Truppen auf Rebellenstellungen und in Wohngebiete geschossen wurden.«

Na, da bin ich ja beruhigt. Kaum habe ich mich wieder dem Artikel über den teuflischen Gaddafi zugewendet, als der Zweifel erneut an mir zu nagen beginnt. Denn was muss ich da lesen? Laut dem HRW-eigenen Artikel war es zum Zeitpunkt des Geschehens Nacht. Wie konnte der HRW-Mitarbeiter also zuverlässig feststellen, dass die Streumunition von libyschen Truppen verschossen wurde? Es hilft alles nichts – ich muss HRW noch eine E-Mail schreiben:

1. Können Sie mir den Namen und die Kontaktdaten des von Ihnen erwähnten Mitarbeiters nennen?
2. Welche Sachbeweise gibt es, dass die Streumunition von libyschen Regierungstruppen verschossen wurde?

Antwort: »Den Namen bzw. die Kontaktdaten des Person vor Ort« könne man mir »aus Sicherheitsgründen« nicht nennen. Außerdem ist jetzt plötzlich jemand ganz anderes für meine Fragen zuständig. Ganz allgemein ist dies ein beliebter Trick, um lästige Frager abzuwimmeln und zu ermüden. Ob das in diesem Fall auch so war, entzieht sich meiner Kenntnis. Meine Bitte, meine E-Mail doch einfach an die zuständige Person weiterzuleiten, bleibt unbeantwortet. Auf die HRW-Beweise für den Einsatz von Streumunition durch libysche Truppen warte ich daher noch heute.

Erzählungen eines ehemaligen US-Marine

Am 16. Juni 2011 steigt jedoch auch die kleine Tageszeitung *junge Welt* in die Recherche ein. Die Beweislage gegen Tripolis sei »äußerst dünn«, heißt es in dem Artikel. Die Behauptung von HRW, Mitarbeiter seien Augenzeugen gewesen, sei »unseriös«: »Sie waren nicht selbst unmittelbar vor Ort, sondern haben die Munitionsreste von dem Reporter Christopher John Chivers erhalten, einem ehemaligen US-Marine und Veteran des ersten Irak-Krieges 1991, der für die *New York Times* aus Misrata berichtet.« Na, das ist ja prima – HRW vertraut also den Aussagen von (ehemaligen) US-Militärs! »Das HRW-Team konnte nach eigenen Angaben die Fundorte der Bombenfragmente nicht untersuchen«, heißt es in der *jungen Welt* weiter: »Sie lagen direkt

im umkämpften Gebiet. HRW kann somit nicht bestätigen, dass sie wirklich von dort kommen. Weder die Augenzeugen und noch weniger HRW können bezeugen, dass die Bomben von libyschen Regierungstruppen abgefeuert wurden.« Sauber – demnach könnte es also theoretisch sein, dass irgendein ehemaliger US-Marine mit ein paar Bombenfragmenten in der Hand bei HRW hausieren ging – und die Organisation daraus ohne eigene Prüfung eine globale Medienhysterie gegen Libyen kreierte. Da kann ich auf eine Antwort auf meine E-Mails natürlich lange warten.
»HRW ist in solchen Umständen keine sehr zuverlässige Quelle«, klärt mich die *junge Welt* auf: »Die Organisation war u. a. schon im Krieg gegen Jugoslawien 1999 durch deutliche Parteinahme zugunsten der NATO aufgefallen.« Und das haut mich nun wirklich um: Dass Gaddafi ein Schurke ist, wusste ich ja schon – aber dass die Menschenrechtsorganisation Humans Rights Watch in Wirklichkeit eine Propagandatruppe für die NATO ist, wusste ich noch nicht. Was aber eigentlich auch keine Rolle spielt, denn schließlich sind NATO und US-Militär ja ebenfalls die reinsten Menschenrechtsorganisationen. Aber dennoch: Ist eine Beschuldigung ohne Beweise nicht Verleumdung? Und verstößt Verleumdung nicht ebenfalls gegen die Menschenrechte? Vor allem, wenn diesen Verleumdungen ein Bomben- und Geschosshagel folgt?

Propagandawaffe Human Rights Watch

In Wirklichkeit gehören nämlich die USA zu den Hauptverwendern von Streumunition. Laut *junger Welt* vom 18. April 2011 haben die NATO und ihre Verbündeten »in früheren Kriegen massenhaft Streubomben und Streugranaten eingesetzt. So wurden im Jugoslawien-Krieg (1999) nach offiziellen Angaben 1392 Streubomben über 333 Zielen abgeworfen … Gegen Afghanistan setzten die USA allein in den ersten Kriegsmonaten mindestens 1210 Streubomben mit 250 000 Stück Submunition ein.« Im Irak sollen demnach »mehrere tausend Stück Submunition« als

Blindgänger herumliegen. Auch Israel habe im Libanon-Krieg 2006 »riesige Mengen Streubomben auf mindestens 378 Ziele« abgeworfen.

Tatsache ist: Human Rights Watch ist eine amerikanische Propagandaorganisation. Das Logo benutzt das Blau-Weiß der amerikanischen Flagge. Ihr Sitz ist in New York. Gegründet wurde HRW 1978 zur Kontrolle des damaligen US-Feindes Sowjetunion bei der Einhaltung des Abrüstungsvertrages von Helsinki.

Maßgebliche Geldgeber sind amerikanische Stiftungen wie das »Open Society Institute« des Spekulanten George Soros, die Ford-Stiftung, die MacArthur-Stiftung und die OAK-Stiftung, Stiftungen, die zum Teil auch für die Finanzierung anderer »Revolutionen« verantwortlich gemacht werden. Unter dem Deckmantel der Philanthropie werden globale Interessenpolitik und Kriegspropaganda betrieben. Zwar kritisiert HRW auch die USA, zum Beispiel wegen fehlender bezahlter Elternzeiten und der Mängel des Einwanderungsrechts – im Vergleich zu dem Vorwurf an Libyen, Streubomben zu werfen, sind das jedoch die berühmten »Peanuts«. Vermutlich wird diese Kritik nur aus Gründen der Ausgewogenheit geübt. Schwerer Verstöße gegen die Menschenrechte werden dagegen hauptsächlich Regime angeklagt, die den USA nicht genehm sind und deren wirkliche oder vermeintliche Verbrechen man daher in den Vordergrund rückt. Und während die Kritik an den USA natürlich keine internationalen militärischen Reaktionen hervorruft, liefert die sogenannte Menschenrechtsorganisation maßgeschneiderte Rechtfertigungen für den Einsatz des US-Militärapparates. HRW ist also genau das Gegenteil einer Menschenrechtsorganisation. Vielmehr lädt HRW jene propagandistische Waffe, mit deren Hilfe andere Länder zunächst medial und dann militärisch bombardiert werden.

21. April Kindle – ein Spionage-Buch?

Kennen Sie den? Früher hat man ein Buch gelesen – heute wird man von dem Buch gelesen. Kein Witz. Während wir dasitzen und lesen, liest das Buch unsere Gedanken, Wünsche und Sehnsüchte. Während wir in das Buch hineinschauen, schaut das Buch neuerdings zurück. Das Buch weiß nicht nur,

- was wir lesen, sondern auch
- welche Seiten,
- was uns dabei besonders wichtig ist,
- was wir daran gut finden und was nicht,
- kurz: welche Gedanken wir uns dazu machen,
- und natürlich, ob wir das Buch zu Ende lesen oder nicht,
- und wenn nicht, wo wir aufgehört haben.

Und ein Buch ist ja schließlich nicht irgendwas. Schon immer war es eine sichere Heimat für unsere Geheimnisse und Gedanken, Erfindungen und Revolutionen, Ideen und Phantasien. Die Schriftrollen waren das Internet des Altertums, Gutenbergs gedrucktes Buch war das Internet des Mittelalters. Ohne das Buch hätte es keinen schnellen Fortschritt gegeben, und die Menschheit befände sich heute noch knapp hinter der Steinzeit. Als Hort des Fortschritts und freiheitlicher Ideen war das Buch von Anfang an aber auch ein Politikum. Vor allem totalitäre Systeme standen mit dem Buch auf Kriegsfuß, wie die Bücherverbrennung im Dritten Reich beweist. In totalitären Dystopien, wie etwa in *Fahrenheit 451*, rückt, wenn irgendwo ein Buch gefunden wird, sogleich die Feuerwehr an, um es zu verbrennen.

Durchsichtig wie ein offenes Buch

Machen wir's kurz: Bücher sind Wissen, und Wissen ist Macht. Und das Buch ist eine demokratische Macht, die sich ohne Ansehen der Person jedem zur Verfügung stellt, der es öffnet und liest. Doch damit ist es nun vorbei. Zwischen Mensch und Buch findet ein Vertrauensbruch statt. Das Buch ist dabei, zur Obrigkeit überzulaufen und seinen Leser an den nächstbesten Konzerncomputer zu verraten. Und wir, wir werden dabei durchsichtig wie … ja, wie das sprichwörtliche offene Buch. Ist das nicht ein einziger Alptraum? Und ob. Oder halten Sie das Ganze für einen schlechten Scherz?

Keineswegs: Am 21. April 2011 startete der Amazon-Kindle in Deutschland – ein sogenannter »E-Book-Reader«. Also eine Art besonders handlicher Computer, auf dem sich elektronische Bücher lesen lassen. Um ihn ausführlich vorab zu testen, hatte ich ihn mir schon im Januar aus den USA bestellt (und ausschließlich von dem ist hier die Rede). Und ziemlich schnell wurde mir klar, dass das keineswegs nur ein elektronisches Buch war, was da neben mir auf dem Sofa lag, sondern eine ausgewachsene Datenzecke. Allerdings eine Zecke, die sich nicht nur selbst nährt, sondern ihre Informationen, wenn man nicht höllisch aufpasst, sofort drahtlos an ihren Großen Bruder weitergibt. Was auch immer Sie mit dem Ding und Ihren Büchern anstellen, Big Brother Amazon kann es prinzipiell auf die eine oder andere Weise mitbekommen und in seinen Riesencomputern speichern.

Der Große Bruder kann mitlesen

Erste Überraschung: Meinem Amazon-Kindle lag keine Konvertierungssoftware bei. Die meisten elektronischen Bücher benötigen die Texte nämlich in bestimmten Formaten, wie beispielsweise »Palm Resource File« (.prc). Das heißt, möchte man etwa ein PDF-Dokument auf seinem E-Book lesen, muss man es zuerst konvertieren. Zwar können manche Geräte die PDF-Dateien auch ohne Konvertierung darstellen, das Ergebnis ist jedoch meistens nicht befriedigend. Also konvertieren. Nur wie? Doch keine Sorge, Amazon bietet dafür seinen »Persönlichen Dokumente-Service«. Man mailt das PDF-Dokument zur Konvertierung einfach an Amazon und bekommt es anschließend im richtigen Format zurück – und zwar direkt auf den Kindle. Denn der verfügt erstens über eine eigene E-Mail-Adresse, und zweitens kann er sich in das heimische WLAN einklinken oder sich per Mobilfunk mit Amazon verbinden. Das Problem ist nur: Amazon weiß im Prinzip auf diese Weise nicht nur, welche Texte man liest, sondern kann die persönlichen Dokumente auch im Volltext speichern. Und zwar nicht nur die, die man dort kauft (die sowieso), sondern alle persönlichen Dokumente, die man durch den Amazon-Service konvertieren lässt. Das können natürlich alle möglichen Texte sein: Unterhaltungsromane, Krimis, Sachbücher, aber auch erotische oder politische Literatur, von der man nicht so gerne hätte, dass jemand anderer weiß, was man da liest. Noch brisanter wird die Situation bei firmen- oder behördeninternen Studien, Entwürfen oder Denkschriften. Vielleicht möchte man die ja nicht am Computer, sondern im Zug, im Flugzeug oder gar im Bett im E-Book lesen. Also lässt man sie eben schnell von Amazon konvertieren und auf den Kindle spielen. Lieber nicht. Haben wir uns bislang Sorgen um Datenlecks auf dem PC gemacht, so schleudern wir nun mit dem Kindle die Dateien quasi freiwillig in die Welt hinaus.

Leider bringe die E-Book-Technologie »neue bedeutende Risiken für die Privatsphäre des Lesers mit sich«, warnt die amerikanische Datenschutz-Organisation »Electronic Frontier Foundation« in einem Merkblatt. »Elektronische Bücher können substanzielle Informationen über den Standort und die Lesegewohnheiten ihres Besitzers an die Konzerne weitergeben. Und bisher hat noch keiner der großen E-Book-Hersteller klar und unmissverständlich er-

klärt, welche Daten gesammelt werden und warum« (»An E-Book Buyer's Guide to Privacy«, 21.12.2009, aktualisiert 6.12.2010).
Tatsächlich berichteten Nutzer einschlägiger Foren wie mobileread.com noch Ende 2010: »Wenn man eine Datei zur Konvertierung an seine @free.kindle.com-Adresse sendet, erklärt Amazon, dass persönliche Dokumente, die man auf seinen Kindle überträgt, bei Amazon nicht gespeichert werden. Allerdings erhält man dann eine E-Mail, in der steht, dass die Datei an den Kindle gesendet wurde, mit einem Link, unter dem man die Datei später bei Amazon herunterladen kann.« Also doch gespeichert?
Bei meinen Konvertierungen erhielt ich keinen solchen Link. Aber zur Sicherheit führte ich folgenden kleinen Test durch: Ich rief am 15. April 2011 beim Amazon-Kundendienst in den USA an und behauptete, meine Bücher auf dem Kindle versehentlich gelöscht zu haben. Und weil mein Computer kaputt gegangen sei, hätte ich auch weder die Originaldateien, noch wüsste ich genau, welche Texte ich konvertieren ließ – ob man mir vielleicht helfen und sagen könne, welche Bücher ich bisher in das Kindle-Format habe umwandeln lassen. Und ob man mir die Dateien erneut zur Verfügung stellen könne. Nach längerer Rücksprache meldete sich der Berater wieder und verneinte. Amazon besitze leider keine Aufzeichnungen über den Konvertierungsvorgang.
Doch leider beruhigt das nicht wirklich, denn erstens wäre es technisch kein Problem, die Titel und sogar sämtliche Dateien zu speichern – verknüpft mit dem Namen des Kunden. Zweitens weiß man ja nicht, was Amazon seinen Kunden erzählt. Möglicherweise ist die von mir erbetene »Datenrettung« eben kein Servicebestandteil. Der beste Datenschutz besteht nun mal darin, erst gar keine Daten weiterzugeben. Und drittens stellt sich ja die Gretchenfrage: Warum gibt Amazon seinen Kindle-Käufern keine Konvertierungssoftware mit, damit sie die Bücher direkt auf ihrem eigenen Rechner konvertieren können? Warum verleitet einen das Unternehmen, ihm die Dateien zuzuschicken?

»Möchten Sie Ihr gesamtes Intimleben an Amazon versenden?«

Die Möglichkeiten, Privatpersonen und Betriebe auszuspionieren, sind im Prinzip gigantisch. Alles geht so schnell und ist so praktisch, dass man die Tragweite der technischen Vorgänge nicht sofort überblickt. So bietet der Kindle bequeme Funktionen an. Zum Beispiel kann man ein Buch nicht nur lesen, sondern auch Unterstreichungen vornehmen und Notizen machen. Diese Unterstreichungen und Notizen werden auf meinem Kindle in einer Datei namens »clippings.txt« gespeichert. Und diese Datei ist höchst brisanter Stoff, denn sie verrät, was man bei der Lektüre wichtig fand, welche Gedanken man sich dabei gemacht hat, und auch, wie weit man das Buch überhaupt gelesen hat. Denn wenn die »clippings« plötzlich abbrechen, spricht vieles dafür, dass man nur bis zu dieser Stelle gekommen ist. Und das Schönste: Den Kindle-Kunden wird angeboten, diese Clipping-Dateien ebenfalls bei Amazon zu speichern! Oder wie Dieter Nuhr einmal scherzte: »Möchten Sie Ihr gesamtes Intimleben an Microsoft versenden?« Schließlich könnten sie beim Kunden selbst ja mal wegkommen und bei irgendeinem dubiosen internationalen Konzern landen. Und Amazon passt sicher sehr gut darauf auf! Kann man dies – neben der fehlenden Konvertierungssoftware – wirklich nur mit »Kundenservice« erklären?

Schließlich quengelt der Kindle auch permanent nach der WLAN-Verbindung. Wenn man diese abschaltet, kommt bei allen möglichen Funktionen die Frage, ob man nicht die Funkverbindung einschalten möchte. Schon wenn man das Funktionsmenü aufruft, steht ganz oben gleich als Erstes die Aufforderung »Turn Wireless On« – schalten Sie die Funkverbindung ein. Es ist ja auch zu verführerisch: Wer seine PDF-Dateien schnell konvertieren lassen, direkt mit dem Kindle bei Amazon Bücher einkaufen oder bei Google oder Wikipedia suchen möchte, braucht die Funkverbindung – aber damit ist sein Geistesleben im wahrsten Sinne des Wortes ein offenes Buch. Im Prinzip, wohlgemerkt.

Maßnahmen gegen die »Datenzecke«

Daher besteht die erste Maßnahme gegen die »Datenzecke« natürlich darin, gegebenenfalls sämtliche Funkverbindungen – also Mobilfunk bzw. WLAN – abzuschalten. Jedenfalls, wenn man sich ein Kindle mit Funkverbindung gekauft hat (es gibt bzw. gab auch welche ohne). Zweitens sollte man in seinem WLAN-Router (über die »Fritz Box« etc.) sicherstellen, dass sich der Kindle auch nicht »aus Versehen« in das Netz einklinken kann. Denn ein paar Sekunden genügen im Prinzip, um die Daten abzugreifen oder zu übertragen. Aus diesem Grunde deaktiviert man im WLAN-Router die Funktion, »alle neuen WLAN-Geräte zulassen« und stellt auf manuelle Zulassung um. Das heißt, ab jetzt muss man jedes neue WLAN-Gerät im Netz manuell genehmigen.
Zweitens besorgt man sich ein Konvertierungsprogramm für E-Books, wie beispielsweise »MobiPocket Creator« oder »Calibre«. Diese Programme können alle möglichen Textdateien in E-Book-Formate umwandeln. E-Book-Programme wie »Calibre« sind so eine Art iTunes (Musikverwaltungsprogramm von Apple) für Bücher: Sie laden Texte und Bücher aus dem Internet, konvertieren sie in das benötigte E-Book-Format und senden sie (per USB) an das Lesegerät. »Calibre« ist quasi der reinste Verschiebebahnhof für Bücher. Aber natürlich lautet auch hier die Frage: Kann man derartigen Programmen trauen? »Calibre« zum Beispiel kann die E-Books auch automatisch an die E-Mail-Adresse des Kindle versenden – folglich landet der Lesestoff also wieder erst mal auf dem Kindle-Server von Amazon.

Kurz und gut: So sicher wie mit einem bar bezahlten gedruckten Buch aus der Buchhandlung wird man sich auch hier nicht fühlen können. Ray Bradbury, der Autor von *Fahrenheit 451,* hat es ja schon immer gewusst: Ein Buch aus Papier zu besitzen wird in nicht allzu ferner Zukunft ein revolutionärer Akt sein.

27. April Wer ist Barack Obama?

Washington, Weißes Haus. Der Präsident der Vereinigten Staaten, Barack Obama, tritt vor die Presse. Offenbar handelt es sich um eine Sache von größter Wichtigkeit. Doch wer hier ein Statement zur Innen- oder Außenpolitik, zur Terrorbekämpfung oder zum Haushaltsdefizit, zu Afghanistan oder al-Qaida erwartet hat, wird überrascht. Es geht nämlich um den Präsidenten der Vereinigten Staaten selbst: »Diese Sache«, sagt Obama betont locker und entspannt, »geht nun schon seit zwei oder zweieinhalb Jahren. Ich glaube, es ging im Wahlkampf los. Und ich muss sagen, dass ich das in den vergangenen zweieinhalb Jahren mit Belustigung verfolgt habe; ich war verblüfft darüber, wie das einfach immer weiterging.« Normalerweise, so Obama betont souverän, »würde ich so etwas nicht kommentieren, weil natürlich zu jeder gegebenen Zeit eine Menge Sachen durch die Medien schwirren und ich etwas anders zu tun habe.«

Des Rätsels Lösung: Es geht um Barack Obamas Geburtsurkunde! Da wollen die gesamte Presse und die Öffentlichkeit der Vereinigten Staaten doch glatt wissen, wer Barack Obama wirklich ist und wer die USA und damit die größte Supermacht der Welt wirklich regiert! Ist das nicht eine zu dumme Frage? Der Präsident der Vereinigten Staaten heißt schließlich Barack Hussein Obama, geboren am 4. August 1961 in Honolulu, Hawaii. Zwar klingt der Name wie jüdisch-islamischer Schmelzkäse mit einem Schuss Osama bin Laden – genau richtig also für einen Führer des großen globalen Schmelztiegels. Aber das ist natürlich billig: Für den eigenen Namen kann der Mann schließlich nichts. Und damit ist auch alles in bester Ordnung, denn da Hawaii zu den Vereinigten Staaten von Amerika gehört, ist Barack Obama ein gebürtiger Amerikaner – so wie es die US-Verfassung von einem Präsidenten verlangt: »Niemand außer einem geborenen Amerikaner, oder einem amerikanischen Staatsbürger zum Zeitpunkt der Annahme dieser Verfassung, kann in das Amt des Präsidenten gewählt werden«, heißt es in Artikel 2, Absatz 1. Außerdem muss ein angehender US-Präsident mindestens 35 Jahre alt sein und seit 14 Jahren in den USA gelebt haben. Noch Fragen?

Wer ist der US-Präsident wirklich?

Durchaus: Während Barack Obama die letzten beiden Kriterien zweifellos erfüllt, ist man sich in den USA dagegen inzwischen nicht mehr so sicher, ob er auch wirklich ein gebürtiger Amerikaner ist. Ja, es kommt noch dicker: Man weiß eigentlich auch nicht genau, wie der Mann wirklich heißt oder ursprünglich hieß, sprich: wer er wirklich ist. Und diese Zweifel sind in der Tat niederschmetternd, denn sie stehen wohl für die größte Verfassungskrise der Vereinigten Staaten seit deren Gründung (von der hierzulande freilich niemand redet). Denn sollte Barack Obama kein gebürtiger Amerikaner sein, ist seine Präsidentschaft illegal. Und ist Barack Obama ein illegaler Präsident, sind sämtliche von ihm seit seinem Amtsantritt am 20. Januar 2009 unterzeichneten Gesetze, Verordnungen und Verträge im Prinzip null und nichtig – und die USA quasi seit dem 20. Januar 2009 »eingefroren«.

Und das ist nicht etwa eine Verschwörungstheorie, sondern die bittere Wahrheit. Denn ob Sie es glauben oder nicht: Der Präsident der Vereinigten Staaten, Barack Hussein Obama, war bis zum 27. April 2011 nicht in der Lage, eine gültige Geburtsurkunde zu präsentieren. Ja, noch schlimmer: Die bis dahin von ihm präsentierte erste Geburtsurkunde war eine offensichtliche Fälschung. Daher nun der prominente Termin im Weißen Haus: Weil die Medien vor zwei Wochen, als es um eine wichtige Haushaltsdebatte ging, nur mit dieser leidigen Angelegenheit beschäftigt gewesen seien, habe man sich entschlossen, nunmehr neue Informationen über seine Geburt zu veröffentlichen, sagt Barack Obama. Und diese neuen Informationen sind die Langform seiner Geburtsurkunde.

Eine Urkunde ohne Stempel

Offenbar gibt es in den USA zwei verschiedene Geburtsdokumente: eine ausführliche Langform und eine Kurzform für einfache Verwaltungsvorgänge wie die Beantragung eines Führerscheins etc. Die bereits erwähnte erste Geburtsurkunde von Obama, die sogenannte Kurzform, wurde 2008 als PDF-Dokument veröffentlicht. Sofort fiel sie beim Publikum durch. Das muss man sich ähnlich vorstellen wie bei der Doktorarbeit von Karl-Theodor zu Guttenberg: Auch die Geburtsurkunde von Obama wurde im Internet diskutiert und untersucht, und siehe da: Es war eine für jeden nachvollziehbare Fälschung. Besondere Verdienste erwarb sich dabei der Adobe-Experte Albert Renshaw aus Georgia, der die Analyse der Geburtsurkunden auf seinem Computer vorführte und das Ganze als Video mitschnitt (zu besichtigen auf seinem YouTube-Kanal »orangegold1«, die deutsche Fassung auf meinem Kanal »WisnewskiGerhard«). Dabei verglich er Obamas Geburtsurkunde mit anderen Geburtsurkunden aus Honolulu, Hawaii. Das Ergebnis war vernichtend. Zum Beispiel

- fehlte auf der Obama-Urkunde der Behörden-Stempel.
- unterschieden sich die Formulierungen der Obama-Urkunde von anderen Geburtsurkunden mit derselben Formularnummer (»Rev. 11/01«). Steht zum Beispiel bei den echten Urkunden »Date accepted by State Registrar«, so steht bei Obama nur »Date filed by Registrar«.

Ein und derselbe Vordruck mit anderen Formulierungen? Das kann wohl nicht sein. Mit anderen Worten, es handelte sich um ein künstlich fabriziertes Dokument. Die beiden Punkte waren der K.-o.-Schlag für das Papier. Deshalb sollte der 27. April 2011 nun der Befreiungsschlag werden. Allerdings wurde es ein Schuss in den Ofen. Denn die Veröffentlichung der Langform der Geburtsurkunde auf der Website des Weißen Hauses am 27. April 2011 machte es nicht besser. Im Gegenteil: Denn dieses zweite Dokument war so offensichtlich gefälscht, dass überhaupt kein Stein mehr auf dem anderen blieb. Angeblich sollte das PDF-Dokument ein Scan eines Papier-Dokumentes sein. Scannt man ein Papier-Dokument jedoch ein, wird es in Programmen wie beispielsweise Adobe Illustrator (mit denen man PDF-Dateien herstellen kann) nur in einer Ebene dargestellt. Nur Veränderungen an einem Dokument werden in verschiedenen Ebenen dargestellt. Fügt man in Illustrator beispielsweise etwas hinzu, etwa einen Strich, legt Illustrator dafür eine neue Ebene an. Das muss man sich vorstellen wie verschiedene transparente Folien, die übereinanderliegen und zusammen das ganze Dokument ergeben. Man kann die einzelnen Ebenen (»Folien«) auch ein- und ausschalten, so dass die Änderung mal da ist, mal verschwindet. Beim Einscannen eines Papierdokumentes gibt es jedoch überhaupt keine verschiedenen Ebenen, denn der Scanner kann hier ja gar keine verschiedenen Ebenen unterscheiden.

Die verschiedenen Ebenen der Wahrheit

Öffnete man jedoch Obamas zweite Geburtsurkunde mit Adobe Illustrator, erlebte man eine Überraschung. Sofort gingen über ein Dutzend verschiedene Ebenen auf:

- Im Wesentlichen bestand das Dokument aus einer rudimentären Unterlage, in die zahlreiche Buchstaben, Stempel und andere Schnipsel hineingebastelt worden waren.
- Stempel, wie beispielsweise das Datum der Urkunde (»AUG. 8 1961«), erschienen in verschiedenen Farben. Während die

»1«, die »9« und die »1« in der Jahreszahl tiefschwarz erschienen, waren die anderen Buchstaben nur grau und ließen sich leicht »wegklicken«, weil sie sich auf einer anderen Ebene befanden.
- Unterschriften waren ganz offensichtlich nur zum Teil mit einem Stift gezogen worden – zum anderen Teil mit der Computermaus. Denn anders als handgeschriebene Unterschriften, die aus verschiedenen Grautönen bestehen, je nachdem wie stark der Stift aufgedrückt wurde, waren diese Linien einfarbig schwarz. Ein Ding der Unmöglichkeit bei einem auf Papier schreibenden Stift.

Daher braucht man letztlich nicht einmal Adobe Illustrator, um den Schwindel zu entlarven: Laden Sie einfach das Dokument von der Website des Weißen Hauses herunter, öffnen Sie es in Adobe Acrobat (oder drucken Sie es aus), und Sie werden die Fälschung mit bloßem Auge erkennen. Offensichtlich war das Dokument auf dem Computer zusammengestellt und dann als PDF ins Netz gestellt worden – allerdings ohne sicherzustellen, dass alle Bestandteile nur in einer Ebene erscheinen. Die einfachste Methode, um dies zu erreichen, hätte darin bestanden, das Dokument einmal auszudrucken und wieder einzuscannen – weg sind alle Ebenen. Aber ob man es glaubt oder nicht – so viel Zeit war im Weißen Haus offenbar nicht. Die Fälschung ließ sich auch nicht dadurch entkräften, dass manche behaupteten, das Papier sei nach dem Scannen durch eine Texterkennungssoftware gelaufen, wodurch die Unregelmäßigkeiten entstanden seien. Denn was wäre das für eine Software, die ein wichtiges Dokument hinterher wie eine Fälschung aussehen ließe? Zum Zweiten musste man nur die Probe aufs Exempel machen, das Dokument in Adobe Acrobat öffnen und auf »Text« klicken. Diese Funktion zeigt jeden in dem Dokument erkannten Text an. Und dabei stellte sich heraus, dass an der Sache mit der Texterkennung nichts dran war: Die Obama-Geburtsurkunde enthielt keinen erkannten Text, war also nie durch eine Texterkennungssoftware gelaufen.

Obama – ein Kenianer?

Aber keine Sorge: Es gibt vielleicht doch noch eine echte Geburtsurkunde von Barack Obama. Allerdings stammt sie nicht aus den USA, sondern aus Mombasa, Kenia. Wie er in ihren Besitz kam, schilderte der Amerikaner Lucas Daniel Smith in einer eidesstattlichen Erklärung vom 3. September 2009 und in einem Brief in 535-facher Ausfertigung an den Kongress vom 4. Juli 2010. Die Sendung an den Kongress bestand aus einem fünfseitigen Brief, in dem Smith die Umstände seiner Entdeckung schilderte, und einer Kopie der Obama-Geburtsurkunde aus Kenia. Demnach bereiste Smith im Februar 2009 Kenia für zoologische Studien. Bei seiner Ankunft in Nairobi wunderte er sich über die vielen Fragen, die ihm gestellt wurden: Wie er es finde, dass die USA von einem Kenianer regiert würden. Zunächst dachte er, die Fragen bezögen sich in Wirklichkeit auf Barack Obamas Vater, der unstreitig in Kenia geboren wurde und denselben Namen trägt wie der US-Präsident. Nach eineinhalb Tagen in Nairobi wurde Smith jedoch klar, dass die Leute tatsächlich Barack Obama junior meinten, den Präsidenten der Vereinigten Staaten: »Sie bezogen sich auf Barack Obama juniors Geburt auf kenianischem Boden.« Ja, noch schlimmer: Die Kenianer machten sich lustig über die gutgläubigen Amerikaner, die ihren Präsidenten für einen geborenen Landsmann hielten, während seine kenianische Geburt in seinem wirklichen Geburtsland ein offenes Geheimnis war.

Smith vergaß seine zoologischen Studien und will herausgefunden haben, dass sich eine Geburtsurkunde Obamas in den Akten des Coast Province General Hospital in Mombasa befand. Also sei er nach Mombasa gereist, wo er jedoch feststellen musste,

dass ihm nicht einmal der Zutritt zu dem Krankenhaus erlaubt wurde. Allerdings ist in Ländern wie Kenia alles eine Frage des Preises. Und so will Smith am 19. Februar 2009 nach der Zahlung von 200, 500 und 5000 Dollar schließlich mit einer beglaubigten Kopie der Geburtsurkunde Barack Obamas aus dem Krankenhaus marschiert sein.
Betrachtet man diese Kopie als hochauflösendes PDF, fallen einem jedenfalls auf den ersten Blick keine eklatanten Ungereimtheiten auf wie bei den beiden hawaiianischen Geburtsurkunden Barack Obamas. Ob dieses Dokument nun echt ist oder nicht: Noch vor wenigen Jahren, als sich Obama für den US-Senat bewarb, war seine kenianische Geburt gar kein Geheimnis. Und so meldete der *Sunday Standard* noch am 27. Juni 2004 fröhlich: »In Kenia geborener Obama ist bereit für den US-Senat«.

30. April Charisma und Hochstapelei: Die mächtigste Marionette der Welt

Washington Hilton, 20 Uhr. Barack Obama ist immer noch Thema. Schließlich ist er der mächtigste Mann der Welt – oder die mächtigste Marionette der Welt, wie man's nimmt. An diesem Abend lädt er zum White House Correspondents Dinner, einem festlichen Abendessen, das der Präsident der Vereinigten Staaten seit 1921 für die am Regierungssitz akkreditierten Journalisten gibt. Seine Ansprache dauert etwa 18 Minuten. Doch ich will nicht vorgreifen. Die Ansprache wird noch Thema sein. An dieser Stelle nur so viel: Irgendetwas stimmt nicht mit der Videoaufnahme von dem Auftritt, die das Weiße Haus auf seine Website gestellt hat. Bei Minute 5:10 zum Beispiel sagt Obama: »Natürlich ist da jemand, auf den ich mich immer verlassen kann: meine wundervolle Frau Michelle«, wobei er mit der rechten Hand nach rechts weist. Es folgt ein Schnitt, doch wer erwartet hatte, in dem Video nun Michelle Obama zu sehen, wird enttäuscht. Von Michelle keine Spur. Stattdessen erscheint applaudierendes Saalpublikum im Bild. Bei Minute 8:20 dasselbe Spiel. Diesmal nimmt Obama, der ein weißes Hemd trägt, Bezug auf den anwesenden Multimillionär Donald Trump, der ihm in der Geburtsurkunden-Affäre zugesetzt hatte. Doch wieder folgt ein Zwischenschnitt auf eine völlig andere Person im Publikum. Obama redet anschließend noch eine ganze Weile über Trump, doch statt ihn endlich einmal zu zeigen, zeigt die Kamera bei Minute 9:48 wiederum einen Tisch mit gänzlich anderen Gästen. Bei Minute 10:03 sieht man – von hinten nach vorne aufgenommen – eine Totale des gesamten Saalpublikums. Und da endlich erfährt man des Rätsels Lösung, denn nun kommen ganz weit vorne auch die Saalmonitore ins Bild: Der Mann, der da redet, ist überhaupt nicht Obama. Es ist ein Weißer mit einem blauen Hemd. Die Zwischenschnitte mit dem Saalpublikum stammen also überhaupt nicht von der Obama-Rede.

Eine Frage: Schafft es das Weiße Haus nicht einmal, einen trivialen Videofilm von einer Rede unverfälscht ins Netz zu stellen? Bei dem Fernsehsender C-SPAN sieht man die echten Zwischenschnitte: Michelle Obama ebenso wie Donald Trump. Nun gut, könnte man sagen, das Weiße Haus hatte eben nur eine Kamera im Saal und keine Rechte an den Aufnahmen der anderen Kameras. Also hat man einfach Aufnahmen von einer anderen Veranstaltung dazwischengeschnitten. Dadurch wird die Rede ja nicht verfälscht. Das mag sein, aber wie hemdsärmlig hier mit Dokumenten und historischen Ereignissen umgegangen wird, gibt zu denken. Und es erinnert daran, wie schludrig die beide Geburtsurkunden von Obama zusammengeschustert worden waren. Kurz: Durch die zusammengeschnittene Obama-Rede wird einmal mehr die absolute Gleichgültigkeit des Weißen Hauses im Umgang mit Dokumenten und geschichtlichen Wahrheiten demonstriert. Und diese Gleichgültigkeit ist das eigentlich Erschreckende. Denn hier wird offenbar nicht etwa nur im äußersten Notfall, sondern gewohnheitsmäßig gefälscht – auch bei geringen Anlässen. Die Sache mit dem Videofilm bringt einen auf die Idee, dass die Fälschungen der Geburtsurkunde nicht etwa eine Ausnahme waren, sondern dass das Weiße Haus häufiger so mit Dokumenten umgeht, nach dem Motto: Wahrheit und Realität spielen überhaupt keine Rolle. Und ob es jemand merkt, auch nicht. Das Beispiel mit dem blauen Hemd in der Rede von Obama könnte erklären, warum auch die Geburtsurkunden so plump gefälscht wurden – nämlich weil es Obama völlig egal ist, ob das jemand merkt. Und das wirft eine ganze Menge weiterer Fragen auf: Warum ist Obama das egal? Spielt es angesichts der totalen Systemkrise ohnehin keine Rolle mehr? Oder hat man inzwischen so viel Macht, dass man sich alles erlauben darf? Oder fälscht ein Charismatiker wie Obama einfach gewohnheitsmäßig?

Alles Bluff, oder was?

Stopp – ist Letzteres nicht ein interessanter Gedanke? Die Frage drängt sich schließlich auf, denn immerhin hatten wir in diesem Jahr noch einen anderen äußerst prominenten und charismatischen Hochstapler, nämlich Karl-Theodor zu Guttenberg. Aber in welcher Beziehung stehen Charisma und Hochstapelei? Sollten wir von Charismatikern demnach grundsätzlich Abstand nehmen? Sind praktisch alle Charismatiker Hochstapler und alle Hochstapler Charismatiker? »Die Deutungsmuster der Psychoanalyse lassen beim Charismatiker auf einen pathologischen Kern schließen, der ihn in die Nähe des Hochstaplers rückt«, schreiben Christian Saehrendt und Steen T. Kittl in ihrem Buch *Alles Bluff! Wie wir zu Hochstaplern werden, ohne es zu wollen, oder vielleicht doch?* (München 2011). Aber wodurch entsteht die Nähe zwischen Hochstapelei und Charisma? Durch Zufall? Durch ähnliche Charakterzüge? Oder durch kausale Vorgänge? Die Antwort: Das eine ist die Bedingung für das andere. Ein Hochstapler kommt ohne Charisma gar nicht aus. Da ein Hoch-

stapler die Qualitäten, die er vortäuscht, in Wirklichkeit nicht besitzt, muss er über ein gewisses Charisma verfügen, um die Menschen zu blenden und zu verführen. Das Charisma muss so stark sein, dass niemand Fragen stellt: nicht dem Baulöwen Jürgen Schneider nach seiner Bonität, nicht dem falschen Krankenhausarzt Dr. Dr. Clemens Bartholdy (in Wirklichkeit Postbeamter) nach der Echtheit seiner Doktortitel, nicht Karl-Theodor zu Guttenberg nach seiner Doktorarbeit und nicht Barack Obama nach seiner Geburtsurkunde. Dass ein solches Charisma gefährlich ist, liegt auf der Hand. Denn damit schaffen es nicht qualifizierte und nicht legitimierte Menschen, Macht auszuüben. »Ich habe erlebt, dass Charismatiker hinterher mehr Unheil gestiftet haben, als sie sich selber vorgestellt haben«, sagte Altbundeskanzler Helmut Schmidt am 22. Februar 2010 in der Talkshow »Beckmann« in Bezug auf Barack Obama: »Immerhin – Adolf Hitler war auch ein Charismatiker.« Auch Stalin und Mao Tsetung seien Charismatiker gewesen, sagte Schmidt.
Als Journalisten einmal Barack Obamas Autobiographie *Dreams from My Father* genauer unter die Lupe nahmen, »entpuppten sich viele Details seiner Biographie als reine Fiktion«, so Saehrendt und Kittl. »Eine berufliche Station bei einem ›Beratungsunternehmen für internationale Konzerne‹ entpuppte sich als informeller Kleinbetrieb, der einen Finanz-Newsletter herausgab. Obama redigierte lediglich die Beiträge ausländischer Korrespondenten.«
Genau das Gleiche finden wir bei Guttenberg. Auch der hatte seine Biographie über seine getürkte Doktorarbeit hinaus aufgemöbelt: »Aus mehrwöchigen Praktika als Student wurden ›berufliche Stationen in Frankfurt und New York‹: So schreibt er auf seiner Internet-Seite. Eine siebenjährige Mitgliedschaft im Aufsichtsrat der Rhön Klinikum AG machte sich vor zwei Jahren gut als Beweis für die ökonomische Kompetenz des jungen Wirtschaftsministers – auch wenn sie nach Aussagen von Be-

kannten nur auf dem Papier stand. Und ein mehrwöchiges Praktikum bei der Zeitung *Die Welt* wird in Guttenbergs Lebenslauf zu einer Tätigkeit als ›freier Journalist‹« (*Frankfurter Allgemeine Sonntagszeitung,* 20.2.2011).

Charisma und Hysterie

Guttenberg ist nicht etwa ein Lausbub, ein Hallodri oder ein sympathischer Filou. Sein Charisma ist vielmehr gefährlich. Denn es korrespondiert mit archaischen Schichten der menschlichen Psyche, die sich für Recht und Moral, Gesetz und Diplome herzlich wenig interessieren:

- Das Volk mag keinen Afghanistan-Krieg – aber es liebt den, der ihn führt.
- Das Volk hat das politische Establishment satt – aber es liebt einen seiner vordersten Repräsentanten.
- Das Volk mag keine lügenden und täuschenden Politiker – aber es mag Karl-Theodor zu Guttenberg.
- Das Volk empört sich über Rechtsbrüche von Politikern – nicht aber über die von Karl-Theodor zu Guttenberg.

Behaupten jedenfalls die Medien. Aber auch ich selbst habe festgestellt, dass man mit Kritik an Guttenberg plötzlich auf härtesten emotionalen Widerstand stößt. Es stellte sich heraus, dass sich viele von Guttenbergs Anhängern aus seinen Betrügereien gar nichts machten, sondern diese verniedlichten und abwehrten und auf Kritik an ihrem Idol hysterisch reagierten. Was macht Guttenberg emotional so unangreifbar? Aus meiner Sicht gibt es da zwei Faktoren:

1. das Umfeld
2. sein Charisma

Wie heißt es so schön: »Unter den Blinden ist der Einäugige König.« In einem Umfeld peinlicher Persönlichkeiten von Angela Merkel bis Helmut Kohl, von Renate Künast über Klaus Wowereit bis Claudia Roth und von Frank-Walter Steinmeier bis Sigmar Gabriel fängt ein einigermaßen gutaussehender Mann mit (jedenfalls nach außen) intakter Familie plötzlich an zu glänzen wie ein einzigartiges Juwel. Das betont korrekte Auftreten, die betont akkurate Ausdrucksweise und natürlich auch die vorzeigbare Familie hoben ihn aus der Masse der Politiker hervor. Die Guttenbergs machten überall eine gute Figur. Aber man stelle sich vor, der smarte Freiherr müsste bei einer TV-»Elefantenrunde« plötzlich zwischen Persönlichkeiten wie Willy Brandt, Helmut Schmidt oder vielleicht Richard von Weizsäcker sitzen. Zweifellos würde er dann auf Realgröße schrumpfen und wie ein ehrgeiziger Emporkömmling aus der Jungen Union erscheinen. Der Aufstieg Guttenbergs ist daher erstens ein Ausdruck der totalen personellen Verarmung der politischen Landschaft. Zweitens gab es da noch eine »hysterische Komponente«: Hysterie ist sozusagen das Schloss, in das der Schlüssel des Charismatikers passt. Als irrationale Raserei oder Schwärmerei ist Hysterie ebenfalls besonders gefährlich und ein Merkmal totalitärer Herrschaft, besonders wenn sie als Massenhysterie auftritt. Charismatiker und Hysteriker sind die zwei Seiten der Medaille totalitärer Herrschaft. Es spricht vieles dafür, dass die tiefe Bindung zwischen Charismatiker und Hysteriker letztlich sexuell bestimmt und daher erstens sehr stark ist und zweitens der Ratio tatsächlich nicht zugänglich ist. Die Wirkung des Charismatikers auf manche Menschen ist vergleichbar einem Sirenengesang – wehe, man erliegt ihm. Dann läuft man Gefahr, abhängig zu werden und »den Kopf zu verlieren« – eine weitere Bedingung totalitärer Herrschaft. Das immer wieder angekündigte baldige »Comeback« Guttenbergs ist so gesehen eine wirklich finstere Drohung.

Auf der anderen Seite bedeutet Abwesenheit von Charisma noch lange nicht die Abwesenheit totalitärer Herrschaft, wie die durch und durch uncharismatische Regierung von Erich Honecker oder auch die derzeitige deutsche Bundesregierung beweist, die Tag für Tag an der Gängelung des Bürgers arbeitet. Aber wie ist es umgekehrt? Muss jeder Charismatiker auch ein Hochstapler sein? Eine gute Frage. Während Charisma bei einem Hochstapler als notwendige Bedingung erscheint, ist das umgekehrt offenbar nicht der Fall. Der erwähnte Altbundeskanzler Helmut Schmidt scheint dafür das beste Beispiel zu sein. Er verbindet Charisma ausnahmsweise mit Kompetenz. In Wirklichkeit scheint das Charisma also nicht zwingend mit Hochstapelei verbunden zu sein. Aber zweifellos verführt es dazu. Da Charisma als Ersatz für Leistung akzeptiert wird, ist die Versuchung natürlich groß, sich letztlich nur auf das eigene Charisma zu verlassen. Denn warum sollte man noch etwas leisten, wenn einem alles »auch so« zu Füßen gelegt wird?

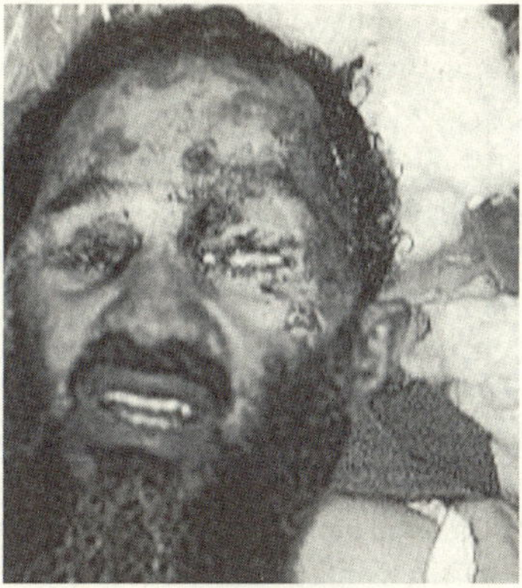

Thema des Monats *2.5.:*
USA: Wie Obama einmal Osama fing

2.5. Die USA finden und töten angeblich Osama bin Laden in Abbottabad/Pakistan **3.5.** EU und Internationaler Währungsfonds sagen Portugal Finanzhilfen in Höhe von 78 Milliarden Euro zu **9.5.** In Deutschland beginnt eine Volkszählung **18.5.** Nach Vergewaltigungsvorwürfen tritt der Vorsitzende des Internationalen Währungsfonds, Dominique Strauss-Kahn, zurück ***21.5. Facebook-Aktivisten planen eine Revolution in Deutschland*** **24.5.** Laut dem japanischen Energieversorger Tepco ist es bei der Nuklearkatastrophe von Fukushima in den Reaktorblöcken 2 und 3 zu einer Kernschmelze gekommen **25.5.** Die Schweizer Bundesregierung empfiehlt den Ausstieg aus der Atomenergie bis 2034 ***28.5. Dänemark plant Wiedereinführung von Grenzkontrollen*** **31.5.** Der Wetter-Moderator Jörg Kachelmann wird vom Vorwurf der Vergewaltigung freigesprochen

2. Mai Wie Obama einmal Osama fing ...

Es lässt sich nicht vermeiden, dass der Mann, der an diesem Sonntagabend im Weißen Haus zu Washington vor die Presse tritt, als wichtigster Akteur des Erdballs diesmal im Jahrbuch eine größere Rolle spielt. Nur zwei Tage nach dem White House Correspondents Dinner vom 30. April wirft er sich am 2. Mai 2011 schon wieder mächtig in die Brust. Es handelte sich um den dritten Versuch, die Geburtsurkunden-Affäre in den Griff zu bekommen. Nachdem die am 27. April präsentierte Langform der Urkunde als Fälschung entlarvt wurde und Obama beim White House Correspondents Dinner versucht hatte, die Affäre wie ein drittklassiger Conferencier wegzualbern, versucht er es diesmal nicht mit lauen Scherzen, sondern mit barer politischer Münze – anscheinend, jedenfalls: »Es ist fast zehn Jahre her, dass ein schöner Septembertag von der schlimmsten Attacke auf das amerikanische Volk in der Geschichte verdunkelt wurde. Die Bilder vom 11.9.2001 sind für immer in unserem nationalen Gedächtnis eingebrannt. ... Fast 3000 Menschen wurden uns genommen und hinterließen eine klaffende Lücke in unseren Herzen. ... Wir konnten schnell feststellen, dass die Anschläge des 11.9. von Al-Qaida begangen wurden, einer Organisation, die von Osama bin Laden geführt wurde, den USA offen den Krieg erklärt und sich dazu verschrieben hatte, unsere unschuldigen Bürger zu Hause und rund um den Globus zu töten. ... Deshalb erklärten wir Al-Qaida den Krieg.« In den letzten zehn Jahren habe man »dank der unermüdlichen und heldenhaften Arbeit unseres Militärs und unserer Anti-Terror-Experten« im Kampf gegen Al-Qaida »große Fortschritte gemacht. Wir haben Terroranschläge verhindert und unsere Verteidigung verstärkt.« Nur Osama bin Laden habe sich dem Zugriff entzogen und sei über die Grenze von Afghanistan nach Pakistan geflohen, während

Al-Qaida weiter von der Grenze aus operiert habe. Aber »heute Abend« könne er »dem amerikanischen Volk und der Welt berichten«: In der Nacht zuvor sei auf seinen Befehl hin Osama bin Laden in einem Haus in Pakistan aufgespürt und getötet worden. Kurz nach seiner Amtsübernahme habe er, Barack Obama, CIA-Chef Leon Panetta angewiesen, »der Tötung oder Gefangennahme Osama bin Ladens höchste Priorität einzuräumen«, erklärte Obama in möglichst entschiedenem Tonfall – ganz so, als wäre er wirklich ein richtiger Präsident. Und ganz so, als könnte er dem CIA-Chef wirklich irgendwelche Befehle erteilen. Dann sei er im August 2010 über eine mögliche Spur zu bin Laden informiert worden. »Es war alles andere als sicher«, versuchte Obama seinen Vortrag möglichst dramatisch zu gestalten, »und es dauerte viele Monate, um der Sache auf den Grund zu gehen.« Schließlich jedoch habe er letzte Woche entschieden, »dass wir genug in der Hand haben, um zu handeln. Ich genehmigte eine Operation, um bin Laden zu fassen und ihn der Gerechtigkeit zuzuführen. Heute unternahmen die Vereinigten Staaten unter meinem Befehl eine Aktion gegen jenes Anwesen in Abbottabad, Pakistan. Ein kleines Team von Amerikanern führte die Operation durch, mit außergewöhnlichem Mut und Können. Amerikaner wurden dabei nicht verletzt, und es wurde Sorge getragen, zivile Opfer zu vermeiden. Osama bin Laden wurde bei einem Feuergefecht getötet und seine Leiche beschlagnahmt.«
Wow! Obama kam, sah und siegte! Ein Kerl wie Samt und Seide – oder, wie eine Zeitung einmal über den deutschen Bankier Alfred Herrhausen schrieb: »aus Samt und Stahl zugleich«! Im Jahr zehn nach den Attentaten des 11.9.2001 pustete Obama den Bösewicht, der angeblich die Türme des World Trade Center zum Einsturz gebracht hatte, einfach weg! Aber ehrlich gesagt, dieser Erfolg war auch dringend nötig.

Ein Ereignis, das keine Minute zu früh kam. Das Erste, was an dieser Rede auffiel, war, wie sehr sich Obama darum bemühte, den Eindruck zu erwecken, die Aufspürung und Tötung des Top-Terroristen sei sein Verdienst:

- *Er* habe CIA-Chef Panetta »angewiesen«.
- *Er* habe »entschieden«.
- *Er* habe »autorisiert«.

Ganz offensichtlich sollte die Hinrichtung bin Ladens voll auf dem Konto Obamas verbucht werden. Schließlich gab es außer der Geburtsurkundenaffäre ja auch noch weitere schwerwiegende Probleme: den illegalen Krieg gegen Libyen, gegen den der Kongress den Aufstand probte; die astronomischen Staatsschulden, welche die USA an den Rand der Zahlungsunfähigkeit brachten; und den zehnten Jahrestag von 9/11, zu dem man endlich einen Erfolg vorweisen musste. Was lag da näher, als den bedrängten Präsidenten den »Endsieg« über den verhassten Feind feiern zu lassen?
Das Bild des angeblich in Abbottabad, Pakistan, getöteten bin Laden ging um die Welt und wurde in sämtlichen namhaften Medien präsentiert: Mal sah man nur den schwarzen Bart und den halb offenen Mund bin Ladens, während die Augenpartie gepixelt wurde. Dann wieder sah man das ganze Gesicht der angeblichen Bin-Laden-Leiche: unten der schwarze Bart, oben die eingefallene Augenpartie. »Foto von totem Terror-Chef veröffentlicht!«, jubelte die Münchner *tz*. Und auch *Spiegel Online* zeigte das Bild der Osama-Leiche. Dabei wurde die eigentliche Leistung noch nicht einmal hinreichend gewürdigt. Denn braucht es wirklich jahrelange Recherchen und ein todesmutiges Sonderkommando, um Osama bin Laden als Leiche zu präsentieren? Nicht unbe-

dingt. Die gute Nachricht: Es geht auch einfacher. Und so viel billiger für den Steuerzahler. Und Zivilisten werden dabei auch nicht gefährdet. Es sei denn, sie verstauchen sich die Finger an der Computertastatur.

Man nehme: eine Leiche …

Man nehme: zunächst ein Bild des lebendigen Osama bin Laden. Dann spiegele man das Bild horizontal, so dass es seitenverkehrt erscheint. Dann suche man noch ein Bild einer Leiche. Und anschließend nehme man den unteren Teil des lebendigen Osama mit dem Bart und schneide ihn der Leiche ins Gesicht. Noch ein paar Farbkorrekturen und Justierungen, und fertig ist der tote Osama. Kurz: Das Bild der Leiche Osama bin Ladens, das am 2. Mai 2011 um die Welt ging, war – schon wieder – eine plumpe Fälschung. Und zwar so plump, dass man sie schon auf den zweiten Blick erkennen konnte. Besonders fiel die Diskrepanz zwischen der offenbar halb mumifizierten Augenpartie und dem gepflegten Bart, den gut durchbluteten Lippen und den weißen Zähnen der »Leiche« auf (siehe dazu das Video »Wie Barack Obama einmal Osama bin Laden fing …« auf meinem YouTube-Kanal).

War das Ganze also schon wieder ein Schwindel – wurde Osama bin Laden am Ende gar nicht in Abbottabad gestellt und erschossen? Papperlapapp: Schließlich gab es ja die echte Leiche: »Osama bin Laden wurde bei einem Feuergefecht getötet und seine Leiche beschlagnahmt«, hatte schließlich sein Fast-Namensvetter und Fast-US-Präsident Barack Obama geprahlt. Also würde man der Welt doch nun die Leiche präsentieren und zum Beispiel mit hochinteressanten Obduktionsergebnissen aufwarten können: Litt bin Laden unter irgendwelchen Gebrechen? Hatte er wirklich eine Nierenerkrankung, wie schon seit Jahren spekuliert wurde? Wenn es da nicht ein kleines Problem gäbe – ein winzig kleines nur, versteht sich: Die Leiche war weg. Weg? Wieso weg? Nun, die heldenhaften Amerikaner hatten, kaum waren sie des teuflischen Terrorfürsten habhaft geworden, dessen Körper sogleich wie eine heiße Kartoffel fallen gelassen – und zwar ins Meer!

Was geschah wirklich in der Todesnacht?

Nun besagt eine alte Faustregel der Kriminalistik: ohne Leiche kein Fall. Ob es einen Mord oder eine Schießerei gab, lässt sich im Grunde nur beweisen, wenn es eine Leiche gibt. Wenn nicht, fehlt der wichtigste Beweis für die Tötung eines Menschen. Nochmals Papperlapapp: Denn die Amerikaner behaupteten, die Navy Seals hätten einen DNA-Schnelltest dabeigehabt und durchgeführt und damit die Identität Osama bin Ladens nachweisen können. »US-Elitesoldaten haben offenbar tatsächlich El-Kaida-Chef Osama bin Laden erschossen«, staunte *Focus Online*: »Kreisen zufolge brachte zudem ein DNA-Test Gewissheit.« »Kreisen zufolge«? Was für Kreise die *Focus*-Redakteure bei diesem Artikel vor Augen hatten, wurde leider nicht mitgeteilt. »Eine DNA-Probe bin Ladens war mit Erbgut von Verwandten abgeglichen worden«, schrieben sie unverdrossen weiter: »Das Ergebnis zeige zweifelsfrei, dass es der Terroristenführer war, der durch die Kugeln des US-Spezialkommandos starb.«

Nur machte das die Sache kaum besser. Denn nach wie vor musste man dabei den Behauptungen von US-Militärs glauben – und dass die lügen wie gedruckt, dürfte inzwischen Allgemeingut sein. Was also wirklich an der angeblichen Osama-Leiche festgestellt wurde, lässt sich nur schwer überprüfen, solange die Leiche verschwunden ist. Und das dürfte sie sehr lange bleiben, denn was das Meer einmal verschluckt hat, rückt es so schnell nicht wieder heraus.

Kurz: An der Sache stimmte überhaupt nichts. Das größte Problem war wohl, dass sich das Pentagon nicht auf eine verbindliche Lüge einigen konnte. Hieß es zunächst, bin Laden sei bewaffnet gewesen und quasi in Notwehr erschossen worden, wurde

Das Ausgangsbild für die gefälschte Osama-Leiche. Das Bild des lebendigen Osama wurde gespiegelt, anschließend die untere Gesichtspartie ausgeschnitten und in das Bild einer echten Leiche hineingeklebt (siehe S. 153).

wenig später mitgeteilt, der angebliche Terrorchef sei überhaupt nicht bewaffnet gewesen. Hieß es zunächst, eine junge Frau habe sich fanatisch als Schutzschild vor bin Laden geworfen (*Welt.de*, 5.5.2011), wurde später korrigiert, eine Frau habe bin Laden identifiziert und an die Navy Seals verraten. Die Widersprüche waren so abenteuerlich, dass sich selbst die *Bild*-Zeitung fragte: »Was geschah wirklich in der Todes-Nacht?«

Der explodierte Kopf

War also wirlich alles bloß Schwindel? Nichts da, hieß es schon bald aus dem Pentagon: CIA-Spezialisten hätten Fotos von der Leiche mit bekannten Fotos von bin Laden verglichen und dabei festgestellt, dass es sich mit 95-prozentiger Sicherheit um die Leiche bin Ladens handle. Beeindruckend. Zu dumm, dass der Sprecher des Weißen Hauses, Jay Carney, zuvor erklärt hatte, die Bilder seien »grausig«. In die Medien wurde in diesem Zusammenhang lanciert, bin Ladens Kopf sei nämlich »explodiert«. Wie konnte man dann aber bei einem Foto-Vergleich feststellen, dass es sich um bin Laden handle? Die Sache mit dem »explodierten« Kopf war eindeutig eine neue lancierte Medien-Ente, die begründen sollte, warum man kein echtes Foto von bin Laden vorzeigen konnte – und wenn, warum man bin Laden dann darauf nicht erkennen würde.

Wovon die Medien hierzulande lieber nichts berichteten: Es kam schließlich noch dümmer. Denn ein DNA-Experte aus Fort Worth, Texas, stellte fest, dass die US-Regierung keine glaubwürdigen DNA-Ergebnisse von Osama bin Ladens Leiche vorgelegt hatte und dass deshalb sämtliche Medienberichte über die angebliche Osama-DNA fragwürdig seien. Das schrieb die Website der *Fort Worth Business Press* am 6. Mai 2011. Und dabei zitierte das Blatt nicht irgendwen, sondern Professor Bruce Budowle von der Abteilung für Forensische Genetik der University of North Texas. »Nach dem, was ich bisher gesehen habe«, so

Budowle, der sechsundzwanzig Jahre für das FBI gearbeitet hat, »gibt es in dem, was bisher präsentiert wurde, einige Inkonsistenzen, und die Gründe dafür sind unbekannt.« Die veröffentlichten Resultate enthielten inkonsistente Werte, fuhr der Forensik-Professor fort. Einmal sollte die DNA-Vergleichsprobe (mit der bin Ladens Leichenmaterial angeblich verglichen worden war) von einer Schwester bin Ladens stammen, dann wieder nur von einer Halbschwester: »Dennoch habe es eine 99,99-prozentige Übereinstimmung gegeben«, so Budowle: »Das allein zeigt, dass an den Berechnungen herumgedoktert wurde.«

Der Mann, der seine eigene Schwester war

Denn eine 99,99-prozentige Übereinstimmung von DNA-Material erhalte man nur, wenn die Vergleichsprobe von dem Betreffenden selbst stamme! Also zum Beispiel der klassische Fall, dass Sperma an einem Tatort mit dem Speichel eines Beschuldigten verglichen wird. Dabei kann es zu der fast 100-prozentigen Übereinstimmung kommen. Besitze man dagegen keine Vergleichsprobe des Betreffenden selbst, sondern vergleiche nur indirekt mit einer Probe eines Verwandten, erhalte man nur partielle Informationen, so dass die Aussagekraft reduziert sei, so Budowle. Es sei denn, man besitze eine ganze Reihe von Vergleichsproben von Verwandten. Kurz: Mit einer Schwester eine 99,99-prozentige Übereinstimmung zu erzielen ist unmöglich, es sei denn, Osama bin Laden wäre gleichzeitig seine eigene Schwester.

Aber keine Sorge, schließlich bekam der ebenso geheimnisvolle wie dubiose Leichnam doch noch einen Echtheitsstempel. Und zwar von der ebenso geheimnisvollen wie dubiosen Terrororganisation al-Qaida. Die soll ihrem Erzfeind, den Vereinigten Staaten, den Gefallen getan haben, dessen größten Sieg – nämlich die Tötung ihres Anführers – mit einer Erklärung im Internet zu bestätigen. Das Weiße Haus zeigte sich denn auch dankbar für die Schützenhilfe. »Die Erklärung bestätigt das Offensichtliche, nämlich dass Osama bin Laden getötet wurde«, sagte US-Regierungssprecher Jay Carney. Sieht man sich die Erklärung allerdings genauer an, ist sie erwartungsgemäß genauso viel wert wie all die widersprüchlichen Informationen und gefälschten Fotos zuvor. Veröffentlicht wurde sie in »Internetforen« und »unterschrieben« von »der allgemeinen Führung al-Qaidas« (*Spiegel Online,* 6.5.2011). Ein Beweis ist das natürlich nicht, denn ein solches »Dokument« kann schließlich jeder in ein Internetforum stellen …

21. Mai Die globale Revolution

München, Universität, 15.00 Uhr. Die Sonne scheint, ein leichtes Lüftchen weht, vor der Universität an der Ludwigstraße sprudeln die Brunnen. Neben dem Brunnen am Professor-Huber-Platz wurde Sand aufgeschüttet und eine Strandbar eingerichtet. Ein schöner, fauler Samstagnachmittag. Drei blonde Münchener Schönheiten nippen in ihren Liegestühlen an ihren Drinks. Moment – warum bin ich eigentlich hier? Ach ja – richtig: Wegen dieses Facebook-Aufrufs: »Democrazia Real ya! En Munich! Echte Demokratie jetzt! In München!« Nachdem von Nordafrika aus zunächst Spanien, wo seit dem 15. Mai 2011 Hunderttausende demonstrierten, mit der Revolution infiziert wurde, versuchen Facebook-Aktivisten nun in Deutschland einen Aufstand aufzuziehen. »Ort: U-Bahnhof Universität. Zeit: Samstag, 21. Mai 2011, 15.00.« Schon 22 Facebook-Nutzern »gefällt das!« Auf dem Internetportal herrscht ein fordernder, drängender Ton: »Gebt Eure Stimme nicht ab! Erhebt sie! Wartet nicht, bis jemand in Eurer Stadt etwas organisiert!« Man erkennt die Absicht, nämlich das Bemühen, einen künstlichen Flächenbrand zu entfachen – eine Revolution aus dem Nichts –, und ist verstimmt: »Erstellt einfach eine Veranstaltung, macht sie publik, ladet Freunde dazu ein und teilt uns diese mit!«, fordert ein »Facebooker« namens »Echte Demokratie jetzt«. Allerdings hält sich die revolutionäre Stimmung in München an diesem Nachmittag in Grenzen. Bei den drei Badenixen droht höchstens ein Aufstand, wenn ihnen ein zu warmer Drink serviert wird. Halt: Da stehen doch wirklich zwei südländisch aussehende Gestalten vor dem U-Bahn-Eingang und halten ein eilig hingekritzeltes Papier hoch: »Democracia ya! – Demokratie jetzt!«, steht in Spanisch darauf. Na also: Da ist sie ja, die Keimzelle der Bewegung! Aber niemand nimmt davon Notiz. Die Menschen plaudern, flanieren und genießen den frühen Sommer. Die beiden ernten nicht einmal verständnislose Blicke – sie werden vielmehr gänzlich ignoriert. Ob andere »Revolutionen« wohl auch so angefangen haben?

Hurra – es ist Wassermannzeitalter!

Schließlich treffe ich doch noch einen deutschen Demonstranten – einen kleinen Mann mit Kinnbart und kleiner Brille. In ganz Deutschland fange es jetzt an, sagt er begeistert: »Demnächst in ganz Europa, Lateinamerika, und Chile fängt auch schon an.« Wo man das denn erfahren könne, frage ich. Na, bei *Spiegel Online, Short News,* alle würden schon darüber berichten. Wo er denn von dem heutigen Termin erfahren habe, will ich wissen. »Wo erfährt man heutzutage Sachen: bei Facebook!«, sagt er schwärmerisch. Wogegen sich die Bewegung denn richte, forsche ich weiter. Nicht »wogegen«, korrigiert er mich – es sei eine Bewegung »*für* eine echte Demokratie. Ohne Korruption und … na ja: ohne Korruption eben.« Ob es da auch konkrete Forderungen gebe, frage ich. Ja, natürlich: »Echte Demokratie – jetzt! Mit mehr Bürgerbeteiligung, flüssiges Wählen, Volksabstimmungen, bei denen man im Internet seine Stimme abgeben kann.«

Warum jetzt keiner hier ist, kann er sich auch nicht erklären, aber das werde sich schon etablieren, »da können Sie nächsten Samstag wiederkommen«. Er hofft, dass sich die Demokratiebewegung vergrößern wird, in Spanien habe sie ja jetzt auch angefangen, sagt er und lächelt träumerisch: »Innerhalb von sechs Tagen steigt der Rest der Europäer mit ein, Südamerika, Nordamerika, na ja, Kanada nicht so, und die Amerikaner »wahrscheinlich ganz zum Schluss«, sagt er genervt: »Das ist so ein unerwachsenes Volk, das ist schrecklich.« Aber die Europäer würden das in ihren Ländern mit Sicherheit auch machen. »Es ist Wassermannzeitalter!«, ruft er begeistert. Und dann, als hätte er schon jede Menge »Wassermannzeitalter« erlebt: »Da passieren Sachen plötzlich, von einem Tag zum anderen.« Um die Zeit nach der »Revolution« macht sich der Mann offenbar nicht die geringsten Gedanken: Was passiert eigentlich, wenn ein Staatsgefüge aufgelöst wird, ohne dass eine konkrete Alternative existiert? Wer bemächtigt sich dann der Macht? Werden dann, wie in Ägypten, die Militärs regieren? »Da bin ich ja mal gespannt«, sage ich laut. »Ja, ich auch, aber ich mache ja auch mit«, sagt er begeistert. »Ich warte schon so lange drauf. – Na ja, hier in München haben wir ja noch eine ziemlich entspannte Situation«, meint er in einem plötzlichen Anfall von Realismus, »wir haben eigentlich gar nicht so viel Grund, zum Demonstrieren.« Ihm geht es ja auch nicht um München oder um Deutschland, ihm geht es »um diesen Planeten«. Kein Zweifel: Der Mann ist in Sachen Weltrettung unterwegs.

Grüße von Otpor Deutschland

Tatsächlich wurde an diesem Tag auch in anderen deutschen Städten zur Demo aufgerufen. »Solidaritätsplakat ist schon fertig! Hasta mañana!«, konnte man da auf Facebook lesen. »Ich bin dabei, camaradas!«, schrieb jemand anders. »Protestwelle erreicht Deutschland!«, lautete eine Überschrift. Herrje! Die Revolution schwappte jetzt nach Deutschland über! Und ob Sie's glauben oder nicht, auf einer Facebook-Seite reckte sich mir auch eine geballte weiße Faust vor einem schwarzen Hintergrund entgegen: Otpor Deutschland! Die Revolutionsprofis aus Serbien, die mit dem Geld amerikanischer Stiftungen bereits in 37 Staaten Aufruhr angezettelt hatten, waren jetzt auch hier angekommen (siehe

4. Januar: »Tunesien: Der Funke der Revolution«). »Aufstand in der arabischen Welt: Tunesien, Ägypten, Libyen, Bahrain, und in Europa geht es weiter«, schrieb Otpor Deutschland. Und das, so mussten bereits drei Dutzend Staaten auf dem Erdball erfahren, ist so gut wie eine Kriegserklärung. »Mit gewaltfreien Protesten auch die unsäglichen europäischen Diktatoren Merkel, Berlusconi, Sarcozy, Cameron und weitere vertreiben. Otpor zeigt, wie's geht.« So schnell kann Satire Wirklichkeit werden. Hatte ich meine kleinen YouTube-Filmchen von der »deutschen Revolution« gegen die »grausame Diktatorin« Merkel als satirisches und didaktisches Medienexperiment verstanden (siehe 25. Februar: »Die Revolution aus dem YouTube-Labor«), wurde ich nun von der Wirklichkeit überholt.

Kein Zweifel: Vor meinen Augen wurden im Internet und auf der Straße die ersten Samen zur Züchtung einer künstlichen Revolution in Deutschland ausgebracht. Seit den Tagen von George W. Bush müssen die Pläne vom »Größeren Nahen Osten« erheblich ausgeweitet worden sein – nämlich in Richtung auf den ganzen Globus. Auch Deutschland ist dran. Schon seit einigen Monaten kann man beobachten, dass die einschlägige globale Revolutionsliteratur auch auf Deutsch erscheint: Gene Sharps *Von der Diktatur zur Demokratie – ein Leitfaden für die Befreiung* (München 2011), Stéphane Hessels *Empört Euch!* (Berlin 2010) oder *Der kommende Aufstand* von einem »Unsichtbaren Komitee« (Hamburg 2010). Ein Autor namens »Unsichtbares Komitee«? Sehr beruhigend – finden Sie nicht?

Die revolutionäre Infrastruktur

Tatsache ist: Im Mai 2011»stand« im deutschsprachigen Internet bereits die gesamte revolutionäre Infrastruktur (siehe dazu auch meinen YouTube-Film »Wie dubiose Netzwerke in Europa die Revolution vorbereiten« vom 27.5.2011). Zentrum war eine Seite mit dem Namen »European Summer 2011«. Daraus ergab sich:

Die Revolution war für den Sommer 2011 geplant. »Jegliche Berichterstattung vergrößert das Interesse der Bevölkerung am European Summer«, konnte man da lesen: »Dies ist ein wichtiger Schritt, vom arabischen Frühling zum europäischen Sommer.« Wetterstrategisch würde das durchaus Sinn ergeben, denn für eine Revolution unter freiem Himmel waren der arabische Frühling und der europäische Sommer wohl am besten geeignet. Auf »European Summer 2011« gab es sämtliche denkbaren Kommunikationsinstrumente zur Vorbereitung einer Massenbewegung. Zum Beispiel verschiedene Twitter-Foren:

* #echtedemokratiejetzt
* #germanrevolution
* #europeansummer
* #spanishrevolution
* #europeanrevolution
* #worldrevolution

Außerdem:

* die aktuellen Demos & Termine in einem Google-Kalender
* ein European Summer Wiki (was immer das ist)
* ein Forum
* ein »Piratenpad« mit nützlichen Sprüchen wie »Wir sind ein Bild der Zukunft – auf der Straße schreiben wir Geschichte«. Oder »Ihr könnt die Revolution nicht kaufen. Ihr könnt die Revolution nicht machen. Ihr könnt nur die Revolution sein. Sie ist entweder in euch, oder sie ist nirgends.«

Ein Shop für Revolutionsbedarf

Wie man helfen konnte, wurde einem auf »European Summer 2011« auch noch gesagt: »Komm in unseren Chat (siehe oben) und sprich mit den unten genannten Personen oder frag einfach nach, was gerade ansteht.« Für ganz Eifrige gab es gar eine To-do-Liste. Außerdem einen IRC-Chat und einen Shop für Revolutionärsbedarf. Und da gingen einem wirklich die Augen über. Dort fand man ähnlich hohle Phrasen wie in dem »Piratenpad« auf T-Shirts gedruckt, das Stück zwischen Euro 16,90 und Euro 26,90:

- »Empört Euch!«
- »Wir sind friedlich. Was seid Ihr?«
- »Ich bin systemrelevant!«
- »Wenn Ihr uns nicht träumen lasst …«

Tatsächlich sollte die Revolution vorwiegend mit hohlen Phrasen befeuert werden, die alles und nichts besagen. Denn diese Revolution sollte schließlich überall funktionieren – wie ein McDonald's-Hamburger. »European Summer 2011« scheute konkrete Forderungen daher wie der Teufel das Weihwasser. Nehmen wir nur das vorbereitete »Manifest«, das europaweit kursierte und bei Veranstaltungen vorgetragen wurde:

Es sei an der Zeit, »Dinge zu verändern«, hieß es dort. Zeit, miteinander »eine bessere Gesellschaft« aufzubauen:

- »Gleichheit, Fortschritt, Solidarität, kulturelle Freiheit, Nachhaltigkeit und Entwicklung sowie das Wohl und Glück der Menschen müssen als Prioritäten einer jeden modernen Gesellschaft gelten.«
- »Das Recht auf Behausung, Arbeit, Kultur, Gesundheit, Bildung, politische Teilhabe, freie persönliche Entwicklung und Verbraucherrechte im Sinne einer gesunden und glücklichen Existenz sind unverzichtbare Wahrheiten, die unsere Gesellschaft zu befolgen hat.«
- Gefordert wurde »eine ethische Revolution. Anstatt das Geld über Menschen zu stellen, sollten wir es wieder in unsere

Dienste stellen. Wir sind Menschen, keine Produkte. Ich bin kein Produkt dessen, was ich kaufe, weshalb ich es kaufe oder von wem.«
usw.

Alles Forderungen, die zwischen Tripolis, Paris und Berlin oder zwischen Washington und Peking jeder unterschreiben kann. Und dann: »Im Sinne all dieser Punkte empöre ich mich. Ich glaube, dass ich etwas ändern kann. Ich glaube, dass ich helfen kann. Ich weiß, dass wir es gemeinsam schaffen können.« Na gut – aber was *genau?* Die Abschaffung des Euro? Oder der Studiengebühren? Billigeres Benzin bzw. niedrigere Mineralölsteuern? Ein zwei-, drei- oder x-gliedriges Schulsystem? Einen niedrigeren Numerus clausus für das Studienfach Medizin? Konkrete Forderungen suchte man jedoch vergebens. Das Manifest blieb, wie gesagt, im Ungefähren – genauso wie die Urheber. Denn es fiel weiterhin auf, dass die geplante Revolution ihr Gesicht nicht zeigte. Da wurden Bücher nicht nur von einem »Unsichtbaren Komitee« herausgegeben (siehe oben), sondern Protestaktionen auch von einer Gruppe mit dem Namen »Anonymous« veranstaltet. Deshalb: Nichts gegen eine Revolution – Gründe gibt es genug. Durch ihr verantwortungsloses Verhalten etwa in der europäischen Schuldenkrise hätten es sich Merkel und Co. wirklich redlich verdient, aus dem Amt gejagt zu werden. Aber wenn, dann sollte die Revolution

- nicht von mehr oder weniger aus dem Ausland gesteuerten anonymen Gruppen, sondern von den Bürgern selbst ausgehen,
- über konkrete Inhalte oder über ein konkretes Programm,
- über konkrete Vorstellungen von einem veränderten oder erneuerten politischen System
- und vor allem natürlich über konkrete personelle Alternativen verfügen.

Kurz: Der Bürger darf die Katze nicht im Sack kaufen, sondern das Produkt muss offen auf dem Tisch liegen. Das alles aber fehlte. All den bisherigen Revolutionen – auch der für Deutschland geplanten – merkte man demgegenüber an, dass sie sich nicht festlegen und den Menschen nicht sagen wollten, wo es hingehen soll – ein verdächtiges Schweigen. So, wie diese Umstürze angelegt waren, zielten sie auf ein Machtvakuum und darauf ab, dass die Aktivisten und Bürger, die sich dafür einsetzten, nur benutzt wurden, die Katze im Sack kaufen sollten und sich möglicherweise oder sogar wahrscheinlich in einem viel schlechteren System wiederfinden würden als zuvor. Diese Revolutionen sind daher noch gefährlicher als das bekannte System mit seinen bekannten Gesichtern, da sie zunächst nur ins Chaos führen.

Nach einer Stunde hatte sich am 21. Mai am U-Bahnhof Universität immer noch nichts getan. Mein neuer Revolutionsfreund mit der kleinen Brille hatte jedoch gehört, dass am Sendlinger Tor, einem anderen Verkehrsknotenpunkt in München, etwas los sein solle. Also fuhren wir mit der U-Bahn hin. Und tatsächlich: Da war sie ja, die Schnittstelle der spanischen und deutschen Revolution! Im schönsten Sonnenschein hatten sich da gleich neben dem U-Bahn-Ausgang unter alten Bäumen etwa zweihundert Menschen mit Luftballons und Plakaten versammelt. Ein Spanier hielt eine Rede auf Spanisch. Auffällig waren die vielen politisch völlig naiv wirkenden jungen Leute mit Plakaten wie »Einmal Zukunft, bitte!« (oder auf Spanisch: »Un futuro, por favor!«), »Wir sind das Volk!«, »Wir haben es satt!« oder »Keine Privilegien für die Politiker! Denn sie sind Menschen wie du und ich!«. Auf den Plakaten standen gleichzeitig die oben zitierten Twitter-Adressen wie »#spanishrevolution« oder gar »#globalrevolution«. So werden Demos wie diese gleich mit dem Internet verknüpft. »Das ist alles auf dem Internet gemacht«, sagte mir der spanische Redner hinterher in die Kamera. »Wir können heute mit YouTube, mit Facebook, mit Twitter zusammen reden, das ist alles, was wir brauchen. Wir hoffen, das ist eine globale Revolution.« Na, dann drück' ich mal die Daumen – vor allem uns.

28. Mai Grenzen – ja bitte!

Von dem Menschen ragt nur noch eine Hand aus dem Wasser. Darin hält er verzweifelt eine Europa-Flagge hoch. »Mach's gut Europa!«, greint die *Berliner Zeitung* am 28. Mai 2011 zu dem Bild. Ja, was ist denn nun schon wieder los?! Kaum hat man die Revolten in Nordafrika, das Erdbeben und die Atomkatastrophe im japanischen Fukushima halbwegs verdaut, droht schon wieder ein Untergang – diesmal der des Abendlandes, genauer: der Untergang Europas. Diesmal ist Dänemark der böse Bube der Union. Was ist passiert? Ganz einfach: Seit Mitte Mai 2011 plant der nördliche EU-Staat die erneute Einführung von Grenzkontrollen. »Die Dänen verstehen die ganze Aufregung über die angebliche Wiedereinführung von Grenzkontrollen nicht«, schrieb *Die Zeit* am 21. Mai 2011. »Es gehe doch bloß darum, dem Drogenschmuggel, dem Menschenhandel und Diebesbanden Einhalt zu gebieten, sagen sie. Seit dem Wegfall der permanenten Grenzkontrollen vor zehn Jahren habe sich Dänemark einfach zu ›lasch‹ verhalten«, zitierte die Hamburger Wochenzeitung die Fraktionssprecherin der dänischen Regierungspartei, Ellen Trane Nørby: »Ihr Land habe Verbrecher regelrecht angelockt.« Künftig sollen dänische Beamte »bei Stichproben nach Drogen und Waffen suchen«, berichtete auch *Spiegel Online* am 5. Juli 2011. Und ob Sie's glauben oder nicht – ausgerechnet einem deutschen Justizminister passte das nicht: »Wenn Dänemark zur Urlaubszeit wieder Grenzkontrollen einführt, kann ich nur dazu raten, auf der Stelle umzudrehen und lieber in Österreich oder Polen Urlaub zu machen«, erklärte allen Ernstes der hessische Justizminister

Jörg-Uwe Hahn (FDP) gegenüber *Bild.de*. Warum denn? Hatte der Mann etwa Angst, dass ihm jemand sein holländisches Gras abnehmen würde? Nicht doch: Denn gleichzeitig ist Hahn »Minister für Integration in Europa«. Und als solcher mag er Grenzen nun mal nicht – Strafverfolgung hin oder her.
Wobei die Sache mit Dänemark eine gute Gelegenheit ist, sich einmal Gedanken zu machen, was Grenzen eigentlich sind. Denn seit Gründung der EU und Abschluss des Schengen-Abkommens führen Grenzen ja ein Schattendasein. Sie gelten als lästiges Beiwerk überkommenen nationalstaatlichen Denkens. Für Grenzen haben Europapolitiker eigentlich nur einen politischen Fußtritt übrig. »Sämtliche Grenzen weg«, lautet der stillschweigende Konsens der modernen Eine-Welt-Euphorie. Man nimmt sie höchstens wahr, wenn sie abgebaut und beseitigt werden. Das Thema »Grenze« an sich findet in den Medien überhaupt nicht statt. Was da eigentlich wirklich passiert, wird nirgends thematisiert.
Dabei lohnt es sich zu fragen, woran unsere Welt tatsächlich zu leiden hat. An Finanzkrisen? An allgemeiner Dekadenz? An Bildungsabbau? Am Geburtenrückgang? Antwort: All das sind nur oberflächliche Erscheinungen. In Wirklichkeit leidet sie am totalen Verlust von Grenzen, und zwar nicht nur von Landesgrenzen, oder besser gesagt: an der bewussten und mutwilligen Abschaffung von Grenzen. Wobei man sich viel Ärger erspart, wenn man gleich dazusagt, was eine Grenze ist und was eine Grenze nicht ist:

- Eine Grenze ist eine quantitative und qualitative »Zugangskontrolle«.
- Eine Grenze ist nur selten absolut »dicht« und schon gar nicht per se »feindlich«.

Jede Tür ist eine Grenze

Nehmen wir zum Beispiel ein Einfamilienhaus in einem Dorf, dessen Tür abends verschlossen wird: Darf deshalb niemand Fremdes mehr hinein? Sind die Bewohner deshalb mit den anderen Dorfbewohnern verfeindet? Wollen sie deshalb gar die anderen Dorfbewohner umbringen? Natürlich nicht. Denn eine Tür ist per se nicht feindlich, sondern eben eine typische Grenze, also ein Regelungsmechanismus, der bestimmt, wer wann hineindarf und wie viele hineindürfen. Denn was würde passieren, wenn man die Haustür einfach ausbaute? Die Hausgemeinschaft würde sich auflösen. Puh – ist das nicht Nationalismus? Mitnichten. Sondern eine jüdische Wissenschaft: die Kybernetik – die von dem jüdischen Mathematiker Norbert Wiener begründete Wissenschaft von der Steuerung und Regelung von Maschinen, lebenden Organismen und sozialen Organisationen. Es geht also nicht um eine ideologische oder gar »nationalistische«, sondern um eine systemische und kybernetische Diskussion.

Und das Problem ist, dass in der globalen Gesellschaft sämtliche Türen ausgebaut werden, aber nicht nur zwischen Nationen, sondern auch zwischen Generationen, Geschlechtern, Kulturen, Währungen und Handelsräumen. Es ist fast schon egal, welchen Begriff man aus der aktuellen politischen Diskussion herausgreift – dahinter steckt fast immer der Abbau von Grenzen:

Begriffe	Art der abgebauten Grenzen
»Euro«, »Euro-Bonds«, »Rettungspaket«, »Transferunion«	finanziell
»Freihandelsabkommen«	wirtschaftlich
»Anti-Aging«, Schönheits-OPs, Autoritätsverfall, Jugendgewalt gegen Erwachsene und Senioren	Generationengrenzen

Gesamtschule, zweigliedriges Schulsystem	intellektuelle und Begabungsgrenzen
»Multikulti«	kulturell
Ökumene-Diskussion, Zölibat, Frauen als Priester	religiös
»Emanzipation«, Frauenquote, Frauenfußball, »Homo-Ehe«, Geschlechtsumwandlungen	sexuell
»Crossover«	künstlerisch
»Unisex«	modisch
Vereinheitlichung von Nahrungsmitteln und Lebensmittelvorschriften, McDonald's	Ernährungsgrenzen
Europäische Union, »Einwanderung von Fachkräften«, Integration	politisch, national, ethnisch

Machen Sie die Probe aufs Exempel: Welches politische, gesellschaftliche, kulturelle oder sonstige Problem Sie auch immer betrachten – bei näherem Hinsehen geht es fast immer um den Abbau von Grenzen. Und wie diese Tabelle zeigt, geht es keineswegs nur um nationale Grenzen – also um »Nationalismus«. Vielmehr geht es um die totale Auflösung der Gesellschaft, ja letztlich der Menschheit. Denn diese Grenzauflösung und Desorganisation kann keine Art wirklich überleben.

Die Lehre von der Kybernetik

Aber ist es denn nicht schön, wenn wir endlich alle gleich sind und in der großen »einen Welt« leben? Gegenfrage: Wodurch definiert sich eigentlich Leben? In unserer Sprache wurde die richtige Antwort längst gegeben: Das Leben schafft und definiert sich durch Organisation. Daher spricht man auch von einem »Organismus«. Die Organisation wird bewerkstelligt durch eine Grenze (Haut, Zellmembran), durch Kreisläufe (Stoffwechsel) und durch Arbeitsteilung (Organe, Organelle). Dabei ist auch die Zellmembran keine absolut undurchlässige Grenze, sondern ein »Verkehrsmanagement«, das den Austausch zwischen innen und außen organisiert. Denn absolut dichte Grenzen sind oft genauso tödlich wie fehlende Grenzen. Der Zelle die Membran wegzunehmen wäre eine klare Sabotage-Strategie. Die Zelle würde sterben, so wie ein Mensch, dem man die Haut wegnimmt. Und nimmt man den menschlichen Gesellschaften die inneren und äußeren Grenzen weg, sterben sie auch.

Eine weiteres wichtiges kybernetisches Element einer Organisation oder eines Organismus sind Kreisläufe: Der Schreiner kauft beim Schuster seine Schuhe, der Schuster beim Schreiner seinen Tisch. Schon haben wir einen wirtschaftlichen Kreislauf. Wenn der Schreiner nur noch beim Schuster kauft, der Schuster seinen Tisch aber in China bestellt, ist der Kreislauf gestört. Der Schreiner ist zu Arbeitslosigkeit und Armut verdammt. Arbeitsplätze werden ins Ausland verlagert, das Heer der Arbeitslosen wächst. Die entstehenden globalen Kreisläufe (die Chinesen kaufen bei uns Autos, wir kaufen dafür bei den Chinesen Spielzeug) können die lokalen Kreisläufe nicht ersetzen, weil sie zu groß, zu indirekt und zu instabil sind. Die wirkliche Zahl der Arbeitslosen in Deutschland wird denn auch auf mindestens zehn Millionen geschätzt. Kaschiert wird sie nur durch Definitionen (was ist überhaupt »arbeitslos«?), statistische Tricks und die Sozialsysteme, also letztlich die Staatsverschuldung. Die Globalisierung funktioniert hauptsächlich durch eine ausufernde Staatsverschuldung, mit deren Hilfe die durch die Globalisierung (also die Entgrenzung und Auftrennung von Kreisläufen) »freigesetzten« Arbeitskräfte durchgefüttert werden. Das heißt, letztendlich bezahlt die Allgemeinheit den Unternehmen die durch Auslagerung von Arbeitsplätzen erzielten Einsparungen und Gewinne. Auf diese Weise wird die Globalisierung subventioniert – und zwar bis zum bitteren Ende. Und das ist natürlich der reinste Irrsinn.

Wenn wir die Gesetze zur »Steuerung und Regelung von Maschinen, lebenden Organismen und sozialen Organisationen« weiter mit Füßen treten, wird die Realität bald uns mit Füßen treten – wobei die Realität stärker sein wird. Wie sagte doch die jüdische Schriftstellerin Ayn Rand so schön: »Man kann die Realität ignorieren, aber man kann nicht die Konsequenzen der ignorierten Realität ignorieren.«

Beweise? Bitte sehr: Die auch 2011 grassierende und sich zuspitzende globale Finanzkrise ist das beste Beispiel. Möglich wurde sie nur durch den Abbau von Grenzen und die Entfesselung der globalen Finanzmärkte. Plötzlich landeten amerikanische Schrott-Kredite bei der Bayerischen Landesbank. Die gesamte Welt kann sich nun mit Junk-Anlagen und Müll-Krediten anstecken, bis sie zusammenbricht. Dies ist eine Folge der totalen Entgrenzung der internationalen Finanzmärkte. Grenzen sind aber wie die wasserdichten Schotten bei einem Schiff. Sind sie weg, genügt das kleinste Leck, und der Dampfer säuft ab. Aber was tut man? Öffnet sich ein großes Loch, wie in Griechenland, reißt man bestehende Schotten sogar weg, um den Rest Europas mit hineinzuziehen. Denn Schotten wären ja durchaus vorhanden: in der Europäischen Währungsunion zum Beispiel. Dort gebe es eine »no bail-out rule«, versprach 1992 beispielsweise der damalige Finanzstaatssekretär und spätere deutsche Bundespräsident Horst Köhler. »Das heißt, wenn sich ein Land durch eigenes Verhalten hohe Defizite zulegt, dann ist weder die Gemeinschaft noch ein Mitgliedstaat verpflichtet, diesem Land zu helfen« (*Der Spiegel* 15/1992).

Und in Artikel 125 des Lissabon-Vertrages (Vertrag über die Arbeitsweise der Europäischen Union, AEUV) heißt es sinngemäß: Weder die Union noch ein Mitgliedsstaat haftet für die Verbindlichkeiten anderer EU-Staaten. Diese Bestimmungen und Versprechen werden jedoch glatt gebrochen. »Aus der auf Stabilitätskultur ausgelegten Währungsunion von 1992« würde über Nacht »eine Mega-Transfer-Union mit unabsehbaren Risiken für die betroffenen Bürger in Deutschland, Frankreich, Finnland, Österreich und den Niederlanden«, schreibt zum Beispiel der Finanzexperte Professor Markus Kerber von der TU Berlin. Kurz und gut: Kaum tut sich im Euro-Schiff ein Loch auf, werden sämtliche bestehenden Schotten niedergerissen und mit Begeisterung Wasser in das Leck gepumpt – in diesem Fall also Geld. Eine klare Sabotage-Strategie.

Die drei »I« – Ich, Identität und Interessen

Die »Griechen-Krise« kann zum Beispiel nur deshalb verheerende Folgen haben, weil es zwischen den Ländern und den Währungen Europas keine Grenzen mehr gibt bzw. die noch vorhandenen Grenzen glatt ignoriert werden. Daher können die Schwierigkeiten des einen alle anderen mitreißen. Und das gilt auch für die größere globale Finanzkrise. Statt der geschilderten Sabotage-Strategie bräuchten wir viel eher eine »Eidechsen-Strategie«: Wird die Eidechse von einem Feind am Schwanz gepackt, trennt sie ihn einfach ab und lässt ihn fallen. Die Eidechse grenzt sich von dem bedrohten Körperteil ab und gibt es auf, bevor sie selbst gefressen wird. Die Europäische Währungsunion verhält sich dagegen wie eine Eidechse, die den »Fressfeind« (sagen wir: das Schuldenmonster) – statt ihm den Schwanz überlassen – freundlich in den Arm nimmt und ihm noch mehr zu fressen gibt. Und schon kann man die verheerenden Folgen des Grenzverlustes beobachten: Ein Rettungsschirm nach dem anderen wird aufgespannt, und immer mehr Milliarden, immer mehr Volksvermögen und immer mehr Staatshaushalte stehen im Feuer. Da die Kredite und Kreditgarantien (»Rettungsschirme«) anerkannter- und bewiesenermaßen nichts helfen, kann der Sinn nur darin bestehen, auch die restlichen Euro-Staaten in den Abgrund zu reißen.

Daher brauchen wir nicht weniger, sondern mehr Grenzen. Ohne Grenze gibt es kein Ich, ohne Ich gibt es keine Identität, und ohne Identität gibt es keine Interessen, die verfolgt oder verteidigt werden könnten. Ein Organismus ohne Ich, Identität und Interessen ist zum Tode verurteilt. Das gilt für ein Individuum genauso wie für einen Konzern, ein Geschlecht, eine Schicht, eine Wirtschaft, ein Land oder meinetwegen eine Fußballmannschaft – oder sollte man demnächst die Grenzen zwischen dem FC Schalke 04 und dem FC Bayern München niederreißen und die Mannschaften, das Management und die Fans zusammenlegen? Nach dem Motto: Wir haben uns jetzt alle lieb? Ergebnis: Beide Mannschaften würden sich auflösen.

Der strukturelle Krieg gegen die Menschheit

In Wirklichkeit sind die Globalisierung und andere moderne Grenzauflösungen ein struktureller Krieg gegen die Menschheit. Nehmen wir beispielsweise folgendes Interview mit dem Neuköllner Bezirksbürgermeister Heinz Buschkowsky in einem Film im Sat.1-Frühstücksfernsehen vom 30. Juni 2011:

In Berlin-Neukölln »soll sich mit über vierhundert Personen ganz aktuell die größte Ansiedlung von osteuropäischen Armutsflüchtlingen gebildet haben«, so der Film. »Laut EU-Recht können sie problemlos einreisen und unbefristet bleiben … Anwohner berichten von katastrophalen hygienischen Zuständen.« Zu entsprechenden Bildern hört man den Text: »Überall verstreut: Mülltüten und Hausrat, Möbeltrümmer und Küchenreste … Wie viele von ihnen genau hier leben und wo – niemand weiß es ganz sicher. Sie kommen, weil sie in ihren Heimatländern keine Perspektive sehen. Doch ihr Aufenthalt in Deutschland schafft neue Probleme.« Wie sich denn im Moment die Situation mit den Armutsflüchtlingen aus Osteuropa darstelle, will die Moderatorin nach dem Einspieler von dem Studiogast Heinz Buschkowsky wissen.

»Also, wenn es nur vierhundert wären, dann wären wir ja glückliche Menschen«, antwortet Buschkowsky. »Wir haben im Moment gute fünfhundert allein in den Schulen angemeldete Kinder. Wie viele Menschen aus Bulgarien oder Rumänien nach Neukölln gekommen sind, wissen wir nicht genau. Die einen reden von zweitausend, die anderen von zehntausend. Es handelt sich eindeutig um Armutsflüchtlinge. Die Unterschiede im Lebensstandard sind so groß, dass die Menschen ihre Heimat verlassen und nach Deutschland kommen, und dann lassen sie sich irgendwo nieder.« Und: »Das ist ein völlig legaler Vorgang. Sie melden bei uns dann ein Gewerbe an und haben einen korrekten Aufenthaltsstatus.«

Mit Mann, Maus und Pfarrer

An der Teupitzer Straße sei zum Beispiel »ein ganzes Dorf eingewandert, inklusive Pfarrer, alle sind da«. Sozusagen mit Mann, Maus und Pfarrer. Zu Hause sei es schöner gewesen, habe ein Kind mal in einem Zeitungsinterview gesagt, aber es sei keiner mehr da gewesen. Die Menschen – Roma-Rumänen – seien dort auch in der Minderheit, sagt Buschkowsky, würden dort diskriminiert und hätten »zum Teil überhaupt keine Schule: Die Kinder, die zu uns in die Schule kommen, sind 12, 13 Jahre alt, haben noch nie einen Tag in der Schule verbracht in ihrem Leben. Sie sprechen natürlich alle gar kein Deutsch und sind dann hier bei uns in Substandard-Häusern, die man jetzt gut und teuer vermieten kann.«

Das heißt, die Menschen werden auch hier zum beliebten Opfer und »versuchen mit Gewerben wie Zettelverteilen, selbständige Putzfrau, Transporte, Bauarbeiten sich über Wasser zu halten – aber auch eben mit Betteln oder Autoscheibenputzen. Und es ist so, dass die Menschen eben sagen, ich nehme meine Familie unter den Arm und gehe dorthin, wo es uns bessergehen wird.«

Wenn »irgendwo fünfhundert Menschen aufschlagen, ganz konzentriert an einer Stelle, dann verändert das den Sozialraum«, meint Buschkowsky. »Es wird plötzlich eine andere Sprache auf der Straße gesprochen, die Spielplätze sind plötzlich voll von anderen Kindern, die Parkbänke sind besetzt, das macht Unruhe in der angestammten Bevölkerung. Und zwar unabhängig davon, ob das Deutsche sind oder ob das türkischstämmige Bewohner sind. Auf einmal sind da Fremdlinge und nehmen quasi das Gebiet in Besitz.« In einer Schule kämen plötzlich siebzig fremde Kinder an, »die kein Wort Deutsch sprechen: Stellen Sie sich mal vor, Sie sind Lehrerin und stehen plötzlich vor Kindern, die Sie nicht verstehen, große Kulleraugen haben und Sie ansehen und eigentlich ganz lieb sind. Aber Sie sagen sich: Mein Gott, wie unterrichte ich diese Kinder jetzt? Wir haben zusätzliche Lehrer eingestellt, wir lassen die Schule offen über die Ferien, um Deutschkurse dort anzubieten.«

»Wir sind hier, und wir bleiben hier«

»Aufschlagen« ist genau das richtige Wort. Denn tatsächlich schlagen diese Menschen auf oder ein wie eine ethnische, kulturelle und soziale Bombe. Sie zerreißen und zersetzen den vorhandenen »Sozialraum«, wie Buschkowsky sich ausdrückt, und verursachen endlose Probleme und Kosten. Und dabei sind sie keineswegs Täter, sondern selbst Werkzeuge und Opfer einer Europapolitik, die sie nur für ihre Zwecke benutzt, nämlich die einzelnen Länder Europas zu zersetzen.

Denn »als Europäer, als Vollmitglied der EU, als Folge der Armutswanderung« sind diese Menschen völlig legal hier, »und sie werden hier bleiben«, prophezeit Buschkowsky. »Sie sagen auch ganz deutlich: Wir sind hier nicht auf der Durchreise, wir sind keine Touristen, wir sind hierhergekommen und bleiben hier. Das ist Einwanderung, Binnenwanderung der EU. Und das werden alle gewusst haben, als sie die Verträge unterschrieben haben, denn wem Gott ein Amt gibt, dem gibt er auch Verstand.«

»Schön wär's, in manchen Fällen«, sagt die Sat-1-Moderatorin, und damit hat sie völlig recht. Obwohl es an mangelndem Verstand eigentlich nicht liegen kann, denn die Folgen der EU-Politik hätten sich auch noch einfachere Gemüter als unsere Europapolitiker im Vorhinein ausmalen können. Seit dem 1. Januar 2007 ist zum Beispiel das wirtschaftlich und politisch vollkommen inkompatible Rumänien Mitglied der EU. Zwar gelten bei der Arbeitnehmerfreizügigkeit für Rumänien und Bulgarien in einer Übergangszeit noch Einschränkungen, »sogenannte ›Ein-Personen-Unternehmen‹ genießen jedoch bereits uneingeschränkte Dienstleistungsfreiheit«, kann man zum Beispiel bei *sozialblatt.de* lesen. Demnach können sich also Rumänen und Bulgaren als Scheibenputzer an der Ampel, als Putzfrau oder sonstige »Dienstleister« in Deutschland aufhalten und selbständig machen.

Das Leben in Deutschland wird bezahlt

Aber kann man dabei denn so viel verdienen, dass man zum Beispiel seine Familie ernähren kann? Natürlich nicht. Und das ist auch gar nicht nötig. Denn das Leben hier wird den neuen Einwanderern zum größten Teil bezahlt. Das Spannende ist: »In dem Moment, wo sie mit ihrem Gewerbebetrieb, wie das verwaltungstechnisch heißt, nicht nur marginale Einnahmen erzielen, nicht nur marginale Einnahmen sind Beträge zwischen 120 und 200 Euro im Monat … Wer solche Einnahmen erzielt und sie nachweisen kann, der hat auch Anspruch auf das Sozialsystem, auf Hartz IV, dann für die ganze Familie«, sagt Heinz Buschkowsky. Übersetzt heißt das: »Werden Einkünfte in der genannten Höhe erzielt, so gilt die Unterstellung, dass das Gewerbe tatsächlich ausgeübt wird. Dies öffnet den Zugang zum Sozialsystem.« Da käme es dann durchaus vor, »dass dann manchmal die Sozialleistungen zu den Einnahmen aus dem Gewerbebetrieb in einem nicht ausgeglichenen Verhältnis stehen, wenn Sie verstehen, was ich meine.«

Klar, verstehen wir das. Das heißt also, dass, während mit dem »Gewerbebetrieb« nur minimale Einnahmen erzielt werden, das

Gros des Lebensunterhalts der einwandernden Familie aus den deutschen Sozialleistungen bestritten wird, sagen wir, im Verhältnis eins zu drei oder zu fünf oder vielleicht sogar zu zehn. Genauso wie bei selbständigen deutschen »Aufstockern«, wie das in der Fachsprache heißt (*Der Westen,* 14.6.2011). Für die deutschen Sozialsysteme sind letztere schon »schlimm genug«. Nun kommen aber noch EU-Bürger hinzu, für welche die deutschen Sozialleistungen (jedenfalls nominal) das reinste Paradies darstellen, so dass das deutsche Sozialsystem auch immer weitere Nachwanderer anziehen wird.

»Wie gesagt, wir müssen – wir müssen! – ihren Aufenthalt, der legal ist, so gestalten, wie es bei uns üblich ist«, sagt Buschkowsky, »und wir dürfen sie nicht den Geschäftemachern und den Abzockern überlassen, weil, dann schaffen wir die nächste Unterschicht, und dann schaffen wir Illegalität.« Betreut und füttert man die Leute also nicht durch und bereitet man ihnen keine erträglichen oder angenehmen Lebensverhältnisse, dann explodiert die Kriminalität.

Den Einwanderern nun eine »Geld-her-oder-es-knallt!«-Mentalität zu unterstellen wäre sicher verfehlt. Vielmehr sind sie selbst Opfer von Dynamiken und Automatismen, die von Europapolitikern geschaffen wurden. Was er denn tue, »damit die Leute, die schon seit vielen, vielen Jahren in Ihrem Bezirk leben, sich da auch weiter wohl fühlen können«, will die Moderatorin wissen. »Na, die fühlen sich ziemlich unangenehm angefasst, das ist klar«, antwortet Buschkowsky: »Da ist etwas Fremdes, das in meinen Raum eindringt.« Und jetzt müsse man versuchen, »das irgendwie auszugleichen«. »Und wie?«, kommt die Frage.

»Ja, das ist eine gute Frage!«, meint Buschkowsky. Denn nun kommen weitere, versteckte Kosten auf Staat, Stadt und Bezirk zu, je nachdem, wer eben der Kostenträger für Stadtreinigung, Sozialämter, Behandlungskosten, Lehrer, Schulen, Polizei oder Sozialarbeiter ist: »Wir werden natürlich versuchen, dort Sozialarbeiter hinzuschicken, Streetworker, die versuchen, irgendwie zu vermitteln, die versuchen, die Situation nicht eskalieren zu lassen«, aber »das schaffen sie nicht, wir können nicht zu jedem Moment dort vor Ort zu sein. Die Lebensverhältnisse sind anders, gerade wenn es jetzt warm wird, dann sind die Kinder da bis zwei, drei Uhr auf der Straße. Da müssen wir mal versuchen, ein bisschen durchzusetzen, wie das ist: Was wir unter Kindeswohl verstehen, und dass die Kinder zu der Zeit nicht auf der [Straße sein sollen; G.W.] … und man macht auch keine Musik nachts um drei vor den Schlafzimmerfenstern der anderen, das können Sie … da müssen Sie dicke Bretter bohren, das ist nicht: Wir stellen ein Schild auf, und dann ist das alles so. Da muss man dran arbeiten!«

Ein Beispiel für den strukturellen Krieg

An obigem Beispiel können wir diesen strukturellen Krieg bestens mitverfolgen. Denn natürlich sind sich die Europapolitiker solcher Phänomene durchaus bewusst. Aufgrund des starken Wohlstandsgefälles innerhalb der EU kommt es so sicher zu Wanderungsbewegungen, so wie Wasser von oben nach unten fließt. Die verherrlichte Zerstörung der Grenzen bedeutet direkt die Zerstörung des Lebens – sei es nun in Neukölln oder anderswo, sei es sozial oder finanziell, psychologisch oder sexuell, wirtschaftlich oder biologisch. Biologisch? Warum biologisch? Jetzt wollen wir doch mal nicht übertreiben! Ich übertreibe nicht. Denn dass dieser strukturelle Krieg und der wirtschaftliche, soziale und politische Zusammenbruch der Gesellschaften und Staaten schließlich existenzielle Folgen haben werden, ist wohl kaum zu bezweifeln. Aufhalten kann man diese Folgen nur, wenn man sich, wie im Fall Neukölln, mit aller Kraft und allem Aufwand dagegen stemmt. Würde Neukölln das nicht tun, käme es, wie bereits gesagt, zu einem Anstieg von Kriminalität und Krankheiten – mit allen bedrohlichen Folgen, auch für das physische Überleben.

Wenn aber diese Kräfte nicht mehr reichen, dann sieht die Reihenfolge des Zusammenbruchs durch den Abbau sämtlicher (nicht nur politischer!) Grenzen in etwa so aus:

1. wirtschaftlicher Kollaps (Umsatzeinbrüche, Vermögensverluste, Konkurse)
2. psychischer Kollaps (Existenzängste, Identitätskrisen)
3. sozialer Kollaps (Existenznöte, Arbeitslosigkeit, Verarmung)
4. biologischer Kollaps (Krankheiten, sinkende Lebenserwartung, Suizide, Hungersnöte, Seuchen, Bürgerkriege, Kriege)

Da ich weder einer Partei noch einer politischen Bewegung angehöre, sind dies, wie gesagt, rein strukturelle und »kybernetische« Überlegungen: Die Abschaffung von Grenzen, Kreisläufen und Strukturen führt dazu, dass die Menschheit kollabiert. So als würde man im menschlichen Körper mit einem Medikament sämtliche Zellmembranen und Kreisläufe auflösen und/oder die Leberzellen animieren, doch bitte in die Lunge zu wandern. In der deutschen Sprache haben wir dafür auch das schöne Wort »Zersetzung«: Der Körper würde sich zersetzen. Der Exitus ließe nicht lange auf sich warten. Vertreter der Eine-Welt-Ideologie sind daher dem Irrtum bzw. Irrsinn verfallen, einen Körper (= die Welt, die Gesellschaft) durch Auflösung seiner Zellen (zum Beispiel Staaten, Familien) retten oder verbessern zu wollen. Indem die lebenserhaltende Organisation zerstört wird, erledigt sich die Menschheit durch Arbeitslosigkeit, Hungersnöte, Kriege und Bürgerkriege in Wirklichkeit selbst. Und was werden die dafür verantwortlichen politischen Eliten tun? Dreimal dürfen Sie raten: natürlich sich abgrenzen.

Juni 2011

Thema des Monats *22.6.:*
Ai Weiwei: Ist das Kunst
oder kann das weg?

10.6. Die EU-Kommission spricht sich für eine Aufnahme Kroatiens in die Gemeinschaft aus / Die Behörden finden den angeblich gefährlichen EHEC-Erreger auf Sprossen eines Biohofes in Niedersachsen **14.6.** Der Strom-Discounter Teldafax meldet Insolvenz an ***22.6. In China wird der Aktionskünstler Ai Weiwei aus der U-Haft entlassen*** **28.6.** Vor einem Jahr verschwand die Berliner Jugendrichterin Kirsten Heisig ***30.6. Konzernchef bezeichnet Euro-Rettung als »Staatsstreich gegen das eigene Volk«*** / Bundestag beschließt Atomausstieg bis 2022

22. Juni Ai Weiwei: »Dieser Junge ist aus den falschen Gründen berühmt«

Dieser Tag wird ein Freudentag für mich. Denn einer unserer begabtesten Künstler, der Chinese Ai Weiwei, kommt frei! Ein Künstler, der uns unvergessliche Werke und kulturelle Erlebnisse geschenkt hat. Zum Beispiel seinen fetten, nackten Oberkörper mit dem Wort »FUCK« darauf. Oder ein Foto, auf dem er nackt in die Luft springt und sich ein Stofftier vor sein Geschlechtsteil hält. Ja! Oder ein Foto von seiner Hand mit hochgestrecktem Mittelfinger! Oder das Foto, auf dem er mit ein paar Frauen auf einigen Holzschemeln sitzt – nackt, natürlich! Oder schließlich das Foto, auf dem er einfach eine Vase fallen lässt. Eine Vase! Ist das nicht Wahnsinn? Stopp – fast hätte ich's vergessen: das Foto, auf dem er mit seinem nackten, fetten Oberkörper in einem großen Kochtopf hockt, mit einem Deckel auf dem Kopf – lustig, nicht? Am 22. Juni 2011 wird dieser Künstler in China aus der Haft entlassen, in die er wegen »Steuerhinterziehung« genommen worden war.

06

Der Mann ohne Eigenschaften

Steuerhinterziehung? Mit Sicherheit nur eine zynische Lüge des Systems, das diesem mutigen und rebellischen Künstler das Leben schwermachen will. Keineswegs. Denn in Wirklichkeit ist Ai Weiwei nur eine Charade, ein totale Verhöhnung der westlichen Kunst- und Mediengesellschaft. Während sich frühere künstlerische Hochstapler im Bluff übten, also darin, etwas darzustellen, was eigentlich gar nicht vorhanden ist, reden Ai Weiwei und seine Förderer Klartext – und amüsieren sich vermutlich königlich dabei. Die westliche Kunst- und Mediengesellschaft wird mit Ai Weiwei auf eine nie da gewesene Art und Weise vorgeführt.

Moment – aber die Kunst ist doch frei! Eben. Und die Meinungsäußerung auch. Aber gab man sich bisher wenigstens Mühe, Nichts-

könner in große Künstler umzulügen, wurde mit Ai Weiwei eine neue Stufe erklommen. Ai Weiwei selbst und seine Umgebung sagen ganz klar, dass der Mann nichts ist, nichts kann und noch nie etwas konnte. Ai Weiwei kann wirklich überhaupt nichts – nicht einmal etwas dafür, dass er zum internationalen Medienstar aufgebaut wurde. Sie glauben mir nicht? Ich kann es beweisen! Ai Weiwei sagt es nämlich selbst. Nur hört ihm keiner zu. Selbst wenn er der ganzen Welt erklären würde, dass er ausschließlich Müll produziere, würden die Medien immer noch begeistert Beifall klatschen. Übertragen auf das Märchen von des »Kaisers neuen Kleidern«: Der Kaiser steht in diesem Fall nicht nur nackt auf der Bühne, sondern um ihn herum sagen seine Berater dem Publikum auch ganz offen, dass er nackt ist. Diese offene Verhöhnung fängt im Prinzip schon mit Ai Weiweis Namen an, denn der bedeutet übersetzt eigentlich »nichts«, »noch gar nichts« oder »überhaupt nichts« – kurz: »null«: »Ai ist der Nachname. Wei bedeutet ›noch nicht‹ oder Verneinung. Weiwei ist eine doppelte Negation«, zitiert das Schweizer Kulturmagazin *Du* Ai Weiwei höchstpersönlich.* »Der Name passt«, meint Ai Weiwei selbst: »Ich bin weder stolz darauf, Chinese noch Mensch zu sein, bin ohne Vergangenheit und Zukunft« (*artnet.de,* 8.6.2007). Auf der Website *chinese-architects.com* ist Ai Weiweis Firma gar unter dem Namen »FAKE Design« registriert. E-Mail-Adresse: »nobody@vip.sina.com«.
Ai Weiweis »Kunst« ist daher vollkommen ohne Belang. Dass es sich um Kunst handelt, wird man den Leuten schon erklären. Das heißt: Erklärt wird es, wie gesagt, gar nicht, sondern nur suggeriert. Oder es wird einfach per se angenommen. Entscheidend ist Ais Rolle als Waffe gegen das chinesische Regime. Ai Weiwei arbeitete von Anfang an gegen die Chinesen, und das ist denn auch sein eigentlicher Daseinszweck als »Künstler« und als globale

* Auch weitere Ai-Weiwei-Zitate in diesem Abschnitt stammen aus einer Sammlung der Zeitschrift *Du*.

Medienfigur. Denn Ai Weiwei sagt offen: »Ich will, dass meine politischen Bemühungen zum Kunstwerk werden. Ich nehme die Verantwortung wahr, zum Sprachrohr für alle die Menschen um mich herum zu werden, die vollständig hoffnungslos geworden sind.« Eine Ai-Weiwei-Kunst gibt es eigentlich gar nicht, denn er sagt: »Meine Haltung und mein Lebensstil sind bestimmt der wichtigste Aspekt meiner Kunst.« Nach eigenem Bekenntnis ist Ai Weiwei also lediglich eine Propagandafigur. »Der Chinese Ai Weiwei ist zur Zeit wohl der bekannteste Gegenwarts-Künstler der Welt«, hieß es am 27. Juli 2011 in der *Basler Zeitung:* »Doch wer kennt ihn wirklich? Kann jemand ein Werk von ihm nennen? Wer hat seine Blog-Einträge gelesen?«

Das Nichtskönnen als Kunst

»Ai Weiweis Berühmtheit beruht denn auch nicht primär auf seinem Schaffen als vielmehr auf seiner ständigen Auseinandersetzung mit dem chinesischen Staat.« Staat? Das ginge ja noch. In Wirklichkeit demonstriert Ai Weiwei eine primitive antichinesische Haltung, die sich gegen Staat, Volk und sogar Kultur richtet. Die Vase zum Beispiel, die er herunterfallen ließ, war eine 2000 Jahre alte Vase der Han-Dynastie. Andere wertvolle Vasen der Ming-Dynastie beschmierte er mit dem Coca-Cola-Schriftzug, was an Symbolik kaum zu übertreffen ist: Die uralte chinesische Kultur wird ausgelöscht durch amerikanische Talmi-Kultur. Schon 1979 habe er für die chinesische Bewegung »Mauer der Demokratie« Poster und Zeitschriften produziert, »die zur Erneuerung aufrufen«, berichtet Ai Weiwei selbst. »Deng Xiaoping stoppt die Bewegung 1979, ihr Anführer Wei Jingsheng wird zu fünfzehn Jahren Haft verurteilt.« Im Zuge dieser Ereignisse kann es sich der offenbar vollkommen mittellose Ai »nicht länger vorstellen, in diesem Land zu leben«, und reist 1981 in die USA. »Der amerikanischen Botschaft sage ich nur, ich würde zu Studienzwecken einreisen. Auf die Frage, ob ich auch Disneyland be-

suchen wolle, antworte ich mit ›Ja‹. So viel zu den Formalitäten.« Seine Eltern seien besorgt gewesen, meint Ai Weiwei. Und das mag man gern glauben, denn »ich spreche kein Englisch und habe nur dreißig Dollar in der Tasche. Vor dem Abflug sage ich meiner Mutter: ›Ich komme als chinesischer Picasso zurück.‹« Nun, über diese Anmaßung könnte man sicherlich leidenschaftlich debattieren. Aber Anmaßung ist schließlich das eigentliche Geschäft des Ai Weiwei und seiner Förderer. Und darin hat man es in dieser Disziplin wahrlich zur Meisterschaft gebracht.
»In New York ist die Philosophie des Andy Warhol mein erstes Buch«, sagt Ai Weiwei – also das Buch eines Menschen, über dessen Kunst man sich ebenfalls trefflich streiten könnte. »Ich liebe dessen einfache und schöne Sprache.« Welche Sprache? War Warhols Buch in Chinesisch erschienen? Oder hatte Ai Weiwei es in Englisch so schnell so weit gebracht, dass er über Andy Warhols »einfache Sprache« fachsimpeln konnte? Egal, anschließend entdeckt er jedenfalls Jasper Johns und »erschließt sich« das Denken von Marcel Duchamp: »So werde ich an moderne Strömungen wie Surrealismus und Dada herangeführt. Ich beginne mich zu fragen, was für ein Künstler ich werden will.« Eine gute Frage: Surrealismus, aber insbesondere »Dadaismus« sind und waren nämlich allzu oft Tarnungen für Künstler, die nichts können. Schon der Begriff »Dada« ist durchaus mit »Ai Weiwei« zu vergleichen. Der Überlieferung zufolge wurde »Dada« einfach der französischen Babysprache entlehnt. »Dada« ist denn auch die Kunst der Nichtkünstler, verbrämt als Kunst, die sich gegen die etablierte Kunst »auflehnt«, sie aber in Wirklichkeit zerstört. Ai Weiwei ist eigentlich Dadaist – also ein Kunstclown, der die Kunst eigentlich leugnet, verhöhnt und zerstört. Der Dadaismus führte das »anything goes« und »nothing counts« in die Kunst ein – alles geht, und nichts zählt. Man erhebt das Nichtskönnen zur Kunst und inszeniert sich als Rebell – und das ist auch Ai Weiweis eigentliches Geschäft.

Herumhängen wie ein Trottel

Irgendeine weitere Philosophie außer dem eigenen Nichtskönnen verbindet er auf der Ebene der Kunst damit nicht. Von seinen pseudogelehrten Zitaten über Duchamps und Johns abgesehen, bekennt sich Ai Weiwei zu seinem »Desinteresse für Kunstgeschichte«, das »zum Studienabbruch« führte. Stattdessen hält er sich lieber »mit Gelegenheitsarbeiten« über Wasser und durch den Schwarzhandel mit Kameras, den er in seiner Kellerwohnung betreibt. Zwischendurch rennt er in New York herum, zieht sich die Hose herunter und fotografiert sich: Aber »vor allem widme ich mein Leben dem Blackjack-Spiel in Atlantic City«.
Eine künstlerische Entwicklung findet nicht statt. »Ich mache Dinge einfach, ohne über das Davor und Danach nachzudenken«, sagt Ai Weiwei (*Basler Zeitung Online,* 27.7.2011). Der gefeierte Künstler des 21. Jahrhunderts »hängt« nach eigenem Bekenntnis zwölf Jahre lang »herum, wie ein Trottel«: »Ich habe keinen amerikanischen Pass, keine Ausbildung, kein Einkommen, keinen Führerschein, keine Kinder. Ich arbeite in Fabriken, auf Farmen, als Schreiner.« Wahlspruch: »Ich habe eine Hoffnung für mich, und das ist ein schönes Schläfchen.« Trotzdem hat er – wie bereits in seiner Leidenschaft für das Kartenspiel zum Ausdruck kam – demgegenüber eine relativ feudale Einstellung. Denn er achtet »nie auf Geld«.

Ai Weiweis chinesisches Street View

»Als mein Vater sehr krank ist, kehre ich nach China zurück. Ich spiele vor allem mit meinem Bruder Poker.« Und überraschenderweise erfahren wir zwischen den Zeilen, dass die Kunst in China erstaunlich frei sein muss: Zurück in China, startete Ai Weiwei im Oktober 2003 zum Beispiel sein eigenes Google-Street-View-Projekt. Er montierte »eine Videokamera auf dem Vordersitz eines Lieferwagens« und filmte 16 Tage lang »jede einzelne Straße innerhalb des vierten Pekinger Rings«: »Dabei legten wir 2400 Kilometer zurück, die auf 150 Stunden Film und in 1719 Bildern aufgenommen sind.« Mit Sicherheit wären diese Aufnahmen für die nächste »Otpor-Revolution« gut zu gebrauchen. Wie viel hat er von der CIA dafür wohl bekommen? Nicht doch: Die »Kunstaktion« wurde vom Ringier-Verlag in einem Buch mit dem etwas übertriebenen Titel *Works* (»Werke«) dokumentiert (Ai Weiwei: *Works 2004–2007,* Berlin 2008). Bei Ringier ist Ai Weiweis »Entdecker« und Förderer Uli Sigg, Vizepräsident im Verwaltungsrat und ehemals Schweizer Botschafter in China.

Wenn überhaupt, dann hat Ai Weiwei eine gewisse philosophische Ader: »Es gibt viele Kinder, die im Märchenland leben möchten, junge Männer und Frauen, die sich verlieben mögen, sie träumen von ihrem zukünftigen Leben. Erfolgreiche Menschen möchten mit BMWs herumfahren, Luxusappartements kaufen und eine Zweitfrau nehmen, an wichtigen Sitzungen teilnehmen, akademische Themen besprechen, ihr Unternehmen an den Markt bringen, das Investment-Portfolio erweitern, Arzneimittel verkaufen, Tickets verkaufen, bewerben, verbessern, produzieren. So viele ›Wünsche‹. Aber kein Wunsch zu atmen. Kein Wunsch, die Augen zu öffnen. Offenbar können Menschen in Erstickungszuständen und Dunkelheit existieren« (Ai-Weiwei-Blog, 26.4.2006). Zugegeben – nicht schlecht. Oder auch das hier: »Ein Ratschlag für junge Menschen: Liebt keine Person und kein Land, das ihr nicht nach Gutdünken verlassen könnt« (Twitter, 3.12.2010). Oder das: »Die meisten sind es einfach nicht gewohnt, ihren Kopf selbständig zu gebrauchen. Sie unterscheiden nicht zwischen richtig und falsch. Sie kümmert nur die Farbe ihres neuen Sofas. Zurück bleibt das gleiche Gefühl der Machtlosigkeit wie in meiner Jugend« (*Die Zeit,* 25.6.2007).

Das Schlimmste ist ein Auftrag

Das Schlimmste für Ai Weiwei ist ein realer künstlerischer Auftrag. »Einmal bittet man mich, das Ersatzobjekt für die berühmte Meerjungfrau von Edvard Eriksen in Kopenhagen zu gestalten, die nach Schanghai ausgeliehen werden soll.« Ein Ersatzobjekt? Gestalten? Völlig unmöglich. Für Ai Weiwei hieß das: wie sich aus der Affäre ziehen? Anstatt also ein Ersatzobjekt zu gestalten, »installiere ich eine ununterbrochene Videoverbindung zu ihrer temporären Heimat in China«. Und: »Den Dänen gefielen meine überdimensionierten Videokameras zuerst nicht. Ich sagte ihnen, das sei unser tägliches Leben. Jeder stehe unter einer Form der Überwachung. Das sei eben nicht schön« (*New Yorker*, 24.5.2010).

An Ai Weiweis eigentlicher Aufgabe hat sich seit den siebziger Jahren des vorigen Jahrhunderts nichts geändert: Sie besteht in der Provokation – und zwar der Provokation des chinesischen Regimes. Zum Beispiel nach dem Erdbeben in Sichuan 2008. Natürlich wusste er nicht, »wie man eine solche Tragödie auf künstlerische Weise präsentieren kann«. Klar, denn von Kunst hat Ai Weiwei nun mal keine Ahnung. Das ist überhaupt nicht sein Arbeitsgebiet. Statt eines Gemäldes, einer Skulptur oder einer Fotoausstellung beschloss er also, »herauszufinden, ob sich die Regierung weigern würde, uns die Wahrheit zu sagen. Wir machten zweihundert Anrufe auf unterschiedlichen Verwaltungsstufen und fragten immer das Gleiche: ›Was ist die Zahl der Toten?‹ Man antwortete uns: ›Nein, nein, nein, Individuen haben nicht das Recht, das zu erfahren. Das ist ein Staatsgeheimnis.‹ Wir nahmen die Anrufe auf und stellten sie in meinen Blog.« Toll. »Zweihundert Freiwillige gingen für uns von Tür zu Tür, um die Namen der toten Schulkinder herauszufinden: Fünftausend trugen wir zusammen. In mehr als dreißig Fällen wurden die Freiwilligen verhaftet. Die Untersuchung dieses Erdbebens wird als erste Bürgerrechtsbewegung in China in Erinnerung bleiben: Wir berührten die Gefühle der Menschen, beeinflussten ihre Lebensverhältnisse und ihr Weltbild. Das entspricht meinem Verständnis von Kunst« (*mono.kultur* #22, 2009; mono-kultur.com). Man muss eben hingehen und den Behörden so lange auf die Nerven gehen, bis sie so nett sind, dreißig Freiwillige festzunehmen – vielleicht, weil sie das Ganze für Spionage halten. In Deutschland darf Ai Weiwei anschließend fünftausend Kinderrucksäcke an der Fassade des Hauses der Kunst in München aufhängen – »als Mahnmal für die toten Kinder«.

Ein Mahnmal gegen die Kräfte der Natur?

Nun – so etwas macht sich immer gut. Aber wogegen sollte hier noch mal »gemahnt« werden? Gegen die Kräfte der Natur, die das Erdbeben schickten? Oder gegen die Willkür des Universums? Nicht doch – die hohen Opferzahlen unter den Kindern entstanden »wegen Fehlern beim Bau der Gebäude«, meinte Ai Weiwei. So menschenverachtend ist der Chinese eben. In Wirklichkeit handelte es sich um ein extrem schweres Erdbeben der Stärke 7,9, das ausgerechnet eine der bevölkerungsreichsten Regionen Chinas traf und nicht nur Schulen, sondern insgesamt über fünf Millionen Gebäude vernichtete. An Land war dieses Beben viel stärker als das von Japan am 11. März 2011, dessen Epizentrum etwa 160 Kilometer vor der Küste lag. Und auch über die Ursachen des Erdbebens von Sichuan gibt es so manche Spekulation. Aber egal: Kausal »untersucht« hat Ai Weiwei ohnehin nichts. Wenn, dann beinhalten seine Erkenntnisse eine bloße Zahl, in diesem Fall fünftausend – und natürlich die Behauptung, dass die chinesische Regierung am Tod dieser Kinder schuld sei.

Er selbst führt seine eigene Propaganda gegen China ad absurdum, wenn er seine Situation mit der seines Vaters vergleicht: »Mein Vater ging sechs Jahre ins Gefängnis und zwanzig Jahre ins Exil für Aussagen, deren Sprengkraft nicht mit dem vergleichbar ist, was ich an einem Tag auf Twitter veröffentliche. Dazu hatte er während seines ganzen Lebens weniger Leser als ich an einem durchschnittlichen Twittertag« (Louisiana Talks: Ai Weiwei, 12/2010; YouTube). Nun – demnach muss sich China seitdem ja enorm liberalisiert haben. Wenn ich die in Wikipedia genannten Haftzeiten von Ai Weiwei zusammenzähle, komme ich auf zwei Tage Hausarrest und etwa zweieinhalb Monate (Untersuchungs-) Haft wegen Steuerhinterziehung – die er offenbar sogar gestanden hat. Deshalb nämlich – und nach Hinterlegung einer Kaution – sei er am 22. Juni 2011 schließlich wieder freigelassen worden. Seitdem erschauere ich bei dem Gedanken, dass er möglicherweise auch das Land wieder verlassen darf und ihm vielleicht eine Gastprofessur an der Berliner Kunstakademie angetragen wird. Universitätspräsident Martin Rennert, ein Mann, der wahrscheinlich jeden nackten Kaiser anheuern würde, solange nur genügend Menschen an ihn glauben, kann es jedenfalls gar nicht erwarten, den großen Meister auf seine Studenten loszulassen, und »äußerte in Berlin die Hoffnung, dass Ai ›in naher Zukunft in unserer Hochschule tätig werden wird‹« (*Zeit Online,* 13.7.2011). Eine Hoffnung, die vermutlich nur allzu bald in Erfüllung gehen dürfte. Aber sage niemand, dass er nicht gewarnt wurde. Schließlich trägt das neueste Buch des Chinesen den entlarvenden Titel: »Ai Weiwei – macht euch keine Illusionen über mich«. Oder, um mit seiner offenbar äußerst klarsichtigen Mutter zu sprechen: »Dieser Junge ist aus den falschen Gründen berühmt.«

30. Juni Euro-Rettung: »Wir versaufen unser' Oma ihr klein Häuschen!«

Ein Rauschen geht durch den Blätterwald. Fünfzig Konzernbosse haben ins mediale Unterholz gepustet, und schon wird ein veritabler Sturm daraus: »Der Euro ist notwendig« haben diese fünfzig Spitzenmanager vor kurzem eine gemeinsame Zeitungsanzeige überschrieben, die in großen überregionalen Blättern erschien. Und schon machen die Medien daraus einen großen Meinungsorkan: Die Auflage der Berichte über die Anzeige übertrifft bei weitem die Auflage der Annonce. Und trotz teilweise durchaus kritischer Berichterstattung wird die Botschaft der Bosse auf diese Weise allemal an den Mann gebracht. Als Botschaft der Chefs milliardenschwerer Konzerne hat sie erhebliches Gewicht. »Die Unterzeichnerliste, die sich unter dem Anzeigentext findet, liest sich wie ein Auszug aus dem Who Is Who der Wirtschaftselite«, schrieb *Telepolis* am 22. Juni 2011. Neben Daimler-Boss Dieter Zetsche fand man da E.ON-Chef Johannes Teyssen, Siemens-Chef Peter Löscher, ThyssenKrupp-Boss Gerhard Cromme, Deutsche-Post-Chef Frank Appel, Unternehmensberater Roland Berger oder auch den Medientycoon und Bilderberger Hubert Burda. Die Botschaft eines anderen milliardenschweren Konzernbosses vom 30. Juni 2011 wird dagegen von unseren Medien tapfer ignoriert. Doch dazu komme ich gleich.

Die erwähnte Anzeige wurde sicher bei einem guten Essen und einem guten Roten ausgeheckt – nämlich bei dem ebenso illustren wie exklusiven deutsch-französischen Unternehmertreffen in Evian-les-Bains am Südufer des Genfer Sees. Ende Juni 2011 trafen sich dort weitab von den Sorgen des deutschen Normalbürgers, der in diesen Tagen um sein Erspartes und um seine Altersversorgung fürchtete, die Dinosaurier der deutschen und französischen Industrie. Am Buffet oder an der Bar des einen oder anderen Luxushotels verbrennt mancher Konzernboss da durchaus mal das eine oder andere Monatsgehalt eines Angestellten. Vielleicht war die Anzeige daher tatsächlich eine regelrechte Schnapsidee. Am Ende muss man sich vor Begeisterung ganz schön auf die Schenkel geklatscht haben, denn die frohe Botschaft der Konzernbosse lautete: »Komm, wir versaufen unser' Oma ihr klein Häuschen!«

»Eine echte Erfolgsgeschichte«

Zwar haben das die Herren so nicht ausgedrückt, aber das Ergebnis ist dasselbe: Die sogenannte Euro-Rettung soll nämlich lustig weitergehen. Denn ob Sie's nun glauben oder nicht: Die Geschichte dieser Pleite- und Transferwährung ist »eine echte Erfolgsgeschichte ... Der Euro hat sich als zweitwichtigste Währung neben dem Dollar etabliert und Europas Rolle als Wirtschaftsmacht gestärkt.« Was Normalbürgern bei all den Hilferufen aus dem Euroraum zu erkennen durchaus schwerfällt. Nicht aber unseren Spitzenmanagern. »Mit seiner Einführung entstand ein gemeinsamer Markt mit einer einzigen Währung und ohne Wechselkursschwankungen, der für uns alle Beschäftigung und Wohlstand geschaffen hat«, schreiben sie in der Anzeige. Stimmt – denn wenn ich mich recht entsinne, dann war Deutschland vor dem Euro schließlich das reinste Entwicklungsland. Eine weiche Währung namens D-Mark bescherte den Menschen zweistellige Inflationsraten; Arbeitslosigkeit und Armut grassierten. Spaß beiseite! In Wirklichkeit war es natürlich genau umgekehrt. In Wirklichkeit ging es seit der Einführung des Euro mit Deutschland bergab. Die Wirtschaft wuchs erheblich langsamer als vor Einführung des Euro, die Arbeitslosigkeit bekam noch mal einen ordentlichen Schub. Vor allem aber explodierten die Staatsschulden, was uns über kurz oder lang das Genick brechen wird.

Wer ist eigentlich »uns alle«?

Trotzdem haben die Herren recht. Denn mit »uns alle« meinen sie ja gar nicht Deutschland, sondern das gesamte Europa, einschließlich Griechenland, Portugal und Spanien: Diese Länder haben wirklich von der Einführung des Euro profitiert. Und »kurzfristig muss diesen von der Verschuldungskrise betroffenen Ländern finanziell geholfen werden, damit sie ihre finanzielle Unabhängigkeit zurückgewinnen und sich für die Bevölkerung dort eine bessere Zukunftsperspektive einstellt«, hieß es in der Anzeige. Davon, dass Deutschland dabei seine finanzielle Unabhängigkeit aufgibt, ist dort allerdings nicht die Rede. Denn tatsächlich haben sich die Manager dieser Unternehmen längst von ihren Heimatländern gelöst. Tatsächlich meinen sie mit »uns alle« keineswegs Deutschland oder auch Frankreich, sondern den gesamten Euroraum: Seit Einführung des Euro seien fast neun Millionen neue Arbeitsplätze entstanden, jubeln sie – und zwar »in der Eurozone«. Mit anderen Worten, die Herren sind das, was finstere Nationalisten früher als »vaterlandslose Gesellen« bezeichneten – früher, wohlgemerkt.

Die Zeche zahlt der (S)Teuerzahler

»Für wen der Euro notwendig ist, ist damit geklärt«, meinten denn auch Kritiker. Besonders gut fanden die Hilfe für die Pleitestaaten die Bosse von Finanzkonzernen, denn wenn die Krisenstaaten pleitegehen sollten, würden sie mit ihren dortigen direkten oder indirekten Engagements womöglich baden gehen. Über die »Rettungsschirme« bezahlt ihnen der (S)Teuerzahler aber möglicherweise ihre riskanten Investments. War das der Grund, warum »auch hochrangige Vertreter von Finanzinstituten, wie Allianz-Chef Michael Diekmann oder Clemens Börsig, Aufsichtsratsvorsitzender der Deutschen Bank, mit im Boot der Werbekampagne« saßen *(Telepolis)*?

Ein »Staatsstreich gegen das eigene Volk«

Besonders spannend ist aber: Während diese Riege ihre Anzeige in großen Tageszeitungen schaltete und die Medien breit darüber berichteten, verloren unsere Zeitungen und TV-Sender über einen anderen Konzernboss kein Sterbenswörtchen, und immerhin handelte es sich dabei um Thorsten Kraemer, den scheidenden Aufsichtsratsvorsitzenden der Freenet AG mit viertausend Mitarbeitern und 3,3 Milliarden Euro Jahresumsatz. Bei der Hauptversammlung der Freenet AG am 30. Juni 2011 gab Kraemer eine persönliche Erklärung ab und fand für die deutsche Politik dabei ungewohnt deutliche Worte. Dieselbe hochwohllöbliche Rettungspolitik für den Euro, von der die oben genannten Konzerne so begeistert waren, nannte er nämlich einen »Staatsstreich gegen das eigene Volk«.

Nie davon gehört? Tja – ich vorher auch nicht. Gibt man die Suchworte »Thorsten Kraemer«, »Freenet« und »Erklärung« in eine Nachrichten-Suchmaschine ein, lautet das Ergebnis »Fehlanzeige«: »Es wurden keine mit Ihrer Suchanfrage übereinstimmenden Dokumente gefunden.« Diese in aller Öffentlichkeit abgegebene Erklärung des Aufsichtsratsvorsitzenden eines Milliarden-Euro-Konzerns hinterließ nicht die geringste Spur in unseren Medien. Nicht einmal das eine oder andere große Wirtschafts- oder Finanzblatt fühlte sich bemüßigt, über diese spektakulären Worte zu berichten. Kraemers Rede war offenbar so brisant, dass sie von unserer Medienlandschaft geschluckt wurde wie ein Sonnenstrahl von einem schwarzen Loch. Selbst auf der Website der Freenet AG suchte ich vergebens nach den letzten Worten ihres scheidenden Aufsichtsratsvorsitzenden.

Die größte Katastrophe in der Geschichte der Bundesrepublik

»Es ist in den letzten Wochen verstärkt vorgekommen«, so Kraemer am 30. Juni 2011, »dass sich führende Repräsentanten von Unternehmen zur sogenannten Schuldenkrise in Europa äußern, und das möchte ich hiermit ebenfalls tun. Ich halte die Vorgehensweise unserer Regierung und der leider in dieser Frage nichtexistenten bzw. mit der Forderung nach Eurobonds noch umfassender versagenden parlamentarischen Opposition für die größte wirtschaftliche und politische Katastrophe in der Geschichte der Bundesrepublik.« Wobei er später ergänzend hinzufügte: »Es geht ums Ganze: Geldwert, Wohlstand, Demokratie und Freiheit.«

Eurobonds sind der feuchte Traum europäischer Katastrophenpolitiker etwa vom Schlage eines Cem Özdemir, des vom World Economic Forum 2002 zum »Global Leader for Tomorrow« ernannten Grünen-Politikers. Bei solchen »Leaders« müssen wir uns allerdings warm anziehen, denn die von ihnen empfohlenen Eurobonds sind nichts anderes als gemeinsame europäische Staatsanleihen, mit denen Schulden und Risiken endgültig vergesellschaftet werden sollen. Mussten bisher Risikoländer wie Griechenland mit hohen Zinsen auf ihre Staatsanleihen selbst für ihre schlechte Haushaltspolitik zahlen, werden diese Zinsen bei Eurobonds in Zukunft mit denen von stabileren Ländern, hauptsächlich Deutschlands, »gemischt«. Das heißt, dass Griechenland dann niedrigere, Deutschland für seine Staatsschulden aber wesentlich höhere Zinsen zahlen müsste. Ein Experte schätzte die Mehrbelastung für Deutschland Mitte 2011 auf 47 Milliarden Euro – pro Jahr. Mitte August 2011 war die »Diskussion« über die »Euro-Rettung« schließlich so weit gediehen, dass die Zustimmung zu Eurobonds von Deutschland in Erwägung gezogen wurde. Und das bedeutet zweifellos den Todesstoß für das Land, den Euro und Europa.

»Die Pervertierung der Währungsunion in einen Bailout-Club, in dem Kompetenz und Haftung für öffentliche Ausgabenentscheidungen de facto getrennt wurden, ist ein unerträglicher Zustand, der mit Errichtung eines ›permanenten Rettungsschirms‹ nun auch noch perpetuiert werden soll«, so Kraemer in seiner totgeschwiegenen Rede weiter. »Bailout« bedeutet »Herauskaufen«, und Kompetenz und Haftung zu trennen heißt: Egal, welcher Euro-Staat in seiner Inkompetenz auch immer Geld verbrennt – haften sollen dafür alle, und allen voran natürlich der stärkste Euro-Staat Deutschland.

»Das Ergebnis«, so Kraemer, »ist nichts anderes als ein finanzieller Staatsstreich gegen das eigene Volk. Hierdurch werden in unverantwortlicher Weise Verantwortungen verwischt und Verpflichtungen eingegangen, die unsere wirtschaftliche Existenz nachhaltig und fundamental bedrohen, nur um das monumentale Scheitern eines währungssozialistischen Experiments heute noch nicht eingestehen zu müssen. Zu diesem Zweck wird von den politischen Akteuren in schier grenzenloser Rücksichtslosigkeit auf Rechnung des Steuerzahlers alles riskiert.«

Und der beginnt sich nun zu wehren. Im September 2011 erklärte ein Steuerberater aus Niederbayern (Markus Zwicklbauer), künftig seine Steuern nicht mehr an das Finanzamt, sondern auf ein notarielles Anderkonto zu entrichten – bis sichergestellt wird, dass die Steuern »in Deutschland zum Nutzen der deutschen Bürger verwendet und nicht ins Ausland verschwendet werden«. Über Widerstandsstrategien gegen den geschilderten Staatsstreich informiert auch die Website www.steuerboykott.org. Wer so handele wie unsere politischen Eliten, meinte der scheidende Freenet-Aufsichtsrat Kraemer, der rette »weder den Euro noch Europa«. Im Gegenteil: Dies sei das sichere Rezept für das Ende der europäischen Integration – »oder sind die Straßenkämpfe, die heute in Athen und bald auch in vielen anderen Städten Europas stattfinden werden, die neue Variante zu mehr Völkerverständigung in Europa? Die Argumente der maßgeblichen politischen Akteure hierzu sind an Absurdität kaum noch zu überbieten.«

Verschärfend komme hinzu, dass die »verdeckt getätigten Ressourcentransfers mangels demokratischer parlamentarischer Autorisierung bereits Strukturelemente totalitärer Herrschaftssysteme aufweisen«, so Kraemer. Mit anderen Worten, es fehlt aus Sicht Kraemers die parlamentarische Kontrolle über die Verbrennung des deutschen Staatsvermögens. Und das ist natürlich ebenso verfassungswidrig wie totalitär. Aus der Geschichte der Geld- und Währungspolitik von 1919 bis 1933 hätten »die heute Verantwortlichen offensichtlich nichts, aber auch absolut gar nichts gelernt«. Aber noch eine andere Kontrollinstanz versagte aus Kraemers Sicht, und das war die Presse – was durch das Totschweigen seiner Erklärung eindrucksvoll bestätigt wurde. Was also tun? Der scheidende Konzernchef sah da nicht mehr viele Perspektiven: »Ich habe bereits seit Januar 2010 keine Euros mehr und bereite mich auch persönlich bereits darauf vor, das sinkende Schiff zu verlassen«, vertraute Kraemer dem kleinen Finanzmagazin *Smart Investor* an. Nur wo er hingehen will, hat Kraemer leider nicht verraten …

Thema des Monats *22.7.:*
Norwegen-Attentäter Breivik:
Wie viele bin ich – und wenn ja, warum?

1.7. Schwarze Finanzierung des Journalistenvereins »Netzwerk Recherche« fliegt auf **5.7.** Vor dem Bundesverfassungsgericht beginnt die Verhandlung über die Notkredite für Griechenland (Währungsunion-Finanzstabilitätsgesetz) **7.7.** Der Deutsche Bundestag beschließt die begrenzte Zulassung der Präimplantationsdiagnostik (PID) ***14.7. Wirbel um eine Studie über Frauen beim Militär*** **21.7.** Die Euro-Staaten einigen sich auf ein zweites »Rettungspaket« für Griechenland in Höhe von 109 Milliarden Euro. ***22.7. »False flag«-Attentate in Oslo und Utoya*** **26.7.** Das Robert-Koch-Institut erklärt fast drei Monate nach Ausbruch die EHEC-Epidemie für beendet ***29.7. In Österreich wächst sich die Affäre Kampusch zur Staatskrise aus***

1. Juli »netzwerk recherche«: Wie Staat und Konzerne Vorzeigejournalisten sponsern

Jahresversammlung des Journalistenvereins »netzwerk recherche« in Hamburg. Seit dem 1. April 2001 gibt es die Organisation, also seit zehn Jahren. Bei dem Verein sammelt sich die Crème de la Crème des deutschen Journalismus. Gründer und Erster Vorsitzender war bis vor kurzem der Chefreporter des Südwestrundfunks, Thomas Leif. Zweiter Vorsitzender ist das »Recherchegenie« und der »Aufdecker« der *Süddeutschen Zeitung,* Hans Leyendecker. Zum Vorstand gehören ferner *Spiegel*-Reporter Markus Grill und der frühere WDR-Dokumentarist Gert Monheim. Die Vorbildfunktion ist hoch: Zu dem renommierten Verein zieht es jeden, der hierzulande Recherchieren lernen und Kontakte knüpfen will. Name und »Corporate Design« vermitteln die höchsten Werte der Branche: Brisanz, Kompetenz, Authentizität. »netzwerk recherche« prangt in grober Schreibmaschinenschrift auf der Website, als würden Redakteure in verrauchten Redaktionsräumen ihre Recherchen noch immer mit aufgekrempelten Hemdsärmeln in wuchtige Schreibmaschinen hacken – und als ginge bei jedem Tastendruck eine Guillotine auf die Mächtigen nieder. Der Grafiker hat seine Sache gut gemacht: Das »Corporate Design« des über fünfhundert Mitglieder starken Vereins verströmt den Stallgeruch des Undergrounds. Dasselbe gilt für die News-Seite des »NR« namens »Muckraker« (zu deutsch: Schnüffler). Ebenfalls in grober Schreibmaschinenschrift gehalten, erinnert der Name an knallharte Schnüffelgenies vom Schlage eines Philip Marlowe oder Bob Woodward. Kein Zweifel: So sieht sich der »Qualitätsjournalist« gerne – als gnadenlosen Spürhund, dessen heißen Atem die Mächtigen im Nacken spüren. »Das ›netzwerk recherche‹ ist politisch unabhängig und verfolgt ausschließlich gemeinnützige Zwecke«, heißt es im »Zehn-Punkte-Programm« des Vereins.

Bei der Jahresversammlung des NR in Hamburg herrschte diesmal jedoch Katerstimmung. Denn der große Gründer und Vorsitzende Thomas Leif hatte zu Unrecht Fördergelder von der Bundeszentrale für politische Bildung (bpb) abgezockt. Diese stopfte regelmäßig die Finanzlöcher der »NR«-Jahrestagungen – vermeintliche Finanzlöcher, versteht sich. Denn echte Finanzlöcher aufzutreiben fiel dem Verein gar nicht so leicht (siehe unten). Im Rahmen einer sogenannten Defizitfinanzierung zahlte die bpb Zuschüsse für die »NR«-Jahrestagungen, wenn diese »Miese« machten. Und Miese machten sie vor allem deshalb, weil Einnahmen nicht angegeben und die Ausgaben übertrieben wurden. Prompt entstand ein förderungsfähiges »Finanzloch«. So benutzten die Qualitätsjournalisten die Jahreskonferenzen offenbar zur schwarzen Finanzierung ihres gemeinnützigen Vereins. Etwa 75 000 Euro hatte der Journalisten-Verein nach eigenen Angaben auf diese Weise kassiert. Der »Große Vorsitzende« Leif wurde zum Rücktritt gezwungen, im August 2011 leitete die Staatsanwaltschaft Wiesbaden ein Ermittlungsverfahren wegen des Verdachts auf Betrug und Untreue gegen den Chefreporter des Südwestrundfunks ein. So weit, so bekannt.

Ein paar Kleinigkeiten fehlen aber noch. So versäumten es unsere Medien, die Förderung durch die Bundeszentrale für politische Bildung angemessen zu würdigen. Zwar hieß es in der *Süddeutschen Zeitung:* »Schon der Verdacht, nur einen Euro an öffentlichem Geld zu Unrecht bekommen zu haben, ist aber für einen Verein von hauptsächlich investigativ arbeitenden Journalisten wie eine Leiche im Keller eines Politikers.« Dabei müsste es heißen: »Schon der Verdacht, nur einen Euro an öffentlichem Geld bekommen zu haben, ist aber für einen Verein von hauptsächlich investigativ arbeitenden Journalisten wie eine Leiche im Keller eines Politikers.« Denn was ist überhaupt von einer

Journalistenorganisation zu halten, die sich vom Staat bezahlen lässt?
Laut Förderbedingungen der Bundeszentrale für politische Bildung (die im Grunde nichts weiter als staatliche Propaganda betreibt) dürfen Zuwendungen »nur gewährt werden, wenn der Bund an der Projektdurchführung ein erhebliches Interesse hat, das ohne ›die Zuwendungen nicht oder nicht im notwendigen Umfang befriedigt werden‹« kann, heißt es im Schlussbericht über die finanziellen Unregelmäßigkeiten beim »NR« (22.8.2011). Und das staatliche Interesse muss wirklich erheblich gewesen sein. Denn bei der Prüfung der jeweiligen Förderungsanträge drückte die bpb offenbar auch noch beide Augen zu. So ist zumindest in einem Fall der Fehlbedarf »nicht anhand der konkreten Ein- und Ausgaben des Ausgabenplans berechnet worden«, so der Schlussbericht. Vielmehr sei der bewilligte Betrag ermittelt worden, »ohne dass ›eine tiefere Bearbeitung des Verwendungsnachweises aus zeitökonomischen Gründen‹ durch die bpb vorgenommen worden ist«.

NR – das »Aufpasser«-Netzwerk

Übersetzt heißt das, dass die Bundeszentrale für politische Bildung einfach keine Zeit hatte zu prüfen, ob dem Journalistenverein zu Recht Zehntausende von Euro an Steuergeldern hinterhergeworfen werden. Und selbst wenn sie Zeit gehabt hätte, wäre »eine detaillierte Untersuchung der Gesamtausgaben und -einnahmen« »aufgrund der vorliegenden Unterlagen nicht möglich« gewesen. Was man so verstehen kann, dass das »netzwerk recherche« seine Anträge noch nicht einmal detailliert begründet hatte. Anders denn als Kungelei zwischen Staat und Journalisten kann man das wohl kaum bezeichnen.
In Wirklichkeit erscheint die Journalistenorganisation keineswegs als unabhängig. Denn auch beim »netzwerk recherche« heißt es: Alles Gute kommt von oben. Und das Gute, das ist nun mal vor

allem Geld. Und zwar nicht nur das Geld der Bundeszentrale für politische Bildung. Mit von der Finanz-Partie sind auch die staatstragenden Medien und TV-Anstalten. Wer zum Beispiel den Finanzbericht 2010/11 liest, wird sich wundern, wer sich dort alles mit Zuschüssen und Spenden verewigt hat: ARD und ZDF genauso wie der *Spiegel,* die WAZ-Mediengruppe oder das Deutschlandradio und der Westdeutsche Rundfunk. Sogar das Bundesministerium der Justiz ließ 4000 Euro für die Journalisten springen. Noch brisanter ist allerdings die Rubrik »Anzeigenverkauf und Sponsoring«. Demnach nämlich griffen den »unabhängigen« Journalisten die größten Konzerne der Republik unter die Arme, darunter RWE (10000 Euro), die Deutsche Bank (3250 Euro) und die Concordia Versicherungen (3500 Euro). Die ING-DiBa-Bank war sogar mit schlappen 30000 Euro dabei.

»Das Geld macht, was es so macht: Es wird mehr.«

Gilt der Journalistenberuf sonst als brotlose Kunst (wer fördert normalerweise schon Journalisten), stapelten sich auf den Konten des Vereins alles in allem Ende Juli 2011 knapp 400000 Euro, also fast eine halbe Million. Ist das vielleicht dieselbe halbe Million, die der Verein nach einem Bericht des *Kölner Stadtanzeigers* bunkert, »obwohl er als gemeinnütziger Verein verpflichtet ist, Einnahmen zeitnah für laufende Geschäfte auszugeben«? Oder ist das etwa wieder eine andere halbe Million? »Eine halbe Million Euro sind viel Geld für einen Verein, der 568 Mitglieder zählt«, meinte dazu jedenfalls *faz.net* vom 23. August 2011. »Zum Vergleich: Die Landesjägerschaft Niedersachsen hat ebenfalls rund 500000 Euro angespart. Der Verband zählt allerdings 53000 Mitglieder.« Und noch etwas unterscheide diesen Verein von den Journalismus-Netzwerkern. So habe der Jägerverband gerade eine Mahnung vom Finanzamt erhalten: »Die Gemeinnützigkeit sei gefährdet, wenn das Geld nicht schnellstens zweckgerichtet investiert werde.« Beim »netzwerk recherche« habe man solche Schwierigkeiten nicht bekommen. »Auf die Frage, was man denn mit dem angesammelten Geld vorhabe, sagt Hans Leyendecker: ›Das Geld macht, was Geld so macht: Es wird mehr.‹« Komisch: Bei normalen Vereinen heißt der Vers immer: »Das Geld macht, was es so macht: Es wird weniger.« Dem *Kölner Stadtanzeiger* erklärte Leyendecker auf Anfrage, die halbe Million »sei für eine Stiftung geplant gewesen, die die Arbeit des NR absichern solle«. »Merkwürdig« sei nur, findet der *Kölner Stadtanzeiger* (25.8.2011), dass es bis dato »dazu keinen offiziellen Beschluss der Mitglieder« gebe. Schon gehe im NR-Vorstand »die Angst um, der Verein könne seinen letzten Rest an Glaubwürdigkeit verspielen«. Diese Angst besteht wohl zu Recht.

Die Wahrheit ist: »netzwerk recherche« ist nichts weiter als ein »Aufpasser«-Netzwerk, das Recherchen aufsaugt und kanalisiert. Deshalb hat der Staat auch ein so erhebliches Interesse an seiner Förderung. Am besten erkennt man das am Thema 9/11: Kritische Recherchen über die Anschläge des 11. September 2001 wurden von maßgeblichen NR-Mitgliedern hysterisch niedergemacht, allen voran der zweite Vorsitzende Leyendecker. Ob das wohl auch an dessen guten amerikanischen Freunden liegt? Laut *faz.net* staunten die Anwesenden bei der Gründungsversammlung vor zehn Jahren nämlich nicht schlecht, als Leyendecker plötzlich von einem amerikanischen Freund berichtete, der dem Netzwerk eine Million Mark zur Verfügung stellen wolle. »Als ein Zwischenrufer Leyendecker fragte, ob er sein Ehrenwort habe geben müssen, den Namen nicht zu verraten, und Leyendecker bejahte, dass der Amerikaner anonym bleiben wolle, wies Thomas Leif den Protokollanführer an, nicht weiterzuschreiben«, berichtete *faz.net* über die seltsamen Methoden von »netzwerk recherche«. Die Anwesenden dachten zuerst, Leyendecker macht einen Witz. War er es doch gewesen, der 1999 die Parteispendenaffäre um

Helmut Kohl »aufgedeckt« hatte, bei der sich Kohl weigerte, die Namen anonymer Spender zu nennen. Inzwischen drängt sich jedoch die Frage auf, ob Leyendecker und Konsorten inzwischen nicht selbst in jener »Korruptionsfalle« gelandet sind, über die Leyendecker einst ein gleichnamiges Buch schrieb. Untertitel: »Wie unser Land im Filz versinkt«.

14. Juli Frauen beim Militär: Ein verbotenes Papier

Wussten Sie schon, dass Anatomie rechtsextrem ist? Anatomie – die Lehre vom Aufbau der Organismen, also auch des menschlichen Körpers? Doch – nehmen wir beispielsweise einen Satz wie diesen: »Unbestritten ist, dass sich die körperlichen Anlagen männlicher und weiblicher Soldaten grundlegend unterscheiden, damit auch die reale Leistungsfähigkeit. Frauen verfügen durchschnittlich über geringere Körper- und Muskelmasse und sind deutlich kleiner.« In der militärischen Ausbildung seien deshalb »entweder doppelte Maßstäbe oder eine Absenkung des allgemeinen Leistungsniveaus die Folge. Beides wirkt negativ auf den Kampfwert.« Entweder muss man Frauen und Männer im Wehrdienst demnach also unterschiedlich behandeln, oder alle Anforderungen müssen auf das Leistungsniveau der Frauen abgesenkt werden.

»Überholte Parolen aus einer vergangenen Zeit?«, kommentiert die *Süddeutsche Zeitung* diese Sätze am 14. Juli 2011, ganz so, als handele es sich bei den anatomischen Unterschieden zwischen den Geschlechtern nicht um biologische Tatsachen, sondern um eine abgelegte Mode von Gestern. Diese anatomischen und faktischen Feststellungen seien einfach »krude Thesen über den Militärdienst von Frauen«, schimpfte auch *Spiegel Online*. Die Textpassage, so die *Süddeutsche Zeitung,* stamme aus der Studentenzeitung *Campus* der Hochschule der Bundeswehr in München/

Neubiberg. Was allerdings höchst verwerflich ist, denn was hat sich eine Uni der Bundeswehr mit Wehrkraftbelangen zu beschäftigen?
Mitte Juli 2011 schoss sich dann die versammelte Mainstream-Presse auf die Studentenzeitung *Campus* ein. Denn die hatte gleich ein doppeltes Verbrechen begangen. Erstens hatte sie die lange Zeit unter den Tisch gekehrte Frage nach der Eignung von Frauen für den Wehrdienst aufgeworfen. Und zweitens hatte sie in derselben Ausgabe eine Anzeige des als »rechtsextrem« geltenden Instituts für Staatspolitik (IfS) veröffentlicht, das, so die Medien, »zeitweise vom Verfassungsschutz beobachtet« wurde.

Verfassungsfeind Verfassungsschutz

Schlimm – so weit musste es mit unseren Studentenzeitungen kommen. Offenbar alles getarnte Kampfblätter des Nazi-Untergrundes. Auf der anderen Seite: Wer wurde nicht schon alles vom Verfassungsschutz beobachtet? Dabei war die Schnüffelei oft selbst verfassungswidrig, wie sich immer wieder herausstellte. Ja, der Verfassungsschutz erschien zeitweise selbst als oberster Verfassungsfeind. Von der Lauschaffäre Traube und dem NPD-Verbotsverfahren über Skandale im Zusammenhang mit der *Jungen Freiheit* und den »Republikanern« bis hin zur Bespitzelung der Linkspartei und von Bürgerrechtlern: Der Verfassungsschutz führt sich regelmäßig auf wie der sprichwörtliche Elefant im demokratischen Porzellanladen. Kaum eine der vom Verfassungsschutz beobachteten Parteien und Personen hat sich so oft so verfassungswidrig verhalten wie der Verfassungsschutz selbst.

- Das NPD-Verbotsverfahren (2001–2003) platzte, weil sich herausstellte, dass die NPD praktisch selbst vom Verfassungsschutz gesteuert wurde – so viele V-Leute hatte der in den Führungsgremien der Partei plaziert.

- Die Partei »Die Republikaner« war nach Meinung des Oberverwaltungsgerichts Berlin-Brandenburg (2006) zu Unrecht in den Berliner Verfassungsschutzbericht aufgenommen worden.
- Die 38 Jahre währende Bespitzelung des Bürgerrechtlers Rolf Gössner wurde am 3. Februar 2011 vom Verwaltungsgericht Köln als rechtswidrig bezeichnet.

Im Jahr 2009 stellte die Universität Freiburg fest: »Die meisten Verfassungsschutzberichte sind verfassungswidrig.« In der entsprechenden Pressemitteilung der Uni Freiburg heißt es: »Entsprechend einer Untersuchung an der Universität Freiburg sind alle ab 2005 bis mindestens 2008 publizierten Verfassungsschutzberichte von Bund und Ländern, mit Ausnahme der Verfassungsschutzberichte Berlins und Brandenburgs, verfassungswidrig.«

Dreiundsechzig Verfassungsschutzberichte »für die Tonne«

Dass das Institut für Staatspolitik in einem Verfassungsschutzbericht erwähnt wurde, ist schon viele Jahre her – und markierte eine weitere Pleite der obersten »Verfassungshüter«. 2002 tauchte das IfS in einem Atemzug mit der Zeitung *Junge Freiheit* im Verfassungsschutzbericht von Nordrhein-Westfalen auf, wobei die *Junge Freiheit* dort als »rechtsextrem« eingestuft wurde. 2005 wurde diese Einstufung vom Bundesverfassungsgericht wieder kassiert. Es sei nicht möglich, ein Presseorgan aufgrund eines bloßen Verdachts als rechtsextrem zu bezeichnen. Seitdem muss der Verfassungsschutz in seinen Berichten deutlich machen, wenn eine Organisation lediglich im Verdacht steht, verfassungsfeindliche Bestrebungen zu verfolgen. Und seither wurden weder IfS noch *Junge Freiheit* jemals wieder in einem Verfassungsschutzbericht erwähnt – auch nicht als »verdächtig«. Andere dagegen schon. Aber weil die Verfassungsschutzämter dabei immer wieder

»vergessen« hatten zu erwähnen, dass es sich nur um einen Verdacht handelt, gehören nicht weniger als 63 Verfassungsschutzberichte als verfassungswidrig »in die Tonne«.

Auch auf eine Große Anfrage der Linken-Abgeordneten Ulla Jelpke und der Fraktion Die Linke (Drucksache 16/1009) hin ordnete die Bundesregierung das IfS 2007 nicht dem rechtsextremen Spektrum zu. Das zu berichten vergaßen die Medien im Juli 2011 bei dem Rummel um die Anzeige des Instituts in der Studentenzeitung *Campus* jedoch glatt.

Der Theaterdonner sollte lediglich davon ablenken, dass es bei der Aufregung um *Campus* in Wirklichkeit um einen für die offizielle Politik äußerst sensiblen Punkt und eine ihrer liebsten Lebenslügen ging. Diese Lebenslüge hatte sich bereits am 7. November 2010 mit Macht zurückgemeldet, als im Hafen von Salvador da Bahia (Brasilien) eine 25-jährige Kadettin aus der Takelage des deutschen Segelschulschiffs Gorch Fock fiel und starb – der zweite tödliche Unfall einer Frau an Bord innerhalb von zwei Jahren. Das Thema schwelte immer weiter, als im Januar 2011 Vorwürfe gegen die Schiffsführung erhoben wurden und Verteidigungsminister Karl-Theodor zu Guttenberg den Kapitän der Gorch Fock entließ – zu Unrecht, wie sich herausstellte, nachdem eine Untersuchung den Kapitän im März 2011 entlastet hatte.

Ein verbotenes Papier

Das Thema, das im Hintergrund schwelte, war die Frage, ob Frauen wirklich für den Dienst an der Waffe taugen. Im Januar 2000 hatte eine junge Energieelektronikerin namens Tanja Kreil vor dem Europäischen Gerichtshof (EuGH) ihre Aufnahme in die Bundeswehr erstritten, wo sie als Waffenelektronikerin arbeiten wollte. Bis dahin war Frauen der Dienst an der Waffe verwehrt gewesen. Am 11. Januar 2000 gab der EuGH Kreil jedoch recht, so dass ein Jahr später 244 Frauen ihren Dienst an der Waffe antreten konnten. Was Feministinnen umgehend als großen Sieg feierten: »Die männerdominierten Arbeitsbedingungen bei der Bundeswehr« müssten sich nun »grundsätzlich verändern«, forderte die niedersächsische Grünen-Abgeordnete (heute MdB) Brigitte Pothmer laut *Spiegel Online* vom 11. Januar 2000. Fortan wurden »Frauen in der Bundeswehr« oder »an der Waffe« zum ersehnten Ziel aller politisch Korrekten.

In Wirklichkeit, und das ist das große Staatsgeheimnis, um das es eigentlich geht, brachte die Aufnahme von Frauen in die Streitkräfte hauptsächlich Schwierigkeiten und Ärger – und zwar weltweit. Die Zeitschrift *Campus* und das Institut für Staatspolitik hatten diese schwärende Wunde nur wieder aufgerissen – zehn Jahre nachdem die ersten Frauen hierzulande den Militärdienst mit der Waffe antreten durften. Insbesondere ging es darum, die neu erschienene Studie des IfS, »Die Frau als Soldat«, als »rechtsextremes Produkt« madig zu machen. Nach der Lektüre wurde mir die Wut der etablierten Politik noch verständlicher. Denn der Inhalt ist eine ebenso seriöse wie vernichtende Untersuchung zum Thema Frauen und Militär, gestützt nicht auf rechtsextreme Quellen, sondern auf empirische Untersuchungen unter anderem der israelischen und amerikanischen Streitkräfte. Beide kommen nach vielen Jahren der Schwierigkeiten und Querelen zu dem Schluss, dass es wohl doch keine besonders gute Idee war, Frauen in den Streitkräften einzusetzen – sowohl aus Sicht der Streitkräfte als auch aus Sicht der Frauen, weshalb der Vorwurf der Frauenfeindlichkeit auch absurd ist. In Wirklichkeit ging es nicht zuletzt um den Schutz von Frauen vor einer gefährlichen Umgebung, der sie weniger gut gewachsen sind als Männer.

Der vollständige Titel der Studie lautet: »Die Frau als Soldat – Der ›Gorch Fock‹-Skandal, Minister zu Guttenberg und der Einsatz von Frauen in den Streitkräften«. Es gehe um den »ideologisch begründeten Einsatz von Frauen in den Streitkräften und seine Konsequenzen, zu denen nicht zuletzt der tragische Tod der beiden Kadettinnen gehört« – auf der Gorch Fock nämlich.

Starker Tobak – hatte ich schon erwähnt, dass ich mich von der Studie distanziere? »Die Durchschnittsfrau besitzt 55 Prozent der Muskelkraft und 67 Prozent der Ausdauer eines Durchschnittsmannes«, referiert das Papier anatomische Grundtatsachen. »Eine zwanzig- bis dreißigjährige Frau hat im Durchschnitt die gleiche Sauerstoffaufnahmefähigkeit wie ein fünfzigjähriger Mann. Rekrutinnen sind im Schnitt 14,3 Kilogramm leichter, 12 Zentimeter kleiner, besitzen 16,9 Kilogramm weniger Muskelmasse und müssen daher ein Drittel größere physische Belastung meistern als ihr männlicher Gegenpart. Nur 20 Prozent der Frauen im oberen Leistungsbereich verfügen über die gleichen physischen Fähigkeiten wie die 20 Prozent im unteren Leistungsbereich der durchschnittlichen männlichen Bevölkerung« (a. a. O., S. 22).

»Munition erschreckt mich«

Hm – das klingt wirklich äußerst rechtsradikal. In Wirklichkeit beruft sich die Studie dabei auf den israelischen Militärhistoriker Martin van Creveld. Vor allem aber klingt es nach »Ausmusterung«. Einen männlichen Wehrpflichtigen mit diesen Einschränkungen hätte man früher wohl kaum eingezogen. Vielleicht darf ich bemerken, dass Frauen von der Natur ursprünglich ja auch nicht für den Kampf, sondern für die Aufzucht und Ernährung des Nachwuchses ausgestattet wurden. Aber das ist natürlich »rechtsradikal«.

»1985, nach zehn Jahren des Bestrebens im US-amerikanischen Militär, diese Differenzen zu ignorieren, wurde festgestellt, dass von den damals 65 000 Frauen in der Armee, denen man eine Vielzahl von Aufgaben zugeteilt hatte, die eine beachtliche physische Kraft verlangten, nur drei Prozent diese Aufgaben adäquat ausführen konnten«, heißt es in der IfS-Studie weiter (ebda.). Brauchte man zum Beispiel sechs Männer, um einen Verwundeten über längere Distanz auf einer Trage zu transportieren, waren für die gleiche Tätigkeit zehn Frauen erforderlich.

Ein Schwerverwundeter bindet demnach zehn Soldatinnen. Auf diese Weise kann man natürlich eine ganze Truppe mit dem Verwundetentransport beschäftigen. Je mehr ich von der Studie las, desto klarer wurde mir, warum unsere Medien sie gerne in den rechtsradikalen Giftschrank verbannen wollten. Denn sie belegt eindrucksvoll einen einzigen Skandal.
»Frauen, die im US-Militär als Fahrer eingesetzt wurden, waren oftmals nicht fähig, die Reifen der eigenen Lastkraftwagen zu wechseln – nicht aus Mangel an Ausbildung, sondern aufgrund des hohen Gewichts der Reifen« (ebda.). Richtig brenzlig wird es allerdings, wenn die Soldatin ihre Handgranaten nicht weit genug werfen kann: »Eine Studie auf Parris Island, dem Ausbildungszentrum für alle weiblichen Rekruten des US-Marinekorps, hatte schon in den 80er Jahren ergeben, dass 45 Prozent der dort zur Ausbildung stationierten weiblichen Marines nicht fähig waren, Handgranaten über den erforderlichen Sicherheitsbereich hinaus zu werfen. Unter Kriegsbedingungen hätten sie sich und ihre Kameraden daher gefährdet« (S. 23). Ausbaden muss solche Fehlleistungen im Ernstfall also die ganze Truppe. Eine Rekrutin erklärte: »Ich wollte keine Handgranate werfen, und ich tat es auch nicht. Munition erschreckt mich. Ich hatte Angst, dass sie in meiner Hand explodieren würde.«

Schwangerschaft = »ungeplanter Verlust«

Was einerseits lustig, andererseits menschlich verständlich ist. Die Frau hat auf dem Schlachtfeld eben nichts zu suchen. Nicht weil sie nichts wert oder unfähig wäre, sondern weil sie nicht für das Schlachtfeld geboren wurde. Von Natur aus wurden ihr andere Fähigkeiten mitgegeben, über die wiederum Männer nicht verfügen – zum Beispiel bei der Aufzucht und Ernährung des Nachwuchses. Weshalb es auch nichts anderes als frauen-, um nicht zu sagen: menschenfeindlich ist, Frauen ins Militär zu locken. Statt sich zu schließen, öffnet sich die Leistungsschere durch Training

immer weiter. Denn: Der männliche Körper spricht auf Muskeltraining besser an. Im Bereich des Oberkörpers zeigten die Männer dabei in ein und demselben Zeitraum »einen Zuwachs von 270 Prozent mehr Kraft und 473 Prozent mehr Ausdauer als die Frauen. In der gemeinsamen Ausbildung, an der Frauen und Männer gleichermaßen teilnahmen, bedeutet dies also, dass die Diskrepanzen zwischen hoher und niedriger Leistungsfähigkeit eher ansteigen, statt abzusinken, und daher dem verfolgten Ziel entgegenwirken« (S. 23).
Auch die Verletzungsanfälligkeit liege bei Frauen höher. So seien Frauen im Durchschnitt »fünfmal häufiger krank und bei dem Versuch, die Trainingsanforderungen zu erfüllen, bis zu achtmal mehr verletzungsgefährdet«. Zahlreiche Studien und ausgiebige Nachforschungen hätten ergeben, »dass dieses Problem unüberwindbar ist«. Eine Untersuchungskommission der US Army habe 1997 berichtet, »dass Frauen in der fortgeschrittenen Ausbildung, das heißt jene, die ihre Grundausbildung vollendet hatten, über die Hälfte aller Stressfrakturen ausmachten«. Frauen landeten demnach zehnmal häufiger im Krankenhaus als Männer. »Unter den weißen, nichthispanischen, weiblichen Neuzugängen betrug der Anteil sogar das Fünfzehnfache.« »Mädchen werden häufiger verletzt als Jungs und brauchen länger, um sich zu erholen«, zitiert die IfS-Studie Stuart Barnard, den kommandierenden Offizier des British Army's Winchester Training Center: »Hüftfrakturen zählen zu den häufigen Verletzungsmustern unter den Mädchen, weil sie versuchen, mit den Jungs Schritt zu halten« (S. 24).
Was außerhalb des Militärs eine frohe Botschaft ist, zum Beispiel eine Schwangerschaft, bringt in den Streitkräften nur Ärger. Eine kämpfende Truppe ist nun mal kein Geburtsvorbereitungskurs. Die einmalige weibliche Fähigkeit, Kinder zu gebären, führt dort zu »ungeplanten Verlusten«. Ein hässliches Wort für eine schöne Sache. In der US Navy liege die Höhe solcher »ungeplanter Verluste« bei etwa zwölf Prozent, »während manche Schiffe sogar

von 16 Prozent berichten«: 2002 musste die Navy demnach glatt 12,3 Prozent der zu See fahrenden Frauen wegen Schwangerschaft versetzen. Im Bosnienkrieg seien fünf Prozent der eingesetzten Frauen schwanger geworden. Im Dezember 2009 flog ein verzweifelter Kommandeur im Irak auf, der »einen Strafkatalog für Schwangerschaft und Schwängerung während des Einsatzzeitraums« zusammengestellt hatte (S. 25).

Keine Frauen an die Front

Die körperlichen Einschränkungen sind zwar gewaltig, aber nur ein Teil des Problems. Denn dazu kommen soziologische und psychologische Schwierigkeiten mit Frauen in der kämpfenden Truppe: »Die Erfahrungen der Israelis mit Frauen im Einsatz, vor allem im Unabhängigkeitskrieg 1948, sorgten dafür, dass sie seitdem nie wieder im direkten Frontkampf eingesetzt wurden«, berichtet die IfS-Studie. »Die Reaktion von Gegnern und die emotionale Auswirkung auf männliche Kameraden, wenn Frauen verwundet oder getötet werden, wurden insgesamt als problematisch betrachtet.« So neigten Gegner aus »Machokulturen« dazu, »sich Frauen nicht ergeben zu wollen und weiterzukämpfen, wo sie üblicherweise kapituliert hätten«. Kurz: Die Frauen mobilisieren die Kampfkraft des Feindes. Ist man seiner habhaft geworden und hat Gefangene gemacht, geraten wiederum die eigenen Leute außer Kontrolle. »Die Kameraden von getöteten Soldatinnen neigen zu Übergriffen, zum Beispiel gegenüber gefangenen Gegnern«, heißt es in der Studie unter Berufung auf den israelischen Militärhistoriker van Creveld (S. 29). »Beide Reaktionen sind kontraproduktiv« – was man gern glauben möchte.

Und so geht es immer weiter. Der Einsatz von Frauen in der kämpfenden Truppe ist ein einziges Desaster. Schließlich ist auch im Sport noch niemand auf die irrsinnige Idee verfallen, gemischte Fußball- oder Basketballmannschaften aufzustellen. Zwar werden immer mehr Sportarten für Frauen geöffnet oder erschlossen;

gemischte Mannschaften gibt es aus gutem Grund jedoch fast nirgends. Genau das wird aber im Militär und damit im Krieg veranstaltet, der – wenn man im Bild bleiben will – extremsten »Sportart« der Welt. Ist das nicht absurd? Natürlich ist das absurd. Und schon sind wir wieder bei unserem Thema vom 28. Mai – dem unbedingten und allgegenwärtigen Abbau von Grenzen. Welche aktuelle Diskussion man auch immer aufgreift – dahinter steckt fast immer der Abbau von Grenzen. Und einmal mehr können wir die zerstörerischen Auswirkungen dieses Grenzverlustes am lebenden Beispiel beobachten – fallen ihm doch jeden Tag auf den Schlachtfeldern und in den Ausbildungszentren der Militärs (zum Beispiel auf den Segelschulschiffen!) Menschen zum Opfer: Frauen, weil sie den Anforderungen nicht gewachsen sind, und Männer, weil die Kampfkraft der gesamten Truppe leidet. Und abermals kann man daraus nur den einen Schluss ziehen: Wir brauchen wieder mehr Grenzen.
Fazit: Frauen ins Militär und Männer an den Herd, wie es die herrschenden Ideologien befehlen – eine schlimmere »Wehrkraftzersetzung« ist eigentlich kaum denkbar. Der schlimmste Frauenfeind ist nicht der, der vor dem Einsatz von Frauen in den bewaffneten Streitkräften warnt, sondern der sie aus ideologischen Gründen dort hineinlockt. Denn so wie die gesamte Truppe unter diesen Verhältnissen leidet, haben selbstverständlich auch die Frauen unter einer Umgebung zu leiden, für die sie nicht geschaffen sind. Was einen glatt auf die Idee bringen könnte, dass nicht nur der militärische Feind für Verluste bei der Truppe sorgt, sondern auch unsere Emanzipationspolitiker, die Frauen um jeden Preis in der kämpfenden Truppe sehen wollen. Das eigentlich Schlimme daran ist, dass man diese offensichtliche Selbstverständlichkeit auch noch wortreich belegen und diskutieren muss. Übrigens: Ausgerechnet die Klägerin, die im Jahr 2000 die Öffnung der Bundeswehr für Frauen vor dem Europäischen Gerichtshof erstritten hatte, trat ihren Dienst nie an …

22. Juli Attentate in Norwegen: Angriff auf die konservative Revolution

Um 15.24 Uhr blickt ein Mann »aus seinem Bürofenster in der Osloer Innenstadt. Ihm fällt ein Polizist auf, der ein Auto vor dem Energieministerium abstellt und dann langsam weggeht. Der Zeuge überlegt noch, dass es ungewöhnlich sei, einen einzelnen Polizisten zu sehen, denn in Norwegen treten die Schutzleute grundsätzlich zu zweit auf. Um 15.26 Uhr zerreißt eine Explosion die sommerliche Stille der Stadt.« So beschreibt die *Berliner Morgenpost* (24.7.2011) den Beginn der Anschläge vom 22. Juli 2011 in Norwegen.

Die Welt ist geschockt, entsetzt, fassungslos: Ein Attentäter hat das Osloer Regierungsviertel in die Luft gejagt. Anschließend ist er auf die etwa vierzig Kilometer entfernte Ferieninsel Utøya gefahren und hat dort in einem Ferienlager der sozialistischen Partei 69 Jugendliche erschossen (zunächst war gar von 74 die Rede). Zusammen mit den Opfern der Bombenexplosion in der Osloer Innenstadt fanden 77 Menschen den Tod. Wie immer überschlagen sich Politiker und Medien in einer Mischung aus Hysterie und Heuchelei: Schrecklich – wie konnte das nur passieren? Und wie immer versuchen sie hinterher die reiche Ernte einzubringen: neue Verbote, Sicherheitsgesetze und Angriffe auf unliebsame politische Strömungen. Es ist ein Ritual, das sich seit den »false flag«-Anschlägen der späten RAF nicht geändert hat. Moment: Sagte ich »false flag«? Das Attentat von Oslo und Utøya ein Anschlag »unter falscher Flagge«? Und ob. Die Indizien sind erdrückend.

Die Ziele

Als Erstes fällt auf, dass es sich nicht um einen Angriff auf die Herrschenden, sondern auf unschuldige Zivilisten handelte. Politiker wurden mehr oder weniger zufällig ausgespart: Der norwegische Ministerpräsident Jens Stoltenberg war zum Zeitpunkt der Bombenexplosion am 22. Juli nicht (mehr) in seinem Büro im Regierungsviertel. Auf der Insel Utøya, wo er am Tag darauf eine Rede halten sollte, war er *noch* nicht. Der norwegische Außenminister Jonas Gahr Støre wiederum besuchte das Sommerlager der Sozialisten am 21. Juli, also einen Tag *vor* den Anschlägen. Auch »zahlreiche Spitzenpolitiker« (*blick.ch,* 2.8.2011), die just am Tag des Attentats auf der Ferieninsel weilten, verpasste der Attentäter Anders Breivik. Und das, obwohl diese sich geschlagene vier Stunden dort aufhielten, nämlich von etwa 11 bis 15 Uhr. Rücksichtsvollerweise kamen der (oder die) Killer jedoch erst später an. Begründung: Attentäter Breivik habe sich in der Hauptverkehrszeit verspätet.

Fazit: Auf Politiker, »den Staat« oder eine »Revolution« (wie Breivik mitteilen ließ) hatten es der oder die Täter in Wirklichkeit gar nicht abgesehen. Stattdessen wurden die Mächtigen sorgfältig ausgespart.

Der Anwalt

Der nächste Punkt: Verteidigt wird der angebliche Rechtsextremist Breivik ausgerechnet von Geir Lippestad, einem Anwalt, der für die Regierung und die Sozialisten arbeitet und sich für Völkerverständigung und »Multikulti« engagiert – also für Werte, die Breivik angeblich ablehnt. Selbst die *Süddeutsche Zeitung* fand die Anwaltswahl »seltsam«: »Auf den ersten Blick ist es unbegreiflich, warum der mutmaßliche Terrorist, der eine Bombe im Regierungsviertel zündete und anschließend auf Utøya gezielt junge Sozialdemokraten ermordete, sich ausgerechnet so einen Verteidiger wünscht« (*sueddeutsche.de,* 27.7.2011). Sogar der Fernsehsender N24 findet es »erstaunlich, dass er sich jemanden aussucht, der für die multikulturelle Gesellschaft steht« (*N24,* 26.7.2011).

Tja – unbegreiflich. Denn Lippestad ist noch nicht einmal ausgewiesener Strafverteidiger: »Auf der Internetseite seiner Kanzlei ist zu lesen, dass er sich unter anderem auf Eigentumsrecht, Arbeitsrecht und Wirtschaftskriminalität spezialisiert«, stellte die *Süddeutsche Zeitung* fest. Lippestad selbst inszeniert sich als Held der Demokratie: Der Attentäter habe ein faires Verfahren verdient, und irgendjemand müsse die Verteidigung ja übernehmen. Warum der Attentäter ausgerechnet ihn, einen Anwalt der Arbeiterpartei, verlangt habe, wisse er auch nicht. Vielleicht kann man da nachhelfen: Könnte es daran liegen, dass sich die beiden bereits vor dem Attentat kannten? Berichten zufolge arbeiteten beide 15 Jahre zuvor nämlich in demselben Gebäude (*Daily Mail Online,* 27.7.2011).

Der Tiefschlaf der Geheimdienste

In einem modernen Industriestaat, in dem Polizei und Geheimdienste ihre Schleppnetze im Mobilfunk, im Telefonnetz sowie im Internet auslegen, ist es gar nicht so einfach, eine derart aufwendige Doppeloperation vorzubereiten. Der angebliche Einzeltäter konnte jedoch nicht nur das Massaker auf der Ferieninsel planen, sondern vor allem auch unbehelligt tonnenweise Sprengstoff herstellen und ihn im Osloer Regierungsviertel deponieren. Dabei war der Täter »bei der norwegischen Polizei seit langem bekannt«, hieß es am 23. Juli 2011 auf *Kopp Online*. Breivik sei als »extrem nationalistischer Rechtsextremist« aktenkundig gewesen und »vom Inlandsgeheimdienst sporadisch überwacht« worden. »Breivik fiel dem Geheimdienst bereits im März auf«, schrieb auch die Website *fruehnachrichten.de* am 26. Juli 2011, »als er bei einem polnischen Händler Chemikalien im Wert von 15 Euro gekauft haben soll.« Aber nicht nur das: Schon zuvor »hatten polnische Sicherheitsbehörden« demnach »mitgeteilt, dass Breivik Substanzen im Internet bestellt habe, die für den Bau von Bomben geeignet waren«. Die Behörden hatten Breivik also auf dem Radarschirm. Aber er blieb genauso unbehelligt wie nach dem Attentat Polizei und Geheimdienste. Jagt jemand das Regierungsviertel in die Luft, sollte man eigentlich meinen, dass danach bei den Sicherheitsbehörden Köpfe rollen. Eine Polizei und ein Geheimdienst, die nicht einmal das Regierungsviertel vor einem verheerenden Bombenanschlag schützen können, sind offensichtlich unfähig – wenn nicht Schlimmeres. Aber nichts dergleichen passierte.

Die »Anti-Terror-Übungen«

Dabei fehlte auch eine weitere Zutat von »false flag«-Anschlägen nicht, nämlich eine Anti-Terror-Übung, in deren Rahmen derartige Attentate häufig stattfinden, zum Beispiel am 11. September 2001 in den USA und am 7. Juli 2005 in London. An beiden Tagen fanden gleichzeitig Übungen statt, die zum Teil exakt das vorwegnahmen, was schließlich wirklich passierte. Die Übungen dienen dabei als Tarnung der Vorbereitung und Durchführung des jeweiligen Anschlags.

Was am 26. August 2011 in der norwegischen Zeitung *Aftenposten* stand, setzte dem die Krone auf. Am Tag des Massakers auf der Insel Utøya, am 22. Juli 2011, führte das Delta Force Team der norwegischen Polizei sogar eine Anti-Terror-Übung durch, die dem Massaker von Anders Breivik verblüffend ähnlich war. Der Hauptunterschied bestand darin, dass bei der Übung nicht so viele Menschen »getötet« wurden. Die Übung soll um 15 Uhr beendet gewesen sein, 26 Minuten vor der Explosion im Zentrum von Oslo. Und wenig später begann Breivik sein Massaker auf Utøya. »Nur wenige Stunden bevor Anders Behring Breivik auf Utøya Kinder erschoss, beendete das Überfallkommando der Polizei eine Übung, die eine fast identische Situation darstellte«, hieß es wörtlich im *Aftenposten:* »An den vier Tagen zuvor und auch an demselben Freitag, an dem der Angriff durchgeführt wurde, trainierte eine Spezialeinheit der Polizei eine laufende Terror-Kampagne, die ungefähr der Situation entsprach, die wenige

Stunden später 22 Polizisten des Notfall-Kommandos auf Utøya antrafen.« Aus »Quellen in der Verwaltung der Osloer Polizei« sei *Aftenposten* bestätigt worden, »dass die Übung am Freitag um 15 Uhr beendet wurde«.
Anderen Berichten zufolge soll die Polizei sogar auf Utøya selbst »geübt« haben. Demnach waren sogar Zeit, Ort und Ablauf der Anti-Terror-Übung mit den Anschlägen auf Utøya identisch. Alle Offiziere des Sonderkommandos, das im Regierungsviertel nach der Explosion der Autobombe und später auf Utøya im Einsatz war und Anders Behring Breivik verhaftete, hätten »am selben Tag und in den Tagen zuvor an Schulungen mit einem sehr ähnlichen Szenario teilgenommen«, so *Aftenposten*. Die Schulung hatte nach Informationen von *Aftenposten* genau das zum Inhalt, was die Polizei am selben Tag schließlich auch im Tyrifjord-See (wo die Insel Utøya liegt) antraf: »einen mobilen Terroranschlag, bei dem das einzige Ziel des oder der Täter(s) darin besteht, so viele Menschen wie möglich zu töten und anschließend auf die Polizei zu schießen«.
Unglaublich – da übt man für einen Terroranschlag, und nur wenige Stunden später trifft er genau so ein? Wie kann das sein? Alles »Zufall«, sagte eine »Polizei-Quelle«, »die nicht namentlich zitiert werden wollte«, laut *Aftenposten*. Sicher. Wahrscheinlich genau derselbe Zufall, der auch bei den Terroranschlägen vom 11. September 2001 in den USA und vom 7. Juli 2005 in London am Werk war (siehe oben). Und wahrscheinlich derselbe Zufall, der in Deutschland die angeblich rechtsextremen »Döner-Terroristen« vor der Entdeckung schützte.

Der Polizeieinsatz

Der oder die Attentäter hatten während der Tat jedenfalls vollkommen freie Hand. Als schon gegen 17.10 Uhr die ersten Jugendlichen auf Utøya den Notruf wählten, erhielten sie die Auskunft, »sie sollten die Leitung nicht blockieren, falls ihr Anruf nichts mit dem Anschlag in Oslo zu tun habe« (*rp-online,* 24.7.2011). »Ein tragisches Missverständnis« sei das gewesen, vergossen die Medien Krokodilstränen (*Welt Online,* 24.7.2011). In Wahrheit tat die Polizei alles, um dem oder den Attentätern nicht in die Quere zu kommen. Die 45 Kilometer von Oslo nach Utøya legten die Elitepolizisten mit dem Auto zurück. Am Ufer des Tyrifjord-Sees direkt gegenüber von Utøya angekommen, setzten sie nicht etwa die 670 Meter bis zur Insel über, sondern fuhren am Ufer des Sees noch vier Kilometer weiter, bevor sie an Bord eines Bootes gingen. Von hier aus mussten die Polizisten bis zur Insel 3,6 Kilometer zurückfahren. Machte zusammen einen Umweg von acht Kilometern – die Hälfte davon auf dem Wasser. Nach einer kurzen Fahrt in ihrem Gummiboot mussten die Beamten jedoch erst einmal selbst gerettet werden. Nachdem der Motor ausgefallen und das Boot halb gesunken war, wurden die Elitepolizisten von zwei Privatbooten aufgenommen und nach Utøya transportiert. So konnten der oder die Attentäter etwa eineinhalb Stunden ungestört schießen. Fazit: Entweder ist das die schlechteste oder die kriminellste Polizei der Welt.

Zwar verfügt die Polizei von Oslo über einen Hubschrauber, dummerweise wurde der aber gerade »gewartet« (*Spiegel Online,* 1.8.2011). Nein, halt: … machte »das gesamte Personal Ferien« (*faz.net,* 25.7.2011). Und selbst wenn der Hubschrauber nicht gewartet worden wäre und die Besatzung nicht Ferien gemacht hätte, wäre das Fluggerät dennoch untauglich gewesen, weil nur zur Beobachtung geeignet und nicht zum Transport von Polizisten (*Spiegel Online,* 1.8.2011). Ein ebenfalls einsetzbarer Armeehubschrauber war auch nicht verfügbar, weil er außerhalb Oslos stand. Die Medien dagegen kreisten schon während des Massakers mit einem Hubschrauber über der Insel und filmten, was das Zeug hielt.

Dass einer der Attentäter (angeblich Breivik) auch auf der Insel in Polizeiuniform auftrat, ist da sicher nur ein Zufall. Genauso wie der Umstand, dass Breivik einen Polizeiausweis bei sich trug und der Polizei telefonisch Vollzug meldete: »Hier spricht Brigadier Breivik. Mission erfüllt.« Normalerweise würde eine solche Vollzugsmeldung dem Angerufenen sofort ein Ermittlungsverfahren einbringen – nicht aber nach den Attentaten von Oslo und Utøya. Denn schließlich ermittelt die Polizei nicht gegen sich selbst.

Absolute Profiarbeit

69 Menschen einzeln »zuverlässig« zu töten ist für einen Einzeltäter sowohl »handwerklich« als auch nervlich ein enorm hohes »Pensum«. Dabei mordeten der oder die Täter nach Art eines Sondereinsatzkommandos. Zeugen berichteten von einem systematisch vorgehenden Täter, hieß es auf *rp-online* (24.7.2011). Demzufolge schoss er nicht nur zweimal auf jedes Opfer, sondern benutzte auch noch »Dum-Dum-Geschosse«, die sich im Körper zerlegen und dabei die Organe zerreißen. Die Ärzte sollen entsetzt gewesen sein, »als sie am Sonntag die Leichen der jugendlichen Opfer untersuchten«. Die 20-jährige Jorid Holstad Nordmelan sagte: »Er schoss einfach ohne Pause. Er schoss nicht nur einmal, sondern acht- bis zehnmal auf einen Menschen. Ich hörte hinterher, dass er seine Opfer nach einer Weile noch mal in den Kopf schoss, wenn sie noch nicht tot waren. Er war da, um zu töten« (*Welt Online,* 24.7.2011). »Eine Sechzehnjährige, die anonym bleiben möchte, sagte, dass Anders B. immer geprüft habe, ob sein Opfer auch wirklich tot sei« (*Morgenpost Online,* 24.7.2011). Bei Ankunft der Polizei zeigte sich der Attentäter allerdings zahm wie ein Lämmchen. Bei den Sicherheitskräften waren weder Tote noch Verletzte zu beklagen.

Professionelle Täter

Auch der Konsum von Drogen vor dem Massaker ist ein typisches Profi-Merkmal. Fand man nach dem Erfurt-Massaker von 2002 im Papierkorb einer Herren-Toilette, aus der einer der Täter gekommen war, zwei leere Injektions-Ampullen Faustan (»Valium«), bevorzugte Breivik das Aufputschmittel »ECA-Stack« – ein Mischung aus Ephedrin, Koffein und Aspirin. Auch nach seiner Festnahme schien Breivik unter Drogen zu stehen. Er wirkte starr, gefühlskalt und teilnahmslos. Während es sich für die Medien um »das unfassbare Massaker eines Einzeltäters« (*Welt Online,* 23.7.2011) handelte, war Breivik in etwa so alleine wie Lee Harvey Oswald, als er aus mehreren Richtungen John F. Kennedy erschoss. Ein gewisser Johannes Dalen Giske, der »den als Polizisten verkleideten Attentäter auf die Insel übergesetzt« hatte, »ist überzeugt, dass es mindestens einen Mittäter gab«, berichtete *euronews.net* am 26.7.2011. Auch auf der Insel selbst wurden zumindest zwei Täter beobachtet, genau wie bei dem Amoklauf 2002 in Erfurt, wo insgesamt vierzig Zeugen einen zweiten Täter gesehen hatten. »Ich sah, wie ein Junge auf dem Rücken lag«, erzählte die bereits erwähnte 16-Jährige. »Er zitterte und hustete, bis die beiden ihn erschossen« (*Welt Online,* 24.7.2011). »Ich bin ganz sicher, dass von zwei verschiedenen Stellen aus gleichzeitig geschossen wurde«, sagte auch ein Jugendlicher namens Marius Røset laut *Morgenpost Online* (24.7.2011). »Es wurde aus allen Richtungen geschossen«, sagte die 19-jährige Emilie Bersaas zu »Sky News« (*Bild.de,* 23.7.2011). »Ich bin absolut sicher, dass es zwei Personen waren, die geschossen haben«, sagte auch der 23-jährige Aleksander Stavdal. »Ich habe mich umgedreht, als ich weggelaufen bin. Ich habe gesehen, wie die die Leute einfach abgeknallt haben« (*Morgenpost Online,* 24.7.2011). Er habe »Schüsse von überall auf der Insel« gehört, sagte der Überlebende Adrian Pracon in der Talkshow Markus Lanz vom 17. August 2011. An anderer Stelle sagte Pracon, der Killer machte den Eindruck, als habe er so etwas schon öfter gemacht und als sei das völlig normal für ihn (*International Business Times,* 24.7.2011). Der zweite Mann war den Aussagen zufolge laut *Morgenpost Online* (24.7.2011) nicht blond, wie Breivik, sondern »etwa 180

Zentimeter groß, hatte dichtes, dunkles Haar und sah nordisch aus. Er war mit einer Pistole und einem Gewehr bewaffnet.« Dass mehrere Täter beteiligt waren, ergibt sich nicht nur aus der enormen Zahl von Toten, sondern auch aus deren weiträumiger Verteilung über die ganze Insel. Auf seiner Facebook-Seite schrieb der Überlebende Torbjörn Vereide, die Schützen seien wie die Polizei gekleidet gewesen, »als sie uns sagten, wir sollten näher kommen, bevor sie zu schießen anfingen«.

Weil es mehrere Täter gab, hatte Breivik auch keinen genauen Überblick über das Massaker. Nach seiner Festnahme auf Utøya saß Breivik »in einer geschützten Ecke. Er kann nicht sehen, welches Leid er angerichtet hat« (*Spiegel Online,* 1.8.2011). Stattdessen erkundigte er sich nach der Zahl der Opfer. Fast wie ein Außenstehender wollte er wissen, »wie viele Menschen verletzt und getötet wurden …« (*Blick Online,* 2.8.2011).

Das »Manifest«

Wagt man sich an die Lektüre von Breiviks 1500 Seiten starkem »Manifest« (»2083 – A declaration of independence«), erlebt man eine Überraschung. Inhaltlich sind jedenfalls die ersten Teile, die ich gelesen habe (die kompletten 1500 Seiten durchzuarbeiten war mir leider nicht möglich), keineswegs dumm oder wirr, sondern in einem glasklaren Stil geschrieben. Konzentriert man sich zuerst auf die formalen Merkmale, fallen daneben auch die fehlerlose Orthographie, Kommasetzung und Grammatik auf. Eine Einzelperson wird dagegen immer Fehler in ihrem eigenen Text übersehen, vor allem, wenn er so lang ist. Ein einzelner Mensch kann kaum sämtliche aktuellen Rechtschreib-, Grammatik- und Kommaregeln beherrschen – auch ein »Rechtschreibprogramm« kann dies nicht. Kurz und gut: Ein formal fehlerloser Text wie dieser kann nicht das Produkt eines Einzelnen sein, sondern muss zumindest redigiert worden sein – wenn er nicht ohnehin von mehreren Autoren stammt. Zumal – das dürfen wir nicht vergessen – der Text ja nicht in Breiviks Muttersprache, nämlich Norwegisch, sondern in Englisch verfasst wurde!

Ohne sie zu teilen (!), kann man den Gedankengängen weitgehend folgen und sich damit auseinandersetzen. Zugleich verspürt man sofort den Zwang zur Distanzierung, und zwar von allem, was dort gesagt wird, jetzt und für alle Zukunft, denn es sind die Äußerungen eines Amokläufers.

Wie bei »false flag«-Attentaten (und manchen Doktorarbeiten) üblich, war auch dieser (äußerst umfangreiche) »Bekennerbrief« keineswegs auf Breiviks Mist gewachsen. Ganz anders als von den Medien dargestellt, wurden große Passagen woanders abgekupfert. Schon die Bekennerschreiben der deutschen RAF waren in weiten Teilen woanders abgeschrieben worden. So erklärte der damalige Generalbundesanwalt Kurt Rebmann am 7. Dezember 1989 nach dem Attentat auf Deutsche-Bank-Vorstand Alfred Herrhausen vor Bundestagsabgeordneten, »dass zumindest die einleitende Passage« des Täterschreibens im Mordfall Herrhausen »wörtlich einer Erklärung entspricht«, welche die als RAF-Mitglied verurteilte Eva Haule-Frimpong im Rahmen ihres Prozesses in Stuttgart-Stammheim am 21. Juni 1988 abgegeben hatte. Ein Text, der damit öffentlich und für jedermann zugänglich war. Auch den folgenden Satz in dem Herrhausen-Bekennerschreiben hatten die Täter nicht selbst verfasst, sondern fast wörtlich abgeschrieben: »Aber die Akteure dieses Systems müssen wissen, dass ihre Verbrechen ihnen erbitterte Feinde geschaffen haben, dass es für sie keinen Platz mehr geben wird in der Welt, an dem sie vor den Angriffen revolutionärer Guerilla-Einheiten sicher sein können.« Das war ein uralter Satz aus der »Kommandoerklärung« des RAF-Kommandos »Petra Schelm« vom 11. Mai 1972, in der ein Sprengstoffanschlag auf das Hauptquartier des V. US-Korps in Frankfurt gerechtfertigt wurde. Dort hieß es: »Sie müssen wissen, dass ihre Verbrechen am vietnamesischen Volk ihnen neue erbitterte Feinde geschaffen haben, dass es für sie keinen Platz mehr geben wird in der Welt, an dem sie vor den Angriffen revolutionärer Guerilla-Einheiten sicher sein können.« Bei anderen terroristischen Bekennerschreiben stellten Linguisten fest, dass diese aus Zeitungsartikeln und Anti-Atom-Broschüren zusammengebastelt worden waren. Die Eigenleistung der »Autoren« bestand nur aus Versatz- und Verbindungsstücken, welche die fremden Texte zusammenhielten. Das heißt, eine authentische Äußerung der Täter gab es überhaupt nicht, was natürlich auch das Motiv in Frage stellt: Wenn ich gar nichts Eigenes und Authentisches zu sagen habe, warum habe ich dann die Tat überhaupt begangen (siehe auch Wisnewski u.a.: *Das RAF-Phantom. Neue Ermittlungen in Sachen Terror,* München 2008, S. 42ff.)?

Breivik, der Hochstapler

Dieselbe Frage stellt sich im Fall Anders Breivik. Denn er war keineswegs der erste Attentäter, der ein »Manifest« verfasst hatte – oder sollte man besser sagen: zusammengebastelt hatte? Vor ihm gab es da bereits den sogenannten Unabomber, den Amerikaner Theodore Kaczynski, der zwischen 1978 und 1995 insgesamt 16 Brief- oder Paketbomben verschickte. Kaczynski schrieb ein über 50-seitiges Manifest, das zu einer weltweiten Revolution gegen die moderne Industriegesellschaft aufrief. Interessanterweise redete er genau wie Breivik ebenfalls von »wir« und einer Organisation, die er den »Freedom Club« (FC) nannte. Auch Breivik erklärte, einer größeren Organisation anzugehören. »Anders Behring Breiviks Buch ›2083‹ hat das sogenannte Unabomber-Manifest Wort für Wort kopiert«, heißt es auf der norwegischen Website document.no, welche die Übereinstimmungen dokumentiert hat. »Jetzt stellt sich heraus, dass der Unabomber eine wichtige Quelle der Inspiration war, wenn man danach geht, in welchem Umfang Behring Breivik sein Manifest abgeschrieben hat.«

So ersetzte Breivik einfach das Wort »Linker« in dem Unabomber-Manifest durch andere Begriffe, wie zum Beispiel »Multikulturalismus« oder »kultureller Marxist«.

Während es zum Beispiel bei Kaczynski heißt:

> »Eine der am weitesten verbreiteten Manifestationen der Verrücktheiten unserer Zeit ist die Linke, sodass eine Analyse der Psychologie der Linken als Einführung zu einer Analyse der allgemeinen Probleme unserer modernen Gesellschaft dienen kann«,

heißt es bei dem Oslo- und Utøya-Attentäter Breivik:

> »Eine der am weitesten verbreiteten Manifestationen der Verrücktheiten unserer Zeit ist der Multikulturalismus, sodass eine Analyse der Psychologie der Multikulturalisten als Einführung zur einer Analyse der allgemeinen Probleme unserer modernen Gesellschaft dienen kann.«

Während der Unabomber schreibt:

> »Trotzdem wird unsere Vorstellung der Linken viel weniger klar sein, als wir uns wünschen würden, aber Abhilfe scheint nicht in Sicht zu sein«,

heißt es bei Behring Breivik:

> »Trotzdem wird unsere Vorstellung der kulturellen Marxisten viel weniger klar sein, als wir uns wünschen würden, aber Abhilfe scheint nicht in Sicht zu sein.«

Und so geht es immer weiter. Eine authentische Aussage des Attentäters gibt es demnach nicht. Wobei die Dunkelziffer bei dem

1500-Seiten-Text von Breivik vermutlich hoch ist. Das gesamte »Manifest« auf Plagiate hin zu überprüfen dürfte Jahre dauern. Im Prinzip wäre es ein Fall für Plagiateseiten wie »Vroniplag«, die in Deutschland bislang Doktorarbeiten untersucht haben. Die hohe Zahl der Opfer, die Perfektion der Tat und das enorm umfangreiche »Manifest« wirkten ohnehin bereits übertrieben und irgendwie »hochstaplerisch«. Aber nun stellte sich auch noch heraus, dass Breiviks Machwerk regelrecht zusammengeklaut worden war. Und tatsächlich – man mag es kaum glauben – haben wir in Anders Breivik schon wieder einen Hochstapler vor uns, nach Guttenberg und Barack Obama bereits der dritte in diesem Buch.

Dabei gab es noch weitere Manipulationen. So sieht es ganz so aus, als sei der »Attentäter Breivik« erst wenige Tage vor den Attentaten aus der Taufe gehoben bzw. »aufgesetzt« worden. Zum Beispiel legte er sein Facebook-Profil erst am 17. Juli 2011 an, also nur wenige Tage vor den Attentaten: »Die Seite ist im Laufe eines Tages und einer Nacht entstanden, ins Netz gesetzt keine vier Tage vor dem brutalen Massaker. Es ist seine Visitenkarte, passgenau und termingerecht veröffentlicht. Kryptisch genug, um einigermaßen authentisch zu scheinen, deutlich genug, die richtigen Schlagzeilen zu produzieren – es ist Futter für die Öffentlichkeit, die über ihn und seine Persönlichkeit rätseln soll«, schrieb in ungewohnter Hellsichtigkeit *Spiegel Online* am 23. Juli 2011. Es sei »eine eigentümlich leere Präsenz«. Tatsächlich hat Breivik bei Facebook weder »Freunde« noch Kontakte. »Was man bei Facebook sah – *Spiegel Online* liegt eine teilweise Kopie der Seite vor –, war die Vortäuschung einer Profilseite. Sie umfasste exakt 17 Postings, die Anders Breivik innerhalb von 17 Stunden, die er offenbar großteils vor dem Rechner verbrachte, veröffentlichte. Kein einziges dieser Postings enthält auch nur ein einziges Wort, das er selbst geschrieben hätte: Fast alle sind nur Links hin zu YouTube-Videos von Musikstücken, kombiniert mit einigen

Textzeilen, die er aus den Beschreibungen der Songs bei YouTube ausgeschnitten hat.« Nun, das kennen wir ja bereits aus seinem »Manifest«. Bei Twitter brachte es Breivik nur auf eine einzige Nachricht, ebenfalls veröffentlicht am 17. Juli. Der nächste Punkt sind die auf Facebook veröffentlichten Fotos von Breivik. Es ist nicht das sonst übliche, mehr oder weniger zufällig entstandene Fotoalbum aus Schnappschüssen und unscharfen Aufnahmen, wie man sie sonst häufig in sozialen Netzwerken sieht. Bei Breivik sind es »cleane« und perfekte Laboraufnahmen wie aus einem Bewerbungsschreiben, die offenbar in einem kurzen Zeitraum entstanden sind und vor allem seine blonde und blauäugige Erscheinung zur Geltung bringen, kurz: Breivik als Idealbesetzung für einen angeblich rechtsextremen, rassistischen Attentäter ins rechte Licht rücken sollen. Doch der angebliche Attentäter stellt sich immer mehr als Phantom ohne eigene Meinung und ohne eigene Identität heraus. Ja, der ganze Breivik macht einschließlich seines »Manifests« einen künstlichen Eindruck.

Der technische und der propagandistische Teil

Das Monster Breivik erscheint also als zusammengestückelt und entspricht damit einem Muster, das man immer wieder bei »gefälschten«, »künstlichen« oder »false flag«-Attentaten entdeckt. Tatsächlich wurde der Anschlag nach propagandistischen Bedürfnissen konzipiert. Und wie bei jedem »false flag«-Attentat gilt es, eine Trennung zwischen dem technischen und dem propagandistischen Teil vorzunehmen.

Der technische Teil bestand aus:

- der Herstellung, Plazierung und Zündung einer oder mehrerer Bomben im Osloer Regierungsviertel.
- der planvollen Erschießung von 69 Menschen.

Der propagandistische Teil bestand aus:

- der Bereitstellung von Propagandamaterial (Facebook-Seiten, Fotos, »Manifest« des Täters), der Auswahl besonders unschuldiger Opfer und der Besetzung der Hauptrolle mit einem großen, gutaussehenden, blonden, blauäugigen und männlichen Täter.

Der propagandistische Teil hat die Aufgabe, die darin gezeigten Symbole (z. B. blonder, blauäugiger Mann) und angesprochenen Themen in die Greueltat einzubinden und mit ihr in Verbindung zu bringen. Eines der Themen, gegen das sich das »Manifest« des angeblichen Einzeltäters richtet, ist zum Beispiel die politische Korrektheit (»political correctness«), also die allgegenwärtige Meinungsdiktatur der herrschenden Kreise und Medien: »Die Political Correctness versucht bei allen Europäern die Uniformität von Gedanken und Verhalten herzustellen und ist daher von Natur aus totalitär«, heißt es in dem »Manifest«.

Der Kampf für »Multikulti« und politische Korrektheit

Indem man diese Meinung als die Meinung eines grausamen Attentäters darstellt, wird sie wirksam bekämpft. Denn wer wollte sich nun in Zukunft noch gegen politische Korrektheit aussprechen? Ja, mit dem angeblichen Einzeltäter Breivik wird quasi ein »neuer Hitler« geschaffen, der durch seine Greueltaten seinen eigenen Kampf ad absurdum führt: gegen die politische Korrektheit, Einwanderung, Familien- und Kulturzerstörung – was auch immer. Der oberste Repräsentant dieser Inhalte ist ab jetzt ein Massenmörder. In Wirklichkeit handelt es sich bei den Attentaten also um einen Kampf *für* die politische Korrektheit. Dasselbe gilt für Breiviks angeblichen Kampf gegen den »Multikulturalismus«. In Wirklichkeit nützt das Attentat dem Multikulturalismus: Während ein blonder, blauäugiger Mann auf der Täterseite erscheint, werden in den Medien viele »farbige« Opfer präsentiert – also offenbar Menschen mit »Migrationshintergrund«. Und damit man auch richtig versteht, was für Monster blonde, blauäugige Weiße sind, wurden als Teil der Propaganda-Operation die zahlreichen Porträtaufnahmen des blonden Breivik auf dessen Facebook-Seite gestellt.

Der angebliche Täter selbst ist deshalb nur eine propagandistische Figur, die aus der Sicht der herrschenden politischen Korrektheit toxisches (nämlich »rechtes«, »rechtsextremes« oder »konservatives«) Gedankengut repräsentiert und es durch ihre Taten selbst stigmatisiert. Der Täter selbst verhilft der politischen Korrektheit zu ihrem größten Sieg, indem er seiner Kritik daran das Stigma des Massenmörders verleiht. Im Geheimdienstjargon nennt man das »demagnetize«: Eine bestimmte Meinung oder Ideologie wird ihrer Anziehungskraft beraubt, indem man sie durch bestimmte Operationen »unmöglich macht«. Es ist undenkbar, dass der oder die offenbar sehr planungsbegabten Täter das nicht gesehen hat/haben.

Der Katalog der verbotenen Meinungen

»Mit deinen Argumenten wird geschossen«, wird man demnächst Leuten um die Ohren hauen, wenn sie irgendeinen Standpunkt vertreten, der zufällig auch von dem Norwegen-Attentäter Anders Breivik vertreten wird. Und in dessen 1500 Seiten starkem »Manifest« kommen schließlich eine ganze Menge Standpunkte vor. So viele, dass Konservative oder »Rechte« in Zukunft praktisch den Mund halten müssen, wenn sie nicht in einen Topf mit einem Massenmörder geworfen werden wollen. Breiviks Manifest »2083 – A European declaration of Independence« ist quasi ein Katalog der in Zukunft verbotenen, weil durch das Attentat stigmatisierten Meinungen. Medien, Politiker und »Sicherheitsbehörden« können sich künftig aus diesem Katalog bedienen und nachschlagen, ob eine bestimmte Meinung nicht bereits von diesem Massenmörder vertreten wurde. Und genau deshalb ist das Konvolut auch so unheimlich lang und (zumindest über weite Strecken) klar formuliert bzw. sorgfältig redigiert: damit erstens möglichst viele unbequeme Meinungen erfasst werden und zweitens diese Meinungen auch klar zu erkennen und zu identifizieren sind.

Das heißt, während das Attentat inzwischen als ein Akt einer konservativen oder »rechten« Revolution dargestellt wird, handelt es sich in Wirklichkeit um einen Akt der Unterdrückung von konservativen oder »rechten« Meinungen, also einen Akt der Konterrevolution. Das Attentat ist ein Anschlag auf die »konservative Revolution«, die in Deutschland zum Beispiel durch Namen wie Thilo Sarrazin, Eva Herman, Kirsten Heisig und andere repräsentiert wird. In Norwegen mag es andere Repräsentanten geben, aber das spielt keine Rolle, da das Attentat als Medienereignis global verbreitet wird. Kritik an der politischen Korrektheit, dem Multikulturalismus und anderen modernen Erscheinungen soll unterdrückt werden. Woraus sich – abseits von weiteren kriminalistischen Betrachtungen – bereits ergibt, aus welcher Richtung die Attentate kamen, nämlich von »oben«.

Und siehe da: Kaum hat der Norwegen-Attentäter die propagandistische Waffe geladen, wird sie auch schon abgefeuert. Tatsächlich wurde zum Beispiel der frühere Bundesbank-Vorstand und spätere Buchautor Thilo Sarrazin *(Deutschland schafft sich ab)* von den Medien sofort reihenweise in einem Atemzug mit Breivik genannt. »Wenn man lange genug hetzt, dann findet man Leute, die zur Tat schreiten«, sagte der Politikwissenschaftler Thomas Schmidinger in *Spiegel Online*. »Phänomen Rechtspopulismus: ›Aus Worten können Waffen werden‹«, überschrieb die Website der »Tagesschau« ein Interview mit Anton Maegerle, einem Journalisten der führenden Propagandamagazine »Report Mainz« und »Panorama«.

Der Text des Attentäters enthalte »an vielen Stellen rechtspopulistische Argumentationen oder ist sogar direkt aus solchen Quellen kopiert«, wendete sich *tagesschau.de* an Maegerle: »Rechtspopulistische Parteien und Blogger distanzierten sich zwar entschieden von ihm. Aber inwiefern legen sie die Basis für solche Gewalt?« Die Antwort von Maegerle kam so sicher wie das Amen in der Kirche:

»Sich da im Nachhinein zu distanzieren ist schlicht und ergreifend ein Witz. Die Gewalt ist in der Rhetorik angelegt, auch in derjenigen der rechtspopulistischen Parteien und Bewegungen. Wer Hass schürt, muss davon ausgehen, dass dieser Hass irgendwann explodiert. Aus Worten können Waffen werden.«

Das heißt, dass Vertreter bestimmter Meinungen in vollem Umfang für die Attentate von Oslo und Utøya verantwortlich gemacht werden sollen. Wer irgendwelche »rechtspopulistischen« Positionen vertritt, ist praktisch genauso kriminell wie derjenige, der mit solchen Argumenten schießt. Nachträgliche Distanzierungen nützen da gar nichts. Und genau wie der Besitz physischer Waffen muss demnach auch der Besitz verbaler oder intellektueller »Waffen« wohl bald verboten werden. Maegerle machte klar, wo die herrschenden Eliten der Schuh drückt und gegen wen sich das Norwegen-Massaker richtete:

»Es gab spektakuläre Wahlergebnisse: die dänische Volkspartei, die Schwedendemokraten, die Wahren Finnen, die Wilders-Partei in den Niederlanden, die Tea Party in den USA. Auch nicht zu vergessen: die FPÖ in Österreich oder die Schweizerische Volkspartei. In den USA sind zwischenzeitlich Zigtausende Personen in einem großen Netzwerk verbunden. Das ist eine Bewegung, die immer größer wird.«

Genau gegen diese Bewegung und ihre ideologischen Sympathisanten in der Bevölkerung richteten sich die Attentate. Diese

Standpunkte hatte sich der Norwegen-Killer in seinem »Manifest« zu eigen gemacht. Mit seinen klebrigen ideologischen Tentakeln griff er nach allem »Rechten«, was er finden konnte. In der »rechtspopulistischen« norwegischen »Fortschrittspartei« war er sogar Mitglied gewesen. Schon spürten Europas »Rechtspopulisten« die verheerenden Einschläge: Ob Lega Nord, Front National, FPÖ oder Partei für die Freiheit (PVV, Niederlande), sie alle sahen sich bereits unter Distanzierungsdruck: »Es erfüllt mich mit Abscheu, dass der Täter in seinem Manifest auf die PVV und mich verweist«, fühlte sich der holländische »Rechtspopulist« Geert Wilders zu erklären genötigt.
Und prompt ging die Rechnung auf: »Massenmord belastet norwegische Fortschrittspartei«, meldete das Schweizer Fernsehen Online nach den norwegischen Kommunalwahlen vom 11. September 2011. »Bei den Kommunalwahlen anderthalb Monate nach dem Massenmord in Norwegen ist die rechtspopulistische Fortschrittspartei klare Verliererin.« Stärkste Partei seien dagegen die Sozialdemokraten geworden (also das angebliche Ziel des Attentäters Breivik). »Herbe Verluste«, bescheinigte auch *sueddeutsche.de* den norwegischen »Rechtspopulisten« und bezifferte deren Stimmenanteil auf nur noch 11,4 Prozent (nach etwa 18,5 Prozent 2007). Wahlsieger sei »die sozialdemokratische Arbeiterpartei von Ministerpräsident Jens Stoltenberg«. Als Nächstes erwischte es die Rechten in Dänemark, die der EU zuvor so viel Ärger mit ihren neuen »migrantenfeindlichen« Grenzkontrollen gemacht hatten. Hier feierten die herrschenden Gender- und Multikulti-Ideologien bei den Parlamentswahlen am 15. September 2011 gar einen Doppelerfolg: »Rechtspopulisten verlieren nach zehn Jahren ihren Einfluss«, freute sich das *Hamburger Abendblatt* (*abendblatt.de,* 15.9.2011). Außerdem sei nun »erstmals eine Frau an der Regierungsspitze in Kopenhagen«: »Nach den TV-Prognosen hat die 44 Jahre alte Sozialdemokratin Helle Thorning-Schmidt die Wahl am Donnerstag wie erwartet für sich

entschieden. Sie hat damit nicht nur die zehnjährige Regierung der Mitte-Rechts-Koalition, sondern auch die Schlüsselrolle der Rechtspopulistin Pia Kjærsgaard beendet.« Beendet könnten damit auch die gerade erst eingeführten Kontrollen an den dänischen Grenzen werden.

Exakt dieses Muster haben wir in den siebziger bis neunziger Jahren bei der RAF erlebt. Kaum vertrat jemand unbequeme Meinungen, setzten sich die Dunkelmänner der RAF an die Spitze der Bewegung und fingen in ihrem Namen zu schießen an. Damit waren diese Meinungen und Bewegungen natürlich nachhaltig kompromittiert. So etwas nennt man Aufstandsbekämpfung. Wo auch immer eine gefährliche Protestbewegung auftrat, meldete sich die RAF, entweder mit Worten oder mit Waffen – oder mit beidem. Wobei sie sich die Ziele und Meinungen der unliebsamen gesellschaftlichen Gruppe mit ihren Bekennerbriefen zu eigen machte. Und schon wurde die jeweilige Protestbewegung zum »geistigen Umfeld« des Terrorismus erklärt und auf diese Weise kriminalisiert und zerstört.

Und zweifellos stehen wir im Zeitalter der Globalisierung, der Transferunion, der Enteignung ganzer Bevölkerungsteile durch »Rettungspakete«, der Einheitserziehung und -bildung, der Gleichmacherei, kurz: der Entstehung einer »EUdSSR«, vor einem neuen Aufstand, diesmal allerdings von rechts: Konservative wie Thilo Sarrazin, Eva Herman und Kirsten Heisig klagten die Auswüchse der neokommunistischen Gesellschaft an, Politiker und Rechtsanwälte wie Peter Gauweiler, Karl Albrecht Schachtschneider und andere klagten vor dem Bundesverfassungsgericht gegen die Euro-«Rettungsschirme«, den Vertrag von Lissabon, die Transferunion und Tornado-Einsätze in Afghanistan.

Und schon wieder klebte ein falscher Prophet viele solcher Standpunkte in einem Pamphlet zusammen und verkaufte das Machwerk als Begründung für seine Mordtaten.

Aber wer und wo sind die eigentlichen Nutznießer und Veranstalter? Wie schon angedeutet, arbeitete das Attentat typischen »linken« Ideologien in die Hände, wie dem Feminismus, dem Multikulturalismus, der Migration, der Einwanderung, der sogenannten Toleranz und der »Eine-Welt«-Ideologie. Wer sich nicht zu diesen Inhalten bekennt, wird umgehend als »rechts« oder »rechtsextrem« gebrandmarkt, wie bereits das Beispiel »Frauen in der Bundeswehr« zeigte. Nun sind politische Standpunkte allerdings relativ und eine Frage der Perspektive. Wer alles um sich herum per se als »rechts« oder »rechtsradikal« erlebt, kann eigentlich nur linksradikal sein. Denn dann ist links von ihm nur noch die Wand. Damit ist die herrschende Ideologie der EU und der ihr angeschlossenen Regierungen auch schon hinreichend beschrieben. Und wenn die EU nun verstärkt den »Rechtsextremismus« bekämpfen will, kann das nur heißen, dass damit alles gemeint ist, was sich rechts von ihrem eigenen Standpunkt befindet, der per se als der allein seligmachende gilt.

29. Juli Der Fall Kampusch: Staatskrise in Österreich

Es war einmal ein nettes, etwas pummeliges blondes Mädchen, gerade mal zehn Jahre alt. Eines Morgens ging es in die Schule, als am Gehsteig plötzlich ein weißer Lieferwagen mit dunklen Scheiben parkte. Daneben stand ein fremder Mann. Schüchtern wollte das Mädchen vorbeigehen, doch der Mann packte es, setzte es in den Laderaum und befahl ihm, keinen Mucks von sich zu geben. Dann fuhr er mit ihm davon. Acht Jahre lang sperrte er das Mädchen in ein Verlies unter seiner Garage ein, versklavte es, misshandelte es und missbrauchte es wahrscheinlich auch. Erst mit 18 Jahren schaffte es das Mädchen, sich von dem Monster zu befreien und endlich zu fliehen. Das Monster legte sich auf die Eisenbahnschienen und beging Selbstmord. Das Mädchen aber bekam eine Talkshow im Fernsehen, schrieb ein dickes Buch, verdiente viel Geld und lebte glücklich und zufrieden. Und wenn sie nicht gestorben ist …

Ein schönes Märchen. Die Rede ist natürlich von Natascha Kampusch, dem 1998 entführten und 2006 wieder aufgetauchten Mädchen aus Wien-Donaustadt. So weit, so gut. Aber wieso »Märchen«? Der Fall ist doch vollkommen klar: Am 2. März 1998 wurde das Mädchen von einem Einzeltäter namens Wolfgang Priklopil entführt, am 23. August 2006 tauchte es wieder auf. Der Entführer beging noch am Tag der Flucht seines Opfers Selbstmord. Aber gar nichts ist klar. Während unsere Medien wieder einmal schlafen, kocht in Österreich die Causa Kampusch zur Staatsaffäre hoch. Am 29. Juli 2011 muss ich feststellen, dass die Wahrheit über Natascha Kampuschs Entführung noch längst nicht bekannt ist. Ja, dass sich in unserem Nachbarland Österreich, von unseren deutschen Medien vollständig unbeachtet, unter der Oberfläche eine gewaltige Staatskrise anbahnt.

Klar wurde mir das, als ich am 29. Juli 2011 bei *diepresse.com* die Schlagzeile las: »Causa Kampusch: Wackelt die Einzeltäterthese?« »Tage der Entscheidung« sah gar der österreichische *Kurier*. Denn bei der Staatsanwaltschaft Innsbruck schlummerte eine regelrechte Bombe. Im Sommer 2011 ermittelte die Behörde gegen fünf Staatsanwälte wegen Amtsmissbrauchs im Fall Kampusch. Gretchenfrage: Wer hatte im Fall Kampusch alles »verheimlicht, vertuscht und vergessen«? Und warum? Wer hing alles mit drin? Wie hoch hinauf reichte die Verschwörung des Schweigens im Fall Kampusch?

Hochgehen sollte die Bombe so oder so, und zwar Anfang September 2011, wenn die Staatsanwaltschaft Innsbruck über eine Anklageerhebung entscheiden sollte. Die österreichische Justiz und Politik steckten dabei in einer »Loose-Loose-Situation«:

Beides – sowohl die Verfahrenseinstellung als auch eine Anklageerhebung gegen die Staatsanwälte – barg jede Menge Sprengstoff. Eine Einstellung würde den Verdacht der Justizkungelei und -kumpanei bestärken. Eine Anklageerhebung würde äußerst schmerzhafte Einblicke in die real existierende Justiz und Strafverfolgung der Republik Österreich, ja vielleicht sogar in die Verstrickung höchster Kreise aus Politik und Regierung in eine Kindesentführung und einen Kinderpornoskandal ermöglichen. Noch mehr Brisanz gewann die bevorstehende Entscheidung der Innsbrucker Strafverfolger dadurch, dass sie erst vom Justizministerium genehmigt werden musste, denn genau wie in Deutschland sind die österreichischen Staatsanwälte keine unabhängigen Ermittler, sondern weisungsgebunden. Womit automatisch die höchste Politik in den Vorgang hineingezogen würde.
Von unseren Medien unbeobachtet, hatten sich schon zwei Untersuchungskommissionen und der österreichische Nationalrat mit dem Fall und den Ermittlungen beschäftigt – mit verheerendem Ergebnis. Wahrheit Nr. 1: Der Entführer Priklopil zappelte schon bald nach der Tat im Netz der Behörden, doch die weigerten sich standhaft, den Fang einzuholen. Im Gegenteil, sie versuchten ganz offensichtlich nicht nur, den Täter zu schützen, sondern auch, das sich abzeichnende Bild einer größeren Kidnapper-Verschwörung zu unterdrücken. Doch der Reihe nach.

Die einzige Zeugin

Man schrieb den 2. März 1998, als sich die zehnjährige Natascha Kampusch morgens um kurz nach sieben auf den Weg zur Schule machte. »Der Weg führte durch ein paar ruhige Nebenstraßen, gesäumt von kleinen Einfamilienhäusern aus den 1950er Jahren mit bescheidenen Vorgärten«, schrieb sie in ihrem Buch *3096 Tage* aus dem Jahr 2010. Als sie an einem weißen Lieferwagen vorbeikam, wurde sie von dem neben dem Auto stehenden Mann gepackt und hineingehoben. »Er befahl mir, mich auf den Boden des Laderaums zu setzen, und schärfte mir ein, mich nicht zu rühren. Wenn ich seinen Anweisungen nicht folgen würde, könne ich was erleben. Dann stieg er über den Sitz nach vorn und fuhr los. Da es keine Trennwand zwischen Fahrerbereich und Laderaum gab, konnte ich ihn von hinten sehen. Und ich konnte hören, wie er hektisch Nummern in sein Autotelefon eintippte. Aber offenbar erreichte er niemanden.« So weit, so gut. Aber mit dieser kleinen Schilderung fangen die Widersprüche schon an. Die Frage ist nämlich, warum Kampusch selbst nur von einem Einzeltäter spricht, obwohl es eindeutige Beweise und Indizien für mindestens drei Täter gibt. Denn erstens ist die Entführung, so wie die junge Frau sie darstellt, für einen Einzeltäter nicht praktikabel.

Wie soll ein Mann

- ein zehnjähriges, kräftiges Kind packen,
- in einen Lieferwagen heben und
- es dort (ohne es zu fesseln) kontrollieren und dabei
- gleichzeitig Auto fahren
- und telefonieren?

Ein bisschen viel für einen Täter. Ein ungefesseltes und nicht geknebeltes, immerhin zehnjähriges und stämmiges Mädchen würde im Laderaum eines Lieferwagens sicher viel Ärger machen und dem Fahrer vielleicht sogar ins Steuer greifen, »da es«, wie Kampusch selbst berichtet, »keine Trennwand zwischen Fahrerbereich und Laderaum gab«. Von einer Bewaffnung des Täters ist auch nicht die Rede. Tatsächlich stellte viel später auch ein Untersuchungsbericht fest, dass eine solche Entführung für einen Einzeltäter »a priori ohne realistische Erfolgsaussicht« gewesen wäre (Rzeszut-Bericht, S. 14f., siehe unten).

Ein zwölfjähriges Mädchen namens Ischtar Rahel Akcan, das die Szene beobachtete, hatte denn auch eindeutig zwei Täter gesehen.

»Ich war auf dem Rennbahnweg, als ich ein Mädchen sah, das in gleicher Höhe ging wie ich, jedoch auf der anderen Gehsteigseite … Auf der Seite des Mädchens war ein großes hohes Auto geparkt, weiß lackiert, schwarze Scheiben. Auf der Fahrerseite saß ein Mann, den ich nicht sehen konnte, weil sein Gesicht nach links gedreht war. Als sich das Mädchen in Höhe dieses Autos bei der Beifahrertür befand, ging plötzlich die Schiebetür auf. Das Mädchen wurde von rückwärts an beiden Oberarmen gepackt und in das Auto gezerrt«, so Akcans Zeugenaussage laut *oe24.at* vom 29. Juli 2011. Ischtar sah das Auto mit den beiden Männern nicht nur einmal, sondern zweimal, als es nach der Entführung nochmals an ihr vorbeifuhr. Ihren Angaben zufolge war Priklopil der Beifahrer, während das Auto von einem kurzhaarigen Mann »mit Stoppelglatze« gefahren wurde. Über all die Jahre blieb Ischtar felsenfest bei ihrer Aussage: »In sechs weiteren Einvernahmen blieb Ischtar A. bei ihrer Aussage, zwei Täter gesehen zu haben« (*oe24.at,* 29.7.2011). Interessanterweise reichten sechs Vernehmungen den österreichischen Behörden aber nicht aus – es musste noch eine siebte her: Bei einer Gegenüberstellung mit Kampusch nach deren Flucht wurde die Zeugin regelrecht umgedreht. »Erst bei der finalen Einvernahme, bei der ersten und einzigen Gegenüberstellung mit Entführungsopfer Kampusch [am 3. Dezember 2009], einigte man sich – überraschend rasch – auf einen Einzeltäter namens Priklopil. Die Causa Kampusch wurde zu den Akten gelegt« (*Kurier,* 25.7.2011). Aber wie war so etwas möglich? Da staunt der Fachmann, und der Laie wundert sich. Und nicht nur der, sondern auch die bei dieser »Einigung« ebenfalls anwesende Mutter der Zeugin Ischtar Rahel Akcan. Die erhob nämlich Einwände, denn ihre Tochter habe immer von zwei Entführern gesprochen.

»Tags darauf«, erzählt der *Kurier* vom 25. Juli 2011, »am 4. Dezember 2009, wurde ein Amtsvermerk über die seltsame Amtshandlung angefertigt. Problematisch für die Justiz: Die ›Gegenüberstellung‹ verlief nicht gesetzeskonform.« Die wackeren Er-

mittler unter der Leitung eines gewissen Oberst Franz Kröll ließen so einiges aus, was nach dem Gesetz zu einer derartigen Gegenüberstellung bzw. Zeugeneinvernahme gehört. Die Ermittler waren offenbar so froh über diese »Lösung« der Causa Kampusch, dass sie die Zeugin zum Beispiel nicht an ihre Wahrheitspflicht erinnerten, so der *Kurier*. Auch Paragraph 163 der Strafprozessordnung ließen sie links liegen, wonach »die einander gegenübergestellten Personen … über jeden einzelnen Umstand ihrer voneinander abweichenden oder einander widersprechenden Aussagen besonders zu vernehmen, die beiderseitigen Antworten … zu protokollieren« sind (*Kurier*, ebda.). Das hat den Sinn, dass alle Aspekte beleuchtet und die Aussagen auch im vollen Bewusstsein der (gegenseitigen) Widersprüche aufgenommen werden. Es hat auch den Sinn, die eigenen Widersprüche der Zeugen zu beleuchten, zu diskutieren und zu protokollieren. Aber all das unterblieb. Von den früheren Aussagen und Widersprüchen wollte niemand etwas wissen.
»Das bedeutet: Die Tatzeugin, die sechs Mal davor angegeben hatte (insbesondere auch laut Videoaufzeichnung der Tatrekonstruktion), zwei Täter beobachtet zu haben, wurde eben darauf bei der Gegenüberstellung nicht angesprochen.« An ihre früheren Aussagen von zwei Tätern hat man sie also tunlichst gar nicht erinnert! Das hätte man aber zwingend tun müssen, denn schließlich hätte aufgearbeitet werden müssen, wie es zu ihrer plötzlich geänderten Erinnerung kam. Auf der anderen Seite erleichterten diese kleinen Nachlässigkeiten es der Zeugin sicher ungemein, den einen der beiden Täter zu »vergessen«.

Noch wichtiger: Auf diese Weise existierte nun plötzlich eine neue Aussage der Zeugin,

- in der sie nichts mehr von einem zweiten Täter sagte und
- in der auch ihre alten Aussagen über zwei Täter nicht mehr erwähnt wurden.

Und das dürfte denn auch der eigentliche Sinn der Operation gewesen sein. So konnte man den zweiten Entführer quasi »wegwaschen«. Wer nur die aktuellste Zeugenvernehmung von Akcan, nämlich das Protokoll dieser Gegenüberstellung vom 3. Dezember 2009, lesen würde (was natürlich viele tun würden), der käme wahrscheinlich gar nicht auf die Idee, dass jemals von zwei Tätern die Rede war. Die geschilderten Unterlassungen seien denn auch »ein schwerer Verstoß mit schwerwiegenden Folgen«, so der *Kurier*. Denn siehe da: »Die Staatsanwaltschaft beendete nicht zuletzt auch auf Basis dieser nicht ordnungsgemäßen Gegenüberstellung die brisante Causa mit der Einzeltätertheorie« (*Kurier*, 29.7.2011).

Die Komplizen des Wolfgang P.

Doch auch so wird die österreichische Justiz die Komplizen des Wolfgang Priklopil wohl nicht aus der Welt schaffen können. Denn erstens haben wir bereits gesehen, dass die Tat für einen Einzeltäter gar nicht möglich gewesen wäre. Zweitens flog der ganze Vernehmungsschwindel im Rahmen von Untersuchungen der staatsanwaltschaftlichen Arbeit auf. Und drittens gibt es weitere Hinweise und sogar Aussagen über mehrere Täter. Schon im April 2008 zitierte die Wiener Tageszeitung *Heute* »aus bisher geheimen Ermittlungsakten der Polizei. Demnach soll Natascha Kampusch nach ihrer Flucht am 23. August 2006 von der Polizistin Sabine F. vernommen worden sein. Das Protokoll verschwand sofort im Safe des Untersuchungsrichters. In einer zweiten Abschrift, die Sabine F. sechs Tage später anfertigte, gibt es offenbar eindeutige Hinweise auf Mittäter des Entführers Wolfgang Priklopil.« Auf die Frage, ob es Komplizen gegeben habe, habe Kampusch der Polizistin wörtlich geantwortet: »Ich weiß keine Namen« (*abendblatt.de*, 19.4.2008).

Auch in Kampuschs eigenem Buch *3096 Tage* sind die Mittäter, wie erwähnt, ja quasi mit Händen zu greifen. Von den Schwie-

rigkeiten, ein Kind zu entführen, zu kontrollieren und dabei Auto zu fahren und zu telefonieren, war ja schon die Rede. Aber mit wem hatte Priklopil telefoniert? Wen würden die Täter in dieser Situation anrufen? Die Frau, Freundin oder einen Freund, um eine Verabredung abzusagen? Den Zahnarzt, um einen Termin zu stornieren? Die Mutter oder die Tante, um zum Geburtstag zu gratulieren? Nein, normale soziale Aktivitäten kommen für solche Telefonate wohl nicht in Frage. Für diesen Zeitpunkt hatten die Täter wohl kaum irgendwelche anderen Verabredungen. Das Wichtigste ist aber: Kampfgeräusche oder Hilfeschreie des Mädchens wären wohl kaum für die Ohren von Frau, Freundin, Mutter oder Zahnarzt bestimmt gewesen. Darüber hinaus berichtete Kampusch von der »Hektik« bei Priklopils Wählversuchen. Unbeteiligte sollten diese Aufregung sicher ebenfalls nicht mitbekommen. Schon diese Überlegungen führen zwingend zu dem Schluss, dass Priklopil in dieser Situation ausschließlich mit Mittätern, die ohnehin Bescheid wussten, telefonieren konnte und wollte. Nach Lage der Dinge gab es neben Priklopil also mindestens zwei weitere Mittäter: einen, der das Auto fuhr, und mindestens einen weiteren, den Priklopil anrufen wollte, um eine Erfolgsmeldung abzusetzen und/oder einen Treffpunkt auszumachen. Nach Kampuschs Schilderung stand das Telefonieren auch eindeutig in einem Handlungszusammenhang mit der Entführung: Er (und sein Komplize) schnappte(n) sich das Mädchen, fuhr(en) los und fing(en) an, hektisch zu telefonieren. Also wollten sie jemanden über die Entführung informieren.
Tatsächlich sagte Priklopil damals laut Kampusch: »Ich bringe dich jetzt in einen Wald und übergebe dich den anderen. Dann habe ich mit der Sache nichts mehr zu tun.« – »Diesen Satz wiederholte er mehrmals, schnell und fahrig: ›Ich übergebe dich und dann habe ich nichts mehr mit dir zu tun. Wir werden uns nie wiedersehen.‹« Kampusch selbst stellt das in ihrem Buch als Versuch dar, ihr mit Hilfe imaginärer Mittäter Angst einzujagen. Danach hört es sich

jedoch nicht an. Denn erstens stellte Priklopil das ganz sachlich fest, ohne ihr dabei zu drohen. Und zweitens berichtet sie von weiteren konkreten Handlungen in Bezug auf eine Übergabe: »Wir waren in einem Föhrenwald, wie es sie außerhalb von Wien zahlreich gibt. Der Täter stellte den Motor ab und telefonierte wieder. Etwas schien schiefgegangen zu sein. ›Die kommen nicht, die sind nicht hier!‹, schimpfte er vor sich hin. Er wirkte dabei verängstigt, gehetzt.« – »Aber vielleicht war das auch nur ein Trick«, vermutet Kampusch weiter: »Vielleicht wollte er, dass ich mich mit ihm verbünde, gegen diese ›anderen‹, denen er mich übergeben sollte und die ihn nun hängenließen. Vielleicht hat er sie aber auch nur erfunden, um meine Angst zu vergrößern und mich damit zu lähmen.«

Das erscheint jedoch »um zu viele Ecken gedacht«: Wenn er ihr damit Angst hätte machen wollen, hätte er sicher direkt »mit dem schwarzen Mann« gedroht und nicht durch eine indirekte Inszenierung mit Scheintelefonaten. Kampusch lässt den Gedanken an Mittäter in Wirklichkeit denn auch nie ganz fallen: »Genauso gut möglich ist es aber, dass es andere waren, die ihn auf mich aufmerksam gemacht haben. Vielleicht stimmte die Geschichte mit dem Pornoring doch. Es gab damals sowohl in Österreich als auch in Deutschland genug solcher Organisationen, die auch nicht davor zurückschreckten, Kinder für ihre grausamen Praktiken zu entführen.« Es sei damals aber viel zu »unheimlich« gewesen, »zu vermuten, dass irgendwo da draußen die wahren Schuldigen noch frei sind«.

Dass die Sache mit den »anderen« nicht nur eine Ad-hoc-Drohung war, ergibt sich auch daraus, dass Priklopil Kampusch zufolge in den ersten Tagen auch »bei all seinen Besuchen« in ihrem Verlies »von seinen angeblichen Auftraggebern, mit denen er schon während der Entführung so hektisch telefoniert hatte und die mich ›bestellt‹ hätten«, sprach. »Ich ging nach wie vor davon aus, dass es sich dabei um einen Kinderpornoring handeln müsse. Er selbst murmelte immer wieder etwas von Leuten, die kommen würden, um mich zu fotografieren, und ›sonst was mit mir machen‹ würden, was meine Befürchtungen bestätigte. Dass die Geschichte, die er mir auftischte, hinten und vorne nicht zusammenpasste, dass diese ominösen Auftraggeber vermutlich gar nicht existierten, diese Gedanken gingen mir zwar manchmal durch den Kopf. Wahrscheinlich hatte er sich die Hintermänner nur ausgedacht, um mich einzuschüchtern. Doch sicher wissen konnte ich das nicht.« Eben. Es spricht nämlich alles dagegen, dass Priklopil das Mädchen für sich selbst haben wollte.

Kein sexuelles Interesse

So zeigte er nach der Entführung, laut Kampusch, überhaupt kein erotisches oder sexuelles Interesse an ihr: »Wegen der beengten Lage« in dem Verlies »musste er mir beim Waschen helfen; es war ungewohnt für mich, nackt vor ihm zu stehen. Was wohl dabei in ihm vorging?« Antwort: Nichts. »Er schrubbte mich ab wie ein Auto. Es lag weder etwas Zärtliches noch etwas Anzügliches in seinen Gesten. Er pflegte mich, wie man ein Haushaltsgerät in Stand hält.« Oder eine Ware? Auch als er sein Opfer viel später oben im Haus baden ließ, zeigte er demnach keine anzüglichen Reaktionen und nicht das geringste sexuelle Interesse. Vielmehr mahnte er sie »zur Eile« und bugsierte sie so schnell wie möglich wieder in ihr Gefängnis zurück. Erst »mit dem Einsetzen der Pubertät« im Jahr 2000, also zwei Jahre nach der Entführung, änderte sich »sein Verhältnis zu mir deutlich«. Erst ab da begann er sein Opfer als Haus- und wahrscheinlich auch als Sexsklavin einzusetzen. Aber hatte er sie wirklich schon vor Jahren im Hinblick darauf entführt?

Das improvisierte Versteck

Unwahrscheinlich – denn normalerweise legen es Triebtäter auf schnelle Befriedigung an. Unwahrscheinlich auch deshalb, weil der lange Aufenthalt Kampuschs bei Priklopil ganz offensichtlich nicht geplant war. Obwohl er, wie Kampusch schrieb, ein absoluter Pedant war, war er anfangs gar nicht darauf eingestellt, jemanden länger in dem unterirdischen Verlies zu beherbergen. Vielmehr wurde in jeder Hinsicht improvisiert. So stattete er das Gefängnis erst nach ihrer Gefangennahme mit einer dünnen Schaumstoffmatte, erst zwei Wochen später mit einer Gartenliege aus. Das heißt, dass Kampusch ursprünglich nicht einmal eine Nacht in dem Keller verbringen sollte. Weil es kalt war, schleppte der Täter außerdem einen Elektroofen in das Versteck. Nachdem er Kampusch die ersten Tage mit Keksen, Gebäck und anderen Süßigkeiten ernährt hatte, brachte er erst später Fertiggerichte und eine Kochplatte mit. Erst ein halbes Jahr nach der Entführung, im Herbst 1998, gestaltete er das Kellerversteck wohnlicher, indem er es tapezierte und ein Hochbett einbaute. Mit anderen Worten: Das Versteck war überhaupt nicht auf einen längeren Aufenthalt ausgelegt, ja (da nicht einmal eine primitive Schlafgelegenheit vorhanden war) nicht einmal für eine Übernachtung. Sexuell interessiert war Priklopil an dem Kind auch nicht. Er bewahrte es einfach auf, wie etwas, das einem von jemand anderem anvertraut worden ist, oder das man bestellt, aber doch nicht abgeholt hat. Auch Kampusch schreibt: »Mir gegenüber benahm sich der Täter jedenfalls nicht wie ein Mann, der sich seit Jahren auf die Entführung eines Kindes vorbereitet hat und dessen lang gehegter Wunsch damit endlich in Erfüllung gegangen ist. Im Gegenteil: Er wirkte wie jemand, dem ein entfernter Bekannter überraschend ein ungeliebtes Kind überlassen hat und der nun nicht weiß, wohin mit diesem kleinen Wesen, das Bedürfnisse hat, mit denen er nicht umgehen kann.«

Der »Retter« der Natascha K.

Genau. Und wenn man jetzt »entfernter Bekannter« durch »Komplize« oder »Auftraggeber« ersetzt, dann trifft es das wohl auf den Punkt. Es gebe »massive Anhaltspunkte dafür, dass dieses

Verlies zum Zeitpunkt der Entführung noch gar nicht fertig war«, sagte auch der Ex-Präsident des Österreichischen Verfassungsgerichtshofs Ludwig Adamovich, der später eine der Untersuchungen des Falls Kampusch führte, in einem Interview mit der Zeitschrift *Profil:* »Laut einer Aussage von Frau Kampusch habe Priklopil sie zuerst in ein Waldstück gebracht, dort herumtelefoniert und dann gesagt: ›Die kommen nicht.‹ Das sagt sie selber. Was irgendwie darauf schließen lässt, dass der ursprüngliche Plan ein anderer war. Sodass er unerwarteterweise mit dem Mädel allein dagestanden ist« (*Profil Online*, 11.7.2009).
So ist es. Nach Kampuschs Beschreibung wurden die Übergabe- und Kontaktversuche des Täters zu seinen Komplizen zeitlich durch die wohnliche Einrichtung des Verstecks abgelöst. Das heißt, erst nachdem die Übergabe misslungen war, baute Priklopil das Kellerverlies zu einem wohnlicheren Versteck um. Dazu passt auch sein »dauernd wiederholter Befehl, ihn als Retter zu betrachten«: »›Ich habe dich gerettet‹, sagte er immer wieder, und er schien es ernst zu meinen.« Tatsächlich war, was menschenverachtend, zynisch und vielleicht sogar irrsinnig klingt, vermutlich nichts als die Wahrheit. Denn nachdem die Übergabe aus welchen Gründen auch immer gescheitert war, blieb in der Logik eines solchen Verbrechens eigentlich nur die Tötung des Mädchens übrig. Priklopil entschied sich stattdessen dafür, das Opfer lebendig zu begraben und lebenslänglich bei sich zu behalten. Erst mit dem Einsetzen der Pubertät, etwa zwei Jahre nach ihrer Gefangennahme, begann Priklopil laut Kampusch langsam auch »Nutzen« aus der Entführung zu ziehen und Kampusch als Haushalts- und wahrscheinlich auch Sexsklavin zu missbrauchen.

Das »Versagen« der Polizei

Spätestens nach ihrer Flucht wurde Kampusch klar, dass die Polizei sie überhaupt nicht finden wollte. Eigentlich hätte ihre Gefangenschaft bereits nach 35 Tagen, also Anfang April 1998, zu Ende sein müssen. Da nämlich kam die Polizei aufgrund der Zeugenaussage von Ischtar Rahel Akcan über einen weißen Lieferwagen, die sie zunächst nicht ernst genommen hatte, bereits dem Täter auf die Spur. Am 6. April 1998 fuhren Beamte des Wiener Sicherheitsbüros (SB) bei dem Entführer vor: »Sie trafen Wolfgang PRIKLOPIL dort an, der ihnen zu verstehen gab, dass er eine Überprüfung bereits erwartet habe.« Natürlich weil Kampuschs Entführung mit dem weißen Lieferwagen seit Wochen durch die Presse ging. »Zu seinem Alibi befragt, gab er an, am Tattag allein zu Hause gewesen zu sein, wobei dies jedoch niemand bezeugen könne. Er zeigte den Beamten sein Fahrzeug, einen Mercedes 100D L, und gab an, diesen insbesondere zum Transportieren von Bauschutt zu verwenden. Die Beamten fertigten Polaroidbilder des Fahrzeuges an. Die Überprüfung wurde in einem Bericht festgehalten« (Adamovich-Kommission, Abschlussbericht vom 9.6.2008, S. 6, siehe auch unten). Das war's dann aber auch schon. Obwohl Priklopil kein Alibi hatte, wurde der Sache nicht weiter nachgegangen, »ein Fakt, der von der Polizei noch Jahre nach meiner Selbstbefreiung vertuscht wurde« (Kampusch). Die Polizei zog »wieder ab, ohne das Auto oder das Haus genauer zu überprüfen«.

Aber nur acht Tage später, am 14. April 1998, bekam dasselbe Sicherheitsbüro einen weiteren, diesmal eindeutigen Hinweis auf Priklopil. Diesmal war es sogar ein Polizei-Kollege, der die »Fahnder« telefonisch auf den Täter aufmerksam machte, nämlich ein Diensthundeführer der Bundespolizeidirektion Wien namens Christian P., der in demselben Örtchen Strasshof bei Wien wohnte, in dem der Entführer Natascha Kampusch gefangen hielt. Der Inhalt des Anrufs wurde wie folgt protokolliert (Rechtschreibung beibehalten):

> »Betreffend der Fahndung nach dem weißen Kastenwagen mit dunklen Scheiben im bezirk Gänserndorf in Bezug zur Abgän-

gigkeit der KAMPUSCH Natascha gibt es in Strasshof/Nordbahn eine Person, welche mit dem verschwinden in Zusammenhang stehen könnte und auch in besitz eines weißen kastenwagens Marke Mercedes mit abgedunkelten Scheiben ist. Dieser Mann sei ein sogenannter ›Eigenbrötler‹, welcher mit seiner Umwelt extreme Schwierigkeiten habe und Kontaktprobleme habe. Er soll gemeinsam mit seiner Mutter in Straßhof/Nordbahn, Heinestraße 60 (Einfamilienhaus) wohnen, welches jedoch elektronisch voll abgesichert sei. Auch soll der Mann eventuell Waffen zu Hause haben. Vor dem Areal Heinestraße 60 sei ögfters sein weißer kastenwagen, Marke Mercedes, Kennzeichen unbekannt, mit seitlich und hinten total abgedunkelten Scheiben stehen. Dieser Mann sei früher bei der Fa. SIEMENS als Nachrichtenelektroniker beschäftigt gewesen und könnte dies auch jetzt noch sein. Eventuell lebt der Mann mit seiner betagten Mutter in diesem haus und soll er einen hang zu ›Kindern‹ in Bezug auf seine Sexualität haben, ob er diesbezüglich bereits vorbestraft ist, ist unbekannt.
Der Namen des Mannes ist dem Anrufer unbekannt, ist er ihm nur aus der Nachbarschaft bekannt.
Der Mann soll ca. 35 jahre alt sein, blondes Haar haben und 175–180 cm groß sein und schlank sein.
Nähere Angaben konnte der anonyme Anrufer nicht machen« (zit. nach *Profil,* 7.2.2008).

Personenbeschreibung, Adresse – alles war vorhanden. Damit hatte die Polizei Priklopil bereits einen guten Monat nach der Entführung von Natascha Kampusch in allen Einzelheiten auf dem Radarschirm. Passiert ist nichts. Das Mädchen musste vielmehr noch weitere acht Jahre in Gefangenschaft ausharren und sich schließlich selbst befreien. Im Nachhinein ging Kampusch davon aus, dass sich die Polizei sehr bald überhaupt nicht mehr für sie interessierte, »wo sie doch trotz zweier Hinweise nicht einmal das Entführungsauto untersucht hatte«. Nach ihrer Flucht 2006 bekam Kampusch den Eindruck, dass es ihr die Behörden »in gewisser Weise übelnahmen, dass ich mich selbst befreit hatte. Sie waren in diesem Fall nicht die Retter, sondern diejenigen, die all die Jahre versagt hatten.« Der ehemalige Direktor des österreichischen Bundeskriminalamtes, Herwig Haidinger, »deckte auf, dass Politik und Polizei ihre Ermittlungspannen in meinem Fall nach meiner Selbstbefreiung aktiv vertuscht haben«. So hätten die Sonderkommissionen, »die später meinen Fall übernahmen«, von dem entscheidenden telefonischen Hinweis des Polizeihundeführer nichts gewusst, in dem dieser den Verdächtigen samt Anschrift exakt beschrieben hatte: »Die Akte war ›verschlampt‹ worden.«

Die Untersuchungen

Wie bereits angedeutet, gab es über das Versagen der Behörden mehrere Untersuchungen, zum Beispiel die Evaluierungskommission im Fall Natascha Kampusch unter der Leitung des ehemaligen Verfassungsgerichtshofpräsidenten Ludwig Adamovich (Abschlussbericht 9.6.2008). »Ohne Zweifel gab es Fehler bei der Suche nach dem oder den Tätern«, sagte Adamovich zusammenfassend in dem Interview mit der Zeitschrift *Profil*. »Alles, was sich rund um den berühmten Hundeführer abgespielt hat, ist im höchsten Maße sonderbar. Erstens war es merkwürdig, dass sein Hinweis unter den Tisch gefallen ist. Und zweitens: Als Frau Kampusch wieder da war, wurden zwei Kollegen von der Sonderkommission zu ihm geschickt, die ihm angeblich empfohlen haben, über die Sache nicht mehr zu reden. Auch er selbst hat sich widersprochen: Zuerst gab er an, Priklopil habe sexuelles Interesse an Kindern und besitze Waffen. Später hat er das wieder zurückgenommen.«

»Glauben Sie noch an die These vom Einzeltäter?«, wollten die *Profil*-Redakteure wissen.

Antwort: »Die objektive Wahrscheinlichkeit, dass das Ganze eine Aktion des Herrn Priklopil und sonst von niemandem war, ist, vorsichtig ausgedrückt, sehr, sehr gering. Dem steht aber als wuchtiger Block die Aussage der Frau Kampusch entgegen, der ich nicht unterstelle, bewusst die Unwahrheit zu sagen. Wenn man ihre Aussage in Zweifel zieht, stellt sich natürlich sofort die Frage, warum sie so zäh daran festhält. Das muss ja irgendeinen Grund haben.«
In der Tat: Warum lehnt Kampusch trotz der zahlreichen Indizien und Beweise für die Beteiligung mehrerer Täter (zum Beispiel trotz der Zeugenaussage der damals zwölfjährigen Zeugin Akcan) diese Vorstellung letztlich ab?
»Haben Sie eine Vermutung?«, fragen die *Profil*-Leute Adamovich.
»Vermutungen gibt es alle möglichen«, antwortet der. »Erpressung könnte durchaus sein – im Zusammenhang mit irgendwelchem Material, das für sie unangenehm ist.« Eine naheliegende Idee: Schließlich ist es durchaus möglich, dass die Täter Fotos und Videos von Natascha Kampusch aufgenommen haben. Es besteht aber noch eine ebenso naheliegende, aber weitaus schlimmere Möglichkeit. Demnach war Natascha Kampusch während ihrer Gefangenschaft schwanger. Naheliegend ist das schon deshalb, weil vergleichbare Täter (Fritzl etc.) normalerweise keinen großen Wert auf Verhütung legen. Es gibt aber noch konkretere Anhaltspunkte. Laut der Wiener Tageszeitung *Heute* soll Natascha Kampusch nach ihrer Flucht einen Arzt gefragt haben, »wie lange man eine Schwangerschaft nachweisen könne, wenn sie schon vorüber wäre. Sie machte dann die sinngemäße Bemerkung, dass es eh egal sei, weil es schon lange her sei. Die ganze Untersuchung mit Gespräch dauerte nur fünf Minuten. Fünf Minuten, um alle möglichen Fragen zu stellen. Doch Natascha interessierte nur, ob man eine ›gewesene‹ Schwangerschaft nachweisen könne.« Fragt *Heute:* »Was passierte mit einem eventuellen Kind? Verlor sie es, oder verschwand es auf eine bisher

ungeklärte Weise?« (zit. nach *abendblatt.de,* 19.4.2008) Sollte diesem Kind irgendetwas zugestoßen sein, wäre das freilich ein guter Grund, für immer den Mund zu halten. Aber das ist natürlich reine Spekulation.
Noch schockierter über die Ungereimtheiten in der Causa Kampusch als der ehemalige Verfassungsgerichtshofpräsident Adamovich zeigte sich der ehemalige Präsident des Obersten Gerichtshofes, Johann Rzeszut, der 2010 mit einer Untersuchung des Falles beauftragt worden war. In seinem Bericht vom 29. September 2010 spricht er von »atypischen, sachlich nicht nachvollziehbaren Vorgangsweisen« der Staatsanwaltschaft und »fachlich nicht zu erklärenden Besonderheiten des staatsanwaltschaftlichen Ermittlungsverfahrens«. Sein Bericht liest sich wie eine Anklageschrift. Darin ist die Rede von:

- »konsequenter und beharrlich fortgesetzter Vernachlässigung entscheidender polizeilicher Ermittlungsergebnisse«
- »langfristiger Verzögerung bzw. bis zuletzt gänzlicher Unterlassung nachhaltigst indizierter wesentlicher Ermittlungsschritte«
- »wesentlicher und langfristiger Behinderung der vom Innenressort angeordneten Evaluierung sicherheitsbehördlicher Ermittlungsmaßnahmen«
- »medialer Verbreitung krass wahrheitswidriger Informationen«
- »sachlich nicht vertretbarer Druckausübung auf jenen Polizeibeamten, der zuletzt vom Bundeskriminalamt führend mit den fallbezogenen Ermittlungen beauftragt war«.

Was ganz so klingt, als hätten wir die Mittäter damit dingfest gemacht – nämlich in den Reihen von Staatsanwaltschaft und Polizei. Denn anders denn als Komplizenschaft kann man dieses Verhalten wohl kaum beschreiben.

Der letzte Punkt dieser Aufzählung ist besonders brisant. Denn bei diesem Polizeibeamten handelte es sich um jenen Ermittlungsleiter Franz Kröll, in dessen Gegenwart am 3. Dezember 2009 die Zeugin Ischtar Akcan umgedreht und dazu gebracht worden war, sich mit Kampusch auf die »Einzeltäterthese« zu einigen. Vorausgegangen war dem eine Besprechung unter anderem mit einem Oberstaatsanwalt namens Thomas Mühlbacher am 20. November 2009, bei der Kröll »unmissverständlich nahegelegt« worden war, »den Ermittlungsakt zwecks Durchführung einer finalen Pressekonferenz umgehend zu schließen«, so Rzeszut in seinem Bericht. Das ist seltsam. Denn »in einem internen Bericht vom September 2009«, welcher der Tageszeitung *Kurier* vorliegt, war Staatsanwalt Thomas Mühlbacher noch ganz anderer Meinung gewesen. »Damals schrieb der leitende Staatsanwalt: ›Anhaltspunkte für weitere Täter ergeben sich auch aus der Darstellung der Natascha Kampusch (…) bei vernetzter Betrachtung legt dies den Verdacht nahe, dass Wolfgang Priklopil die Entführung im Auftrag oder gemeinsam mit einem oder mehreren weiteren Tätern ausführte (…).«

»Ein radikaler Widerspruch zu den heutigen Angaben«, meinte der *Kurier* am 16. August 2011. »Offenbar wurden die Staatsanwälte von einem Sinneswandel übermannt.« Wirklich? Oder wurden die Staatsanwälte eher von einer oberen Instanz »übermannt«? Denn offenbar hatte Mühlbacher von sich aus nichts gegen die Annahme, dass Kampusch von mehreren Tätern entführt worden war, wie der interne Bericht beweist. Die einzige Erklärung für den plötzlichen Sinneswandel kann eigentlich nur lauten, dass die Staatsanwälte eine Weisung »von oben« bekamen, die Einzeltäterthese unbedingt festzuklopfen und das Verfahren unter allen Umständen zu beerdigen. Man roch regelrecht die Verbrennungsrückstände einer Notbremsung: Aus dem von Kröll über das Treffen mit Akcan und Kampusch angefertigten Amtsvermerk gehe hervor, dass das »Gespräch in völlig atypischer

und krass einseitig-suggestiver Einflussnahme auf Ischtar Rahel Akcan ausschließlich darauf ausgerichtet war, die langjährig konstanten Angaben dieser Zeugin über den Entführungskomplizen des Wolfgang Priklopil, die den staatsanwaltschaftlichen Einstellungsintentionen hinderlich entgegen standen, zu beseitigen«, so der ehemalige OGH-Präsident Rzeszut in seinem Bericht.
Demnach wurde Kröll zu diesem Vorgehen also von der Staatsanwaltschaft regelrecht genötigt. Der Einsatz dieser Notbremse war so gewalttätig, dass Ermittlungsleiter Kröll die Notbremsung nicht überlebte. Nach Meinung Rzeszuts wurde Kröll »mit dieser vorgegebenen Vorgangsweise … in der Folge seelisch nicht fertig« und beging »schließlich (nach monatelangen Selbstvorwürfen) am 25. Juni dieses Jahres [2010; G.W.] Selbstmord, indem er sich erschoss«. Nach Meinung seines Bruders wurde Kröll jedoch ermordet – ein »Fall im Fall«, der den Rahmen dieses Buches sprengen würde.
Auf derselben Linie staatsanwaltschaftlicher »Versäumnisse« liege es, dass nicht einmal die Handy-Verbindungsdaten von Wolfgang Priklopil gesichtet, »geschweige denn ausgewertet« worden seien, so Rzeszut. Da staunt der Fachmann schon wieder. Denn das oder die Handys wären schließlich der Königsweg zu den Hintermännern gewesen. So hätte man ja möglicherweise bereits 1998 die Besitzer der im Bereich des Entführungsortes eingeloggten Handys überprüfen können. Wäre Priklopil auch dabei aufgetaucht – Volltreffer. Zumindest hätte man, wie von Rzeszut angesprochen, die Verbindungsdaten der im Haus von Priklopil gefundenen Mobiltelefone auswerten können: Ließen sich damit Kampuschs Angaben über die Telefonate des Entführers bestätigen? Mit wem hatte er am Tag der Entführung telefoniert? Und wenn diese Daten auf dem Handy nicht mehr vorhanden waren – mit wem hatte der Mann ansonsten noch Kontakt? Nichts davon wurde demnach geklärt. Ferner warf Rzeszut der Oberstaatsanwaltschaft Wien vor, eine Einstellung weiterer Ermittlungen be-

fürwortet zu haben, obwohl man bei einer Besprechung im Wiener Innenministerium am 30. April 2008 übereingekommen war, das Ermittlungsverfahren wiederaufzunehmen.
Was einen unweigerlich nochmals zu der Frage führt: Soll man Priklopils Mittäter etwa im Bereich der österreichischen Staatsanwaltschaft suchen, die ja offensichtlich alles tat, um weitere Ermittlungen zu hintertreiben? Tatsächlich wurden denn auch gegen fünf beteiligte Staatsanwälte Ermittlungsverfahren wegen Amtsmissbrauchs eingeleitet, deren weiterer Verlauf im Juli 2011 jedoch noch nicht absehbar war. Wahrscheinlich ist allerdings, dass die Staatsanwaltschaft auch nur auf Anweisung handelte und dass die obersten Nutznießer von Priklopils Taten in jenen Kreisen sitzen, die der Staatsanwaltschaft gegenüber weisungsbefugt sind, nämlich in den obersten Kreisen von Regierung und Politik. Ende Juli 2011 meldete sich einem Bericht der Zeitung *Österreich* zufolge ein Häftling der Justizanstalt Stein schriftlich bei der Staatsanwältin Gabriele Ginther-Scholl und offerierte Insiderwissen über die Entführung Kampusch: »Die Quintessenz: Natascha wurde im Auftrag einer Organisation entführt und an die Mitglieder ›vermarktet‹ … Er habe sein Wissen im Entführungskrimi Kampusch bereits mehrfach Staatsanwälten angeboten, sei aber ›abgeschasselt‹ und mit Psychiatrierung bedroht worden. Und tatsächlich laufe gegen ihn jetzt ein Besachwaltungsverfahren [Sachwalterschaft: gesetzliche Vertretung für geistig oder psychisch Kranke] am Bezirksgericht Liesing.« *Österreich* zufolge sagte der Mann: »Die von mir belasteten Herrschaften bilden eine mächtige Seilschaft in hohen Positionen.«

August 2011

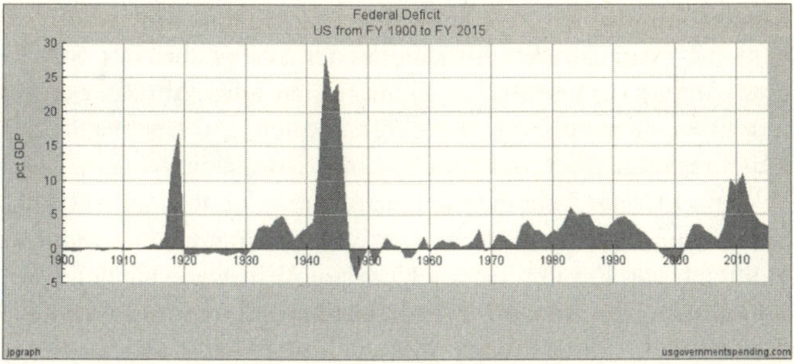

Thema des Monats *2.8.:*
USA: Der Krieg ist der Vater
aller Defizite

2.8. Die USA heben die Obergrenze für ihre Staatsschulden an und sind damit weiter auf Kriegskurs **5.8.** Die Ratingagentur Standard & Poor's stuft die Kreditwürdigkeit der Vereinigten Staaten von »AAA« auf »AA+« herab ***15.8. Peer Steinbrück wird als »gefühlter Kanzlerkandidat« gehandelt 21.8. Die US-Zeitschrift*** **Mother Jones** ***präsentiert die erste Untersuchung über »False Flag«-Terrorismus*** **23.8.** Goldpreis erreicht neues Rekordhoch von 1911,46 Dollar/Mit der Besteigung des K2 hat die österreichische Bergsteigerin Gerlinde Kaltenbrunner als erste Frau alle Achttausender-Gipfel ohne künstlichen Sauerstoff erreicht **31.8.** Bundesinnenminister Hans-Peter Friedrich erklärt Verzicht auf Körperscanner an Flughäfen

2. August US-Defizit: Der Krieg ist der Vater aller Defizite

Kennen Sie den Film ... *und täglich grüßt das Murmeltier*? In dem die Hauptperson alptraumhaft jeden Tag dasselbe erlebt? Nun, Anfang August 2011 ergeht es uns genauso. Allerdings nicht mit einem Murmeltier – das ginge ja noch –, sondern mit dem US-Haushaltsdefizit. Bis zum Sommer 2011 haben die USA 14,3 Billionen Dollar Schulden angehäuft und damit die gesetzliche Schuldenobergrenze erreicht. Und seit Wochen zanken sich Demokraten und Republikaner jetzt schon über eine Anhebung dieser Grenze. Und zwar so öffentlichkeitswirksam, dass auch noch der Dümmste mitbekommt, dass die Vereinigten Staaten vor der Zahlungsunfähigkeit stehen: die Börsen zum Beispiel. Oder die Ratingagenturen. Mehr PR für die drohende Zahlungsunfähigkeit lässt sich eigentlich nicht mehr machen als mit diesem täglichen quälenden Gezerre zwischen dem demokratischen US-Präsidenten Barack Obama und den Republikanern. Sollten sie sich nicht bis zum 2. August 2011 auf eine neue Obergrenze einigen, drohe den Vereinigten Staaten die Zahlungsunfähigkeit, wird dem Publikum Tag für Tag eingetrichtert. Zumindest einen großen Teil ihrer Verpflichtungen könnten sie dann nicht mehr erfüllen. Jedes Telefonat, jeder Handschlag und erst recht jedes Treffen zwischen Obama und den »Reps« wird zum Medienereignis aufgeblasen. Schon baut sich eine Angstblase in der Bevölkerung auf: Wer wird auf sein Gehalt verzichten und hungern müssen? Die Polizisten? Die Verwaltungsbeamten? Oder etwa das Militär?

Schließlich kommt es in letzter Minute zur Einigung mit den Republikanern. Am 2. August nickt nach dem Repräsentantenhaus auch der Senat das neue Schuldenlimit ab. Die Obergrenze von derzeit 14,3 Billionen Dollar (akkumuliert) soll dabei in zwei Schritten um insgesamt 2,4 Billionen Dollar angehoben werden. Aber zu spät: Der Dow Jones, der schon Ende Juli 2011 ins Minus drehte, schmiert Anfang August ab wie vom Blitz getroffen. Von etwa 12 500 Punkten am 27. Juli stürzt er bis zum 10. August auf etwa 10 700 Punkte ab. Es gibt kein Halten mehr. Der DAX folgt. Der Chart sieht aus wie eine Achterbahn, bei der das abwärts führende Gleis direkt in die Hölle führt. Oder wie die Flugkurve eines Fallschirmspringers, dessen Schirm sich nicht öffnet. Apropos »Schirm«: Auch den Euro-Staaten steht das Wasser bis zum Hals. Mit einem offenen Brief vom 3. August 2011 heizt EU-Kommissionspräsident José Manuel Barroso die Panik noch weiter an. Nur zwei Wochen nach dem Beschluss über einen neuen Euro-Rettungsfonds (ESM, siehe auch 6. November) am 21. Juli 2011 drängt er die Regierungen Europas zu einer »raschen Überprüfung aller Elemente« dieses nagelneuen Rettungsschirms, um sicherzustellen, dass dieser »über die Mittel verfügt, um Ansteckungsgefahren zu begegnen«. Damit gebärdet sich Barroso wie jemand, der einen Fallschirmspringer zur Überprüfung seines Schirms auffordert – und zwar nach dem Absprung.

Täuschung, Tricks und Tollereien

Endlich kapierten es alle, die Börsen genauso wie die Ratingagenturen: Der Fallschirm war gar keiner bzw. funktionierte nicht. Nach der verheerenden ersten Börsenwoche des August 2011 kam die Ratingagentur Moody's in der Nacht vom 5. auf den 6. August endlich auf die bahnbrechende Idee, das Rating der schon seit Jahren total überschuldeten Vereinigten Staaten um eine winzige Stufe herabzusetzen, nämlich von »AAA« auf »AA+«. Besser kann man die Voreingenommenheit dieser Agenturen wohl kaum demonstrieren. Während sie in den letzten Monaten das Rating europäischer Staaten am laufenden Meter herabgestuft hatten, hielten sie am Top-Rating für einen offensichtlich bankrotten Riesen – nämlich die USA – fest. Während sie seit Monaten aus allen Rohren auf die Kreditwürdigkeit der Eurostaaten feuerten, fassten sie die USA, deren Überschuldung bereits für jede

Hausfrau erkennbar war, mit Samthandschuhen an. Die Herabstufung auf »AA+« war nur Kosmetik. Und die anschließenden lautstarken Beschwerden der US-Regierung nur Theaterdonner. Schließlich musste man ja demonstrieren, wie »weh« einem diese Herabstufung tat und wie rücksichtslos und unabhängig die eigenen Ratingagenturen doch waren. Für diese wiederum wäre es schließlich doch zu peinlich gewesen, das Top-Rating für den offensichtlichen Pleitekandidaten aufrechtzuerhalten. Um nicht den letzten Rest Glaubwürdigkeit zu verlieren, entschloss man sich daher zu einer winzigen Korrektur.

Gibt es etwa kein Morgen?

Mit der US-Schuldenkrise, die zunächst hierzulande überhaupt kein Thema war, beschäftige ich mich ja schon sehr lange: »Der gesamte Konsum und Pseudo-Boom der USA beruhte im Wesentlichen auf Pump«, schrieb ich zum Beispiel 2003 in *Operation 9/11:* »Und das galt gleichermaßen für die Verbraucher und die Unternehmen, und daher war es nur eine Frage der Zeit, bis alles zusammenbrechen würde.« Und das gelte auch für das bodenlose Haushaltsdefizit der Vereinigten Staaten: »Es stellt sich die Frage, aufgrund welcher Tatsache oder Planung die US-Regierung glaubt, sich eine solche Politik leisten zu können«, fragte ich ein Jahr später in *Mythos 9/11* (2004): »Entweder ist sie der Meinung, dass es sich bei den USA um ein Perpetuum mobile handelt, das seine Ressourcen aus dem Nichts schöpfen kann. Oder die Regierung weiß etwas, das wir nicht wissen.« Die Regierung Bush (junior) habe Schulden gemacht, als ob es kein Morgen gäbe, schrieb ich als Nächstes im kritischen Jahresrückblick 2007. Woran sich die Frage anschloss: »Gibt es etwa kein Morgen? Zum Beispiel, weil sämtliche Defizite und Schulden sowieso bald keine Rolle mehr spielen, nämlich dann, wenn es zu einem großen Krieg kommt?«

US-Defizit und Krieg

Tatsächlich steckte in dem ganzen Defizit- und Börsenrummel von Juli und August 2011 eine Botschaft, die zu übermitteln unsere Medien leider glatt vergessen hatten. Diese Botschaft schlummerte wie ein nicht gehobener journalistischer Schatz ganz offen auf Internetseiten wie etwa usgovernmentspending.com, einer halbamtlichen Website über den US-Haushalt, ohne dass er von irgendeinem Journalisten gehoben wurde. Was aber eigentlich auch kein Wunder ist, denn schließlich handelte es sich um ein ganz heißes Eisen. Die Rede ist von der zu Beginn dieses Kapitels gezeigten Grafik namens »Federal Deficit US FY 1900 to FY 2015« zu den US-Haushaltsdefiziten im 20. Jahrhundert. Da das 20. Jahrhundert inzwischen vorbei ist, wurde das Diagramm ein wenig über das 20. Jahrhundert hinaus verlängert. Genau genommen zeigt die Grafik also das jeweilige US-Defizit der letzten 120 Jahre. Und zwar nicht das (inzwischen auf 14,3 Billionen Dollar) akkumulierte Defizit, sondern das Defizit der jeweiligen Haushaltsjahre in Prozent des Bruttoinlandsprodukts (BIP). Demnach gab es in den letzten 120 Jahren genau drei Spitzen, bei denen die US-Staatsschulden jeden Rahmen sprengten. Der »Rahmen«, um den es dabei geht, war die Zehn-Prozent-Grenze: Nur dreimal in den letzten 120 Jahren lag das US-Haushaltsdefizit demzufolge bei oder über zehn Prozent der Wirtschaftsleistung (BIP): während des Ersten Weltkriegs, während des Zweiten Weltkriegs und heute. Geht man noch etwas weiter zurück, ins 19. Jahrhundert, dann trifft man noch auf den Amerikanischen Bürgerkrieg (1861–65), in dem die Schuldenquote der USA ebenfalls bei zehn Prozent lag. Das heißt, eine Schuldenquote von zehn Prozent oder mehr bedeutete immer einen Krieg; schnellten die Schulden um weit über zehn Prozent des BIP nach oben, bedeutete es einen großen Krieg. Ich nenne das daher die »Kriegs-Quote«. Im Jahr 2009 lag das US-Staatsdefizit bei zehn Prozent des BIP, 2011 wird es etwa bei elf Prozent liegen.

Der neueste dieser Schuldenexzesse und damit Kriege wurde durch die Regierung von George W. Bush und dem 11. September 2001 eingeleitet. Zur ersten extremen Schuldenausweitung war es jedoch unter den republikanischen Präsidenten Ronald Reagan (1981–89), der die berühmte Rüstungsoperation »Strategic Defense Initiative« (SDI) startete, und dessen Nachfolger George H.W. Bush (1989–93, mit etwa 6 % des BIP allerdings noch weit unterhalb der »Großen Kriegs-Quote«), dem Vater des »9/11-Präsidenten« George W. Bush, gekommen. George Bush senior befand sich bereits auf Kriegskurs, wie ja auch seine konkreten Handlungen beweisen. So schmiedete er eine weltweite Kriegskoalition gegen den irakischen Präsidenten Saddam Hussein, um diesen wieder aus Kuwait hinauszuwerfen, und nahm damit die globale Kriegskoalition seines Sohnes im Afghanistan- (2001) und Irakkonflikt (2003) vorweg. Im Januar 1991 begannen die Kriegshandlungen; die US-Staatsverschuldung stieg dadurch bereits stark an. Bush senior zog zwar wieder aus dem Irak ab, ohne das Land zu besetzen, allerdings plante er für 1993 eine zweite Amtszeit, in deren Verlauf der Kriegskurs möglicherweise fortgesetzt werden sollte. Danach (1997) sollte das Amt wohl direkt an seinen Sohn George W. Bush weitergegeben werden.

Doch dann passierte aus Sicht der imperialen Kriegsstrategen ein schwerer »Unfall« – die Präsidentschaft von Bill Clinton. Bei den Wahlen 1992 kickte der Demokrat den alten Bush aus dem Amt. Und damit wurde das Ruder herumgerissen und der Kriegskurs für volle acht Jahre unterbrochen. Clinton begann – kaum an der Macht – die Schuldenaufnahme konsequent zurückzufahren. Das Staatsdefizit sank von Jahr zu Jahr, bis in seinen drei letzten Amtsjahren gar ein Haushaltsüberschuss erzielt wurde. Clinton war der erste US-Präsident seit Jahrzehnten, der den US-Haushalt

Grenze nach unten zu entfernen. So sollen es 2012 nur noch etwa 7,5 Prozent sein, 2013 knapp fünf und 2016 etwa drei Prozent. Wie sich daraus ergibt, handelt es sich dabei allerdings um Prognosen. Oder anders gesagt, hier ist der Wunsch der Vater des Gedankens – während der Krieg bekanntlich der Vater aller Dinge ist. Nicht zuletzt auch der Vater aller großen Defizite.

15. August Peer Steinbrück: Kanzler aller Bilderberger?

Heutzutage wird ja alles Mögliche »gefühlt«. Ja, immer häufiger scheint sich zwischen der Realität und der empfundenen bzw. »gefühlten« Realität eine Lücke aufzutun. Aus der – physikalisch noch erklärbaren – gefühlten Temperatur (gegenüber der gemessenen Temperatur) hat sich eine ganze Familie von gefühlten Realitäten entwickelt. Eine »gefühlte Inflation« kannte ich zum Beispiel schon, auch eine »gefühlte Niederlage«, aber jetzt gibt es auch eine »gefühlte Kollektivhaftung« (der Muslime in den USA nach 9/11), eine »gefühlte Sicherheit« (von Anlegern mit Lebensversicherungen im Portfolio) und ein »gefühltes Geschlecht« sowieso (gegenüber dem biologischen Geschlecht). Eigentlich könnte man darüber ein eigenes Kapitel schreiben, denn in Wirklichkeit handelt es sich um einen sprachlichen Coup: Das schöne, direkte und klare deutsche Wort »eingebildet« wurde klammheimlich durch »gefühlt« ersetzt. In Wirklichkeit wollen uns unsere Politiker auf diese Weise beispielsweise sagen, dass wir uns die Inflation bloß einbilden. Aber weil das zu frech klänge, reden sie lieber von der »gefühlten Inflation«. Was die Sache nicht leichter macht, ist, dass »gefühlt« auch im Sinne des genauen Gegenteils verwendet werden kann, nämlich im Sinne von »eigentlich« oder »wahr«. Spätestens seit dem 15. August 2011 gibt es nämlich auch einen »gefühlten Kanzlerkandidaten«, wie ich *Welt Online* entnehmen konnte: »Peer Steinbrück, der gefühlte

SPD-Kanzlerkandidat« prangte mir da als Schlagzeile entgegen. Sehr schön. Aber wer war noch mal Peer Steinbrück? Und warum sollte er Kanzler werden? Und war »gefühlt« auch hier im Sinne von »eingebildet« gemeint oder eher im Sinne von »eigentlich«? Mühsame Recherchen erbrachten, dass ein gewisser Peer Steinbrück mal Finanzminister der letzten Großen Koalition aus SPD und CDU war (2005–09). Aber warum sollte man ausgerechnet ihn zum Kanzler recyceln? Das herauszufinden war noch schwieriger. Denn bis Mitte 2011 hatte sich der Mann (nun als Abgeordneter) im Bundestag eher rar gemacht. Es fing gleich nach dem Ende der Großen Koalition an. »Saft- und kraftlos« säßen die ehemaligen Minister »die aktuelle Wahlperiode als Abgeordnete auf den hinteren Parlamentsbänken ab«, hieß in einem Artikel auf *abgeordnetenwatch.de* am 26. Mai 2010. Sozusagen »auf einer Backe«.

Tatsächlich stellte sich heraus, dass es besonders Ex-Minister Steinbrück seit dem Ausscheiden aus der Bundesregierung im September 2009 nahezu die Sprache verschlagen hatte. Reden im Bundestag: keine. Antworten auf Fragen im Bürgerdialog von *abgeordnetenwatch.de:* keine. Doch dann erfuhr ich erleichtert, dass Steinbrück nach dem Ende der Großen Koalition doch noch weiter redete. Allerdings sehr oft außerhalb des Bundestages. Und zwar gegen Bares.

Statt also das zu tun, wofür er vom Steuerzahler bezahlt wird, nämlich regelmäßig im Bundestag den Mund aufzumachen, hatte Steinbrück bereits im ersten halben Jahr nach dem Ende der Großen Koalition nebenher 13 Honorarvorträge für jeweils mindestens 7000 Euro gehalten, also insgesamt mindestens 91 000 Euro eingestrichen! Für *abgeordnetenwatch.de* war Steinbrück daher »der Abgeordnete, der nur noch gegen Bezahlung redet«. Gegen Extra-Bezahlung, versteht sich. Denn vom Steuerzahler wird er ja bereits bezahlt. Ende 2010 hatte das Sozialmagazin *Strassenfeger* gar errechnet, dass Steinbrück bis dahin »30 Vorträge bei

Großbanken, Stiftungen und Unternehmensberatungen gehalten und dafür ca. 210 000 Euro kassiert« habe, »zusätzlich zu seinen Abgeordnetendiäten von 8000 Euro (plus 3868 Euro Kostenpauschale) monatlich«. Ein stattliches Zubrot! Und dabei war das ja nur die Mindestsumme. Denn unter »Stufe 3« müssen die Abgeordneten nur Nebeneinkünfte angeben, die über 7000 Euro liegen – *wie viel* sie über 7000 Euro liegen, müssen sie allerdings nicht sagen. Inzwischen, bis zum Sommer 2011, war die Liste der Nebeneinnahmen noch viel länger geworden. Im neuen Jahr hatte Steinbrück laut Website des Bundestages schon wieder zehn Jobs der Nebeneinkunftsstufe 3, also mit einem Honorar von jeweils mindestens 7000 Euro, erledigt.

Halbtagsjob im Bundestag

Anders als andere Arbeitnehmer müssen die Bundestagsabgeordneten keineswegs die Arbeit tun, für die sie von ihrem Arbeitgeber – in diesem Fall vom Steuerzahler – bezahlt werden: also zum Beispiel im Bundestag anwesend sein, Reden halten und Gesetze stricken oder verhindern. Und natürlich können sie von ihrem Arbeitgeber, also dem Bürger, auch nicht gefeuert werden. Paragraph 44a des Abgeordnetengesetzes bestimmt nur, dass die Ausübung des Mandats »im Mittelpunkt der Tätigkeit eines Mitglieds des Bundestages« (MdB) zu stehen hat. Theoretisch heißt das lediglich, dass ein Abgeordneter 51 Prozent seiner Arbeitskraft seinem Mandat widmen sollte. Theoretisch. Diese, im Abgeordnetengesetz so genannte »Verpflichtung«, ist jedoch in Wirklichkeit gar keine. Denn wer prüft das nach? Und wo sind die Sanktionen? Ein Abgeordneter ist bekanntlich nur seinem Gewissen gegenüber verantwortlich. Stempeluhren gibt es im Bundestag natürlich auch keine. Anwesenheitspflicht besteht nur in den sogenannten Sitzungswochen. 2011 sind das laut Sitzungskalender des Deutschen Bundestages lediglich 22 Wochen. Trägt sich ein Abgeordneter nicht in die Anwesenheitsliste bei einer Sitzung ein, drohen ihm gerade mal 50 Euro Abzug von seiner monatlichen Kostenpauschale. Wenn er für die Sitzung nicht beurlaubt war, sind es 100 Euro. Was dem Herrn oder der Dame natürlich »sonstwo vorbeigeht«, wenn er oder sie gleichzeitig Tausende von Euro bei anderweitigen Auftritten kassiert (womit nicht gesagt ist, dass Steinbrück seine aushäusigen Auftritte an Sitzungstagen hatte). Auch dieser Abzug bleibt dem Abgeordneten allerdings erspart, wenn es sich um eine genehmigte Dienstreise handelt.

Neben seinem gutbezahlten Halbtagsjob im Bundestag kann ein MdB also noch jede Menge dazuverdienen. Und das wiederum ist, genau genommen, reine Notwehr, denn Politiker sind hierzulande unterbezahlt. Das heißt, genau wie der Klopsbrater bei McDonald's brauchen sie schlicht einen Zweitjob, weil es sonst hinten und vorne nicht reicht. Auch diese Schlussfolgerung verdanken wir dem »gefühlten Kanzlerkandidaten« Peer Steinbrück. In Wirklichkeit, so stellte sich Ende Oktober 2010 in der Talkshow »3nach9« heraus, träumt der Mann offenbar vom Gehalt eines Fußballstars: »Wenn wir mal sehen, welche Gehälter im Sport, in der Kunst und jedenfalls in medialen Spitzenpositionen, auch dort, wo es sich um Alphatiere im Medienbereich handelt, gezahlt werden, dann kann ich nur sagen: Da ist die Politik absolut unterbezahlt« (laut *BZ* vom 30.10.2010). »Als Finanzminister mit Sieben-Tage-Woche und einer Arbeitszeit von 80 bis 90 Stunden hätte sein Nettolohn 35 bis 40 Euro pro Stunde betragen«, so die *BZ*. Der arme Kerl – das sind ja nur 13 000 Euro im Monat! »Da habe ich mich nicht zu überbezahlt gefühlt«, maulte Steinbrück.

Ein Abstauber stürmt die Charts

Und zwar zu Recht. Denn die Wahrheit ist: Der Mann befand sich in einem prekären Arbeitsverhältnis. Aber keine Sorge: Während hierzulande noch über Mindestlöhne für den kleinen Mann gestritten wird, haben Leute wie Steinbrück, der inzwischen wie gesagt Abgeordneter ist, für sich längst ein eigenes Mindestlohnmodell verwirklicht – aus reiner Not, versteht sich. Die Abgeordnetenbezüge (Diät und Kostenpauschale) von insgesamt rund 11 500 Euro monatlich gibt es in diesem Modell, wenn man es »richtig« macht, schon mal »für lau« – sozusagen als Grundausstattung für eine selbständige Existenz als Vortragender, Publizist und Aufsichtsratsmitglied. Zugespitzt formuliert, bedeutet die Mitgliedschaft im Bundestag für manche Abgeordnete (nicht für alle!) praktisch Arbeitslosigkeit auf hohem Niveau – wobei sie, anders als der ordinäre Hartz-IV-Empfänger, allerdings jede Menge dazuverdienen dürfen. Denn schließlich »ist es prinzipiell keine Schande, Geld zu verdienen – auch nicht für Abgeordnete«, meinte verständnisvoll die Website der *Financial Times Deutschland* am 11. Mai 2011. »Im Gegenteil: Die Bürger sollten sich freuen, wenn sie im Parlament nicht nur von Politikern vertreten werden, die in ihrem Leben nichts anderes gesehen haben als Kreisverbandssitzungen und Plenardebatten.«

Eine vergessene Nachricht

Und wie wir uns da freuen. Die Frage ist nur: Wie kam es nun zu dem plötzlichen politischen Wiederaufstieg des ausrangierten Finanzministers und Honorarkünstlers zum »gefühlten Kanzlerkandidaten«? »Der ehemalige Bundesfinanzminister Peer Steinbrück entwickelt sich für die SPD zum Chart-Stürmer«, stellte der *Tagesspiegel* am 10. Juni 2011 verblüfft fest. »Er ist von Null auf Platz eins in die Liste der zehn beliebtesten Politiker (wieder-) eingestiegen.« Wie durch ein Wunder wurde der farblose SPD-Mann, der zumindest seit der Großen Koalition niemanden mehr hinter dem Ofen hervorlocken konnte, plötzlich zum Liebling der Nation. Für jemanden, der sich im Bundestag, jedenfalls aber am dortigen Rednerpult nur wenig blicken lässt, ist das eigentlich erstaunlich. Warum sollte man sich so einen als Kanzler wünschen? An dem parlamentarischen Einsatz und seiner Arbeit für das Volk kann es ja wohl nicht liegen. Vielleicht liegt es ja an einem Umstand, den zu erwähnen unsere Medien in diesem Zusammenhang vergaßen: Steinbrücks Besuch bei der Bilderberg-Konferenz, die just um dieselbe Zeit in St. Moritz stattfand (9.–12.6.2011), als Steinbrücks Stern zu steigen begann.

Der große Vorteil dieses Jahrbuchs besteht unter anderem darin, dass man Vorgänge und Entwicklungen über mehrere Jahre hinweg beobachten kann. Und das wollen wir jetzt einmal tun: Wie bereits früher berichtet (siehe auch Gerhard Wisnewski: *Drahtzieher der Macht. Die Bilderberger – Verschwörung der Spitzen von Wirtschaft, Politik und Medien,* München 2010), ist diese internationale Globalistenkonferenz, die sich jedes Jahr in einem anderen Luxushotel auf dem Erdball trifft, so etwas wie ein geheimer Talentschuppen für Präsidenten, Kanzler, Minister und Regierungschefs. So kann es unter Umständen sehr viel sinnvoller sein, hier ein Schaulaufen vor den wirtschaftlichen und politischen Eliten des Planeten zu veranstalten, als seine Bewerbung vor dem ordinären Staatsbürger und Steuerzahler im Parlament abzugeben. Denn bei den Bilderbergern sitzen nicht nur globale Strategen vom Schlage eines Henry Kissinger, David Rockefeller und Josef Ackermann, sondern auch die Kontrolleure gigantischer Medienkonglomerate wie Hubert Burda und Mathias Döpfner (Springer-Verlag), die auch die Mittel hätten, einen neuen Kanzlerkandidaten in die Medien und an den Mann zu bringen. Und wie durch ein Wunder gehen aus dieser Konferenz tatsächlich immer wieder amerikanische Präsidenten, deutsche Bundeskanzler und andere Regierungschefs hervor. Zumindest waren zahlreiche Staatschefs und Minister kurz vor ihrer Machtübernahme Gast bei der Bilderberg-Konferenz: Bundeskanzler Kiesinger genauso wie Schmidt, Kohl genauso wie Merkel und Westerwelle. Auch ausländische Regierungschefs wie Clinton und Blair schauten vor ihrem Aufstieg in höchste Ämter lieber mal bei den Bilderbergern vorbei.

Roland Koch lässt grüßen

Und der einzige Deutsche, der 2011 bei den Bilderbergern ministrabel bzw. »kanzlerabel« war, war nun mal Peer Steinbrück. Die anderen vier deutschen Besucher oder Chefs deutscher Konzerne gehören mehr oder weniger zu den Stammgästen und sind beruflich in festen Händen bzw. in weichen Ledersesseln:

- Deutsche-Bank-Chef Josef Ackermann
- Airbus-Chef Thomas Enders
- Siemens-Chef Peter Lösche
- *Zeit*-Chefkorrespondent Matthias Nass

Der Einzige, der hier vakant war, war Peer Steinbrück, denn schließlich bedeutet »Mitglied des Bundestages« für manchen Abgeordneten in etwa dasselbe wie »unterbezahlt«, »arbeitslos« oder »auf Jobsuche«.
Der letzte Kanzlerbewerber, den die Bilderberger ins Rennen schicken wollten, war bekanntlich Roland Koch (CDU). Eine Weile sah es so aus, als könnte und sollte er nach seinem Besuch bei der Bilderberg-Konferenz im Mai 2009 Angela Merkel ablösen. Tatsächlich probte er Anfang 2010 zusammen mit einigen Getreuen und der »Bilderberg-Presse« auch den Aufstand gegen Merkel. Und tatsächlich warf er das Amt des hessischen Ministerpräsidenten Ende Mai 2010 schließlich auch hin. Allerdings nicht, um ins Kanzleramt einzuziehen, sondern um am 1. März 2011 in den Vorstand des Baukonzerns Bilfinger Berger zu wechseln. Auf seinem Flug ins Kanzleramt war »Ikarus Roland« abgestürzt.

Ein Experte für Wirtschaftswachstum

Doch nun schickten die Bilderberger offenbar einen neuen Kandidaten ins Rennen. Was Peer Steinbrück angeht, ließ sich das von den Bürgern in ihn gesetzte Vertrauen seit seiner Teilnahme an der

Bilderberg-Konferenz im Juni 2011 jedenfalls nicht mehr erschüttern. Laut einer aktuellen Forsa-Umfrage für den *Stern* ist Steinbrück plötzlich der Politiker, »dem die Bürger am meisten vertrauen«, hieß es am 2. September 2011 bei *rp-online*. »Er erhielt 58 von 100 Vertrauenspunkten und liegt damit noch vor Kanzlerin Angela Merkel (57 Punkte).« Und zwar zu Recht: Schließlich ist der Mann ein Experte für Wirtschaftswachstum – zumindest sein eigenes: Wenn einer weiß, wie man Geld verdient, dann Steinbrück. Prompt titelte die *Bild*-Zeitung: »Peer Steinbrück wird Kanzlerkandidat«. Na, bitte. Und sollte er Kanzler werden, macht er voraussichtlich auch brav seinen Globalisten-Job. Dass kein Land für die Schulden eines anderen eintreten müsse, sei ein Irrtum gewesen, »der an den Realitäten der Krise zerschellte«, sagte er laut *Spiegel Online* vom 11. September 2011 in Bezug auf die Euro-Krise. »Natürlich müssen die Deutschen zahlen«, lautete die nasskalte Botschaft des Großverdieners an »sein« zukünftiges Volk.

21. August Terror nach dem »McDonald's-Prinzip«

Newburgh, Orange County. Der ehemalige Air-Force-Stützpunkt liegt etwa eine Autostunde nördlich von New York City. Der Ort beherbergt auch eine kleine islamische Gemeinde und eine Moschee. Seit einiger Zeit haben sich hier zwei Männer angefreundet: der zum Islam konvertierte 45-jährige Walmart-Lagerist James Cromitie (der daraufhin den Namen Abdul Rahman annahm) und der Pakistani Maqsood. »Sie schlossen Freundschaft, redeten stundenlang über die Probleme der Welt und dass die Juden daran schuld sind«, konnte man am 21. August 2011 in den Medien lesen – allerdings nicht hierzulande, sondern nur in den USA, und zwar in dem renommierten amerikanischen Politikmagazin *Mother Jones*. Wobei das Thema jedoch durchaus von internationaler Bedeutung wäre.

Eines Tages setzte Maqsood seinen Freund Cromitie alias Rahman nämlich unter Druck:

»Was glaubst du: Bist du ein besserer Anwerber oder ein Mann der Tat?«, fragte Maqsood.
»Ich bin beides«, prahlte Cromitie.
»Meine Leute würden sich sehr freuen, das zu hören, Bruder. Ehrlich.«
»Wer sind deine Leute?«, wollte Cromitie wissen.
»Jaish-e-Mohammad.«

Eine Bomben-Idee

Maqsood erklärte, er sei ein Agent der gleichnamigen pakistanischen Terror-Gruppe und solle in den Vereinigten Staaten ein Team für den Heiligen Krieg zusammenstellen, berichtete *Mother Jones*. Maqsood hatte da auch schon eine Bomben-Idee: Wie wär's, wenn man in der Bronx ein paar Synagogen sprengen und ein paar Flugzeuge mit Raketen beschießen würde? Rein zufällig habe er da zwei Stinger-Raketen, Sprengstoff und Waffen sowieso. Gesagt, getan: »Cromitie warb noch drei andere Männer an, sie machten Fotos vom Stewart International Airport in Newburgh und von Synagogen in der Bronx.« Schließlich habe Maqsood Cromitie in die Bronx gefahren, wo sie mehrere Bomben in bereitgestellten Wagen plazierten. Als sie anschließend in ihren Fluchtwagen stiegen, wurden sie plötzlich von Maqsoods Leuten umringt. Allerdings waren das keine Leute von Jaish-e-Mohammad, sondern von einem SWAT-Sondereinsatzkommando des FBI (SWAT: Special Weapons and Tactics).
Und »special« waren die Taktiken, die hier angewendet worden waren, durchaus. Wie sich einmal mehr herausstellte, ist in der Welt des Terrorismus nichts, wie es scheint. So hieß Maqsood nicht Maqsood, sondern Shahed Hussain. So war Maqsood auch kein fanatischer Islamist, sondern zu keinem anderen Zweck in

die islamische Gemeinde eingeschleust worden, als dort jemanden zu einem Attentat anzustiften. Und so sollte dieses Attentat denn auch nicht gelingen, sondern mit großem Brimborium »verhindert« und »aufklärt« werden. Von selbst wäre Cromitie jedenfalls nie auf die Idee gekommen, Synagogen zu sprengen oder Flugzeuge abzuschießen. Verurteilt werden solche angestifteten, aber verhinderten Attentäter trotzdem regelmäßig. Denn den kriminellen Willen zur Tat haben sie ja letztlich bewiesen.

Der gesteuerte Terror

Ein Skandal? Sicher. Aber es funktioniert. Das FBI hat seine Fahndungserfolge, die Justiz ihre Verurteilten (Cromitie bekam 25 Jahre), die Medien haben ihre Geschichten, die Politik hat ihre islamischen Terroristen und die Agenten haben ihr Geld (Maqsood alias Shahed Hussain bekam für seinen Aufwand 96 000 US-Dollar). Dabei ist das noch nicht der eigentliche Skandal. Der besteht vielmehr darin, dass auf diese Weise der größte Teil des Terrorismus regelrecht künstlich »produziert wird« – und ebenso künstlich sind denn auch die Schlagzeilen, die wir jeden Abend in den Nachrichten hören: »Erinnern Sie sich noch an den Anschlag auf die Washington Metro? Oder den auf die New Yorker U-Bahn? An die Typen, die den Sears Tower sprengen wollten? An den Teenager, der den Weihnachtsbaum von Portland in die Luft jagen wollte? Jeder dieser Anschläge wurde wie Dutzende weitere im ganzen Land von einem FBI-Agenten gesteuert« *(Mother Jones)*.
Diese spektakuläre Erkenntnis ist das Ergebnis eines jahrelangen Rechercheprojektes, das *Mother Jones* mit wissenschaftlicher Unterstützung der Universität von Kalifornien in Berkeley durchführte und dessen Ergebnisse das Blatt am 21. August 2011 in einer großen Artikelserie vorstellte. Titel: »Terroristen für das FBI«. Nie was davon gehört? Seltsam. Denn meines Wissens ist es die erste wissenschaftliche Untersuchung über »false flag«- und inszenierten Terrorismus. Ein Jahr lang nahmen die Recher-

cheure die Fälle von 508 Angeklagten in Terrorismus-Fällen unter die Lupe. Und dabei stellte sich heraus: Der Wahnsinn hat Methode. Laut *Mother Jones*

- waren in fast der Hälfte der Fälle »Informanten« zum Einsatz gekommen, die für ihre Arbeit entweder bis zu 100 000 US-Dollar Honorar oder Strafnachlass in eigenen Strafverfahren bekamen.
- führten die verdeckten Operationen zu Anklagen gegen 158 Beschuldigte; 49 davon nahmen an Verschwörungen teil, die von einem Agent provocateur des FBI regelrecht angestiftet worden waren
- waren bis auf drei Ausnahmen alle berühmten inländischen Terror-Anschläge (»domestic terror plots«) bzw. Anschlagsversuche des letzten Jahrzehnts in Wirklichkeit verdeckte Operationen des FBI.

Des letzten Jahrzehnts? Lassen Sie mich überlegen. Was gab's da außer den genannten noch für große Terroranschläge? Ach ja: die Angriffe vom 11.9.2001 natürlich! Aber nicht doch: Die Rede war von »domestic« (inländisch). Osama bin Ladens 19 Räuber kamen jedoch aus dem Ausland. Ach so – dann bin ich ja beruhigt. Aber so beruhigt nun auch wieder nicht, denn bei den meisten Terror-Operationen des FBI wurden ja ebenfalls Ausländer oder muslimische Migranten eingespannt, die schon eine Weile in den USA lebten – genau wie die angeblichen Attentäter des 11.9.2001. Wie auch immer: Jedenfalls ist damit zum ersten Mal ein Mechanismus systematisch untersucht worden, der schon seit Jahrzehnten zum Einsatz kommt:

- Eine Behörde schleust irgendwo Agents provocateurs ein.
- Die Agenten stiften manchmal gutgläubige oder naive Menschen, sehr häufig aber auch psychisch Gestörte, deren Ur-

teilsfähigkeit eingeschränkt ist, zu Anschlägen an (hierzulande lautete ein Slogan der siebziger Jahre »Irre ans Gewehr!«).

- Anschließend lässt man sie einige Schritte in Richtung auf eine Verwirklichung des Anschlages tun.
- Meistens lässt man die Vorbereitungen bis zu einem signifikanten, aber ungefährlichen Stadium gedeihen (manchmal geht es allerdings auch darüber hinaus).
- An diesem Punkt inszeniert man eine großartige Festnahme im Beisein der Medien.
- Die Festnahme der »gefährlichen Terroristen« geht durch sämtliche Zeitungen und Sender.

Und das geht eben schon seit Jahrzehnten so. Nur werden diese Aktivitäten fein säuberlich unter der Decke gehalten, und wenn doch etwas herauskommt, wird es als »Einzelfall« heruntergespielt. Genau deshalb kommt der Untersuchung von *Mother Jones* und der Universität von Kalifornien auch eine so große Bedeutung zu, weil sie es nämlich geschafft hat, das System hinter diesen »Einzelfällen« aufzudecken. In Wirklichkeit wurde der Terrorismus schon immer so inszeniert – auch hierzulande.

Zwei verdächtige »Sympathisanten«

Längst vergessen sind klassische Fälle wie der, den der Bürgerrechtler Rolf Gössner in seinem Buch *Das Anti-Terror-System* schildert: Anfang der achtziger Jahre des letzten Jahrhunderts begann in der Justizfestung Stuttgart-Stammheim der Prozess gegen die beiden RAF-Verteidiger Armin Newerla und Arndt Müller. Sie sollten die »terroristische Vereinigung« ihrer Mandanten mit unterstützt haben. Unter den Prozessbesuchern waren auch zwei Männer, die sich besonders militant gebärdeten. Offen gaben sie sich als »Sympathisanten« der Angeklagten zu erkennen, wetterten gegen die »Morde von Stammheim« (die mysteriösen Selbstmorde der RAF-Spitze 1977) und erzählten von ihrer politischen

Vergangenheit in der DKP. Darüber hinaus zeigten sie sich in jeder Hinsicht entschlossen, präsentierten bei Gelegenheit Schusswaffen und prahlten mit Sprengstoffanschlägen. Ein Mitglied der »Szene« schien es ihnen besonders angetan zu haben – der Anti-AKW-Aktivist Theo P. Die beiden Militanten hatten Großes mit ihm vor und animierten ihn, doch eine »Revolutionäre Zelle« aufzubauen und Anschläge auf Strommasten zu verüben. Als der solcherart Angesprochene keine große Neigung dazu zeigte, setzten ihn seine neuen Freunde wegen einer früher von ihm begangenen Straftat unter Druck.

Das »McDonald's-Prinzip«

Gleichzeitig steigerten sie ihre Ansprüche. Theo P. sollte an einem großen Plan mitwirken: der Sprengung des Bundesamtes für Verfassungsschutz (BfV) in Köln. Ein Pkw mit fünfzig Kilo Sprengstoff sollte vor den Toren der Behörde gezündet werden – also in etwa so, wie es im Juli 2011 vor dem Regierungsgebäude in Oslo geschah. Wie man sieht, sind es im Prinzip wirklich immer wieder dieselben Operationen, die hier »durchgezogen« werden sollen – quasi nach dem »McDonald's«-Muster. Besonders gerne planen die Sicherheitsbehörden Anschläge auf die eigenen Einrichtungen, in diesem Fall auf das BfV, im Fall des »Celler Loches« (1978) und des Anschlages von Weiterstadt 1993 auf eine Strafanstalt. Wenn wirklich etwas schiefgeht und etwas beschädigt wird, dann gibt es keine lästigen Privatkläger, die beispielsweise Schadensersatz verlangen könnten. So wurde nach der Aufdeckung der wahren Hintergründe des »Celler Loches« (nämlich dass ein GSG-9-Sonderkommando das Loch in die Gefängnismauer gesprengt hatte) argumentiert, es gebe überhaupt keinen Skandal, weil die Gefängnismauer schließlich Eigentum des Staates sei.

Der Plan zur Sprengung des BfV passte auch zu jenem »gescheiterten« Attentat der sogenannten dritten RAF-Generation, die im Dezember 1984 einen mit Sprengstoff beladenen Pkw in der NATO-Schule Oberammergau abgestellt hatte. Wegen eines »Zündfehlers« sei es damals nicht zur Explosion der Höllenmaschine gekommen, vermeldeten die Behörden. In Wirklichkeit ist es für eine provozierte oder inszenierte Aktion typisch (allerdings nicht zwingend), dass im letzten Moment etwas »schiefgeht«, so dass niemand zu Schaden kommt. Das Vorhaben erinnert auch stark an die Taten der zweiten RAF-Generation, die Ende der siebziger Jahre versucht hatte, die Bundesanwaltschaft mit einem Raketenwerfer anzugreifen. Wie durch ein Wunder hatte jedoch einer der Terroristen »vergessen«, die Zeitschaltuhr aufzuziehen.

Wäre Theo P. also auf die Vorschläge seiner neuen Kumpane eingegangen, wäre der Anschlag möglicherweise der RAF-Kommandoebene zugerechnet worden. P. ließ sich jedoch nicht herumkriegen. Zwar wurde er kurze Zeit später dennoch wegen Bildung einer »terroristischen Vereinigung« verhaftet, der Vorwurf musste jedoch bald darauf fallengelassen werden. Einer der Gründe: Die Aktivisten, die Theo P. zu dem Wahnsinnsanschlag auf das Bundesamt für Verfassungsschutz hatten überreden wollen, waren zwei Polizeiagenten des baden-württembergischen Landeskriminalamtes gewesen, die – versehen mit neuen, angepassten Lebenslegenden und passender Szenewohnung – sich Zutritt zum »terroristischen Umfeld« verschaffen wollten. Anscheinend hatten sie auch nichts dagegen, Bürger der Bundesrepublik zu »terroristischen« Anschlägen anzustiften.

Die Aufdeckung eines bevorstehenden Anschlags auf das Bundesamt für Verfassungsschutz wäre natürlich ein schöner »Fahndungserfolg« gewesen. Wahrscheinlich hätten die beiden »Laborterroristen« den Anschlag bewusst »scheitern« lassen, um dann später Theo P. als »Täter« zu präsentieren. Man sieht die Pressekonferenzen von Generalbundesanwalt und Bundeskriminalamt regelrecht vor sich.

Fragt sich nur, was das alles soll. Ganz einfac

- Rechtfertigung des Fahndungsapparates;
- Rechtfertigung immer neuer Sicherheitsges
- Erzeugung von Angst und Spannung;
- Manipulation und Einschüchterung der Bevö

Der Terror ist ein Regierungsinstrument und manipuliert die Gesellschaft legislativ und psychologisch. Er aktiviert die Bevölkerung gegen (vermeintliche) innere und äußere Feinde. Und ich behaupte auch, dass große Teil der Bevölkerung entweder wissen oder zumindest unbewusst spüren, woher der Terror wirklich kommt, ob nun bei Anschlägen in Europa oder anderswo. Während offiziell die RAF, al-Qaida oder andere »Terrornetzwerke« verantwortlich gemacht werden, ahnen viele Menschen, dass die Bedrohung in Wirklichkeit »von oben« kommt, was die Einschüchterung und Manipulation verstärkt. Man sollte auch nicht vergessen, dass durch den getürkten Terror jedes Jahr Millionen Menschen an den Flughäfen in die Mündungen der Maschinenpistolen ihres eigenen Staates blicken. Ein psychologischer Effekt, den man nicht unterschätzen sollte, und eine subtile Drohung, die jenseits irgendwelcher offizieller Versionen über die Schuldigen des Terrors funktioniert. So wurde weiland schon der »Orwellstaat« regiert – jener nach dem Autor des Romans *1984* George Orwell benannte Staat, der mit einem System von totaler Bespitzelung, ewigem Terror und ewigem Krieg beherrscht wird. Wegen einer phantomartigen Terrortruppe namens »Die Brüderschaft«, die immer neue Anschläge ankündigt, steht die Bevölkerung in *1984* ständig unter Spannung. Und auch deshalb, weil ein permanenter Krieg nach außen geführt wird, von dem man weder weiß, wann er anfing, noch, wann er aufhören wird. Die Brüderschaft funktioniert dabei genau wie die FBI-Terroristen als

…gliche Revolutionäre: Wer sich ihr anschließt, wird …haftet.

…e Zeit waren Hinweise auf »Orwellsche Zustände« nicht …ehr als ein Schlagwort. Doch jetzt kann kein Zweifel mehr daran bestehen, dass wir bereits in diesem »Orwellstaat« leben. Wenn wir in den Spiegel von *1984* blicken, erkennen wir mit Schrecken immer mehr Aspekte unserer eigenen Wirklichkeit wieder. Selbst der Finanz-Tycoon George Soros erkannte vor Jahren einmal: »Terroristen sind ein idealer Feind. Sie sind unsichtbar, sie verschwinden, man muss sie ständig suchen, man kann sie ständig bekämpfen – überall. Sie sind perfekter Ersatz für den verlorengegangenen kommunistischen Feind«, so Soros in der deutschen Illustrierten *Stern* am 5. Februar 2004: »Es ist nun wie bei Orwell: Ständige Angst für ständigen Frieden [im Inneren, G.W.]. Sie benötigten dies alles, um ihren Traum der unumschränkten Herrschaft durchzusetzen.«

Was unsere Medien schließlich Ende September 2011 meldeten, passt dazu wie die berühmte Faust aufs Auge. Angeblich wollte ein islamischer Terrorist namens Rezwan A. Regierungsgebäude in Washington mit ferngelenkten und sprengstoffbeladenen Kleinflugzeugen angreifen. »Direkt im Anschluss wollte er mit zwei Drei-Mann-Teams und Kalaschnikow-Sturmgewehren in der US-Hauptstadt auf Menschenjagd gehen«, so *Spiegel Online* vom 29. September 2011. Irre! Wie kam der Mann nur auf die Idee? Ganz einfach: Sprengstoff und Waffen kamen vom FBI – »allerdings nur Attrappen«, beruhigt *Spiegel Online* seine Leser. Aber in den Augen dieses »Zentralorgans« war das nicht etwa behördlich angestifteter Terrorismus, sondern in Wahrheit ging der Mann »dem amerikanischen FBI auf den Leim«, das damit Anschläge auf Washington »verhinderte«. Terroranschläge, auf die der Mann von selbst wohl gar nicht gekommen wäre, darf man vermuten.

Spion gegen Spion

Bisweilen wird das Terror-Theater so absurd, dass selbst die Geheimdienste den Überblick verlieren. So befand sich eines Tages das deutsche Bundeskriminalamt auf einer ganz heißen Spur. »In Absprache mit dem amerikanischen FBI« ließ es das E-Mail-Konto von zwei Terrorverdächtigen namens Said ibn Abdulla al-Hanafi und Ahmed K. überwachen: »Die Personen galten als Mittler zwischen potenziellen arabischen und deutschen Terrorzellen«, hieß es in *Kopp exklusiv* Nr. 37/2011. So heiß war die Spur aber dann auch wieder nicht, denn »diese Personen existierten jedoch gar nicht«. Vielmehr waren sie bloß »Tarnungen des Amerikaners Joshua D., der sowohl für den israelischen Mossad als auch für amerikanische Geheimdienste arbeitet. Der Bundesnachrichtendienst und die CIA wussten das, informierten aber BKA und FBI nicht. So verdächtigten und überwachten sich die Mitarbeiter der Geheimdienste, die vermeintliche Terrorplanungen aufklären wollten, schließlich gegenseitig …« Eine schöne Pleite wie aus dem berühmten *MAD*-Cartoon »Spion gegen Spion«.

September 2011

Thema des Monats *10.9.: Deutschland: Die Karriere des talentierten Herrn Asmussen*

4.9. Bei der Landtagswahl in Mecklenburg-Vorpommern gab es bei der Wahlbeteiligung einen neuen Negativ-Rekord von 51,5 Prozent **6.9.** Die Schweizer Nationalbank bindet den Franken an den Euro ***5.9. Wilde Kurssprünge beim DAX*** **7.9.** Gegner des Euro-Rettungsschirms scheitern vor dem Bundesverfassungsgericht ***10.9. Bundesregierung schlägt dubiosen Staatssekretär für das EZB-Direktorium vor 11.9. Zehn Jahre 9/11: Prominente Schweizer wollen neue Untersuchung der Attentate 18.9. Zweifelhafte Empfehlungen für Krisenanlagen im TV*** **27.9.** Israel will 1100 neue Wohnungen in Ostjerusalem bauen **29.9.** Der Bundestag nickt die Aufstockung des Euro-Rettungsschirms ab

5. September Mit der Krise zur Neuen Weltordnung

Haben Sie schon mal eine schlechte Landung gesehen? Wenn zum Beispiel ein Sportflugzeug aufsetzt und immer wieder hochhüpft? Der Flieger kommt hart auf der Landebahn auf, prallt ab, um wieder ein paar Meter in die Lüfte zu steigen und prompt wieder auf die Landebahn zu krachen. *Bum, bum, bum* macht es dann. So könnte auch eine Notlandung aussehen. Nicht schön. Aber genauso sah der deutsche Aktienindex DAX seit Mitte August aus, und im September wurde es besonders deutlich. Immer wieder rumste er auf die Landebahn, die irgendwo bei 5100 oder 5200 Punkten lag, hüpfte dann wieder auf 5600 Punkte, um das Spiel anschließend zu wiederholen. Am 5. September fiel er beispielsweise erneut um 150 Punkte nach unten. Von etwa 5400 auf 5250 Punkte. Und wie das bei so einer Landung ist, wurde den Insassen ganz schlecht. Die Finanzkrise hatte die Börsen noch immer fest im Griff. Ach was: die Börsen – uns alle! Selbst der berühmte Otto Normalverbraucher wachte jetzt langsam auf, starrte auf den DAX wie das Kaninchen auf die Schlange und versuchte, Kürzel wie EFSF, Soffin oder ESM zu entziffern und herauszubekommen, was dieses monströse Gestammel für seine Lebensversicherung oder seine Euros auf der Bank bedeutete.
Wie konnte es nur so weit kommen? Immer langsam. Wir sind nämlich alle auf dem völlig falschen Dampfer. Wir haben einfach noch nicht den richtigen Blick auf die Krise. Eine Krise ist nämlich etwas Tolles! Während wir vor der Krise zittern und unsere Politiker vorgeben, sie zu Lande, zu Wasser und in der Luft zu bekämpfen, haben sich andere vor Sehnsucht nach einer Krise geradezu verzehrt. Nur haben das unsere Medien natürlich vergessen zu erzählen. Man schrieb zum Beispiel das Jahr 1994, also etwa fünf Jahre nach dem Untergang der Sowjetunion, da fiel es dem alten Großbanker und Geostrategen David Rockefeller bei

einem Treffen des Wirtschaftsausschusses der Vereinten Nationen am 14. September 1994 wie Schuppen von den Augen: »Alles, was wir brauchen, ist die richtige große Krise …«

Na klar – da hätte ich ja auch gleich draufkommen können! Aber wozu brauchen wir die Krise? Moment – lassen wir den Mann doch einfach mal ausreden: »… und die Nationen werden die Neue Weltordnung akzeptieren.« Puh – »Neue Weltordnung«? Ist das etwa wieder so eine Verschwörungstheorie? Keineswegs. Denn die Wahrheit ist: Unsere Geostrategen, die hinter den Kulissen die Strippen ziehen, wollen die Krise. Denn die Finanzkrise ist schlicht die »Gelegenheit für eine neue Weltordnung«, wie auch Rockefellers alter Kumpel Henry Kissinger in einem Artikel vom 12. Januar 2009 meinte. In diesem Aufsatz mit dem Originaltitel »The Chance for a New World Order« (*New York Times*, 12.1.2009) plauderte Kissinger mal so richtig aus dem Nähkästchen: »Während sich die neue US-Administration [damals von Barack Obama; G.W.] inmitten einer schweren finanziellen und internationalen Krise auf die Übernahme der Regierung vorbereitet, mag es unsensibel erscheinen, darauf hinzuweisen, dass genau dieser instabile Zustand des internationalen Systems eine einzigartige Gelegenheit für eine kreative Diplomatie darstellt.« Eine »einzigartige Gelegenheit für eine kreative Diplomatie«? Doch lauschen wir Kissinger weiter: »Obama wurde in einem einzigartigen historischen Moment Präsident. Die ökonomische Krise absorbiert die Energien sämtlicher großer Mächte«, jubelte er auch in der *Washington Post* vom 22. April 2009 (»Obamas außenpolitische Herausforderungen«). »Eine solche Gelegenheit zu umfassenden Lösungen ist noch nie da gewesen«, frohlockte der führende Geostratege.

Donnerwetter: »umfassende Lösungen«? Fast klingt das so, als hätte man die Krise – hätte es sie nicht ohnehin gegeben – erfinden müssen. Oder hat man sie etwa »erfunden«? Oder kreiert? Denn Kissinger will eine neue Organisation für den Globus, die er und sein Altherrenverein eben eine »Neue Weltordnung« nennen. »Die gegenwärtige internationale Wirtschaftspolitik scheint auf der Illusion gegründet zu sein, dass, sobald die gegenwärtige Krise abklingt, das alte globalisierte System wiederhergestellt werden kann«, meint Kissinger. Allerdings, und nun wird es interessant, sei ja gerade das Ungleichgewicht zwischen der wirtschaftlichen und der politischen Organisation der Welt ein Hauptgrund für die Krise gewesen. Übersetzt heißt das: Während die Wirtschaft global organisiert ist, ist die Politik national organisiert. Und das passt Kissinger und Konsorten nicht, und daher brauchen und begrüßen sie die Krise.

Na und? Kissinger? Der Mann ist doch längst vergessen. Nur wenige werden sich erinnern, dass er von 1969 bis 1975 Nationaler Sicherheitsberater und von 1973 bis 1977 US-Außenminister war – nicht mal zum Präsidenten hat er es geschafft. Was allerdings nur daran lag, dass Kissinger kein gebürtiger Amerikaner, sondern Deutscher ist und daher nicht US-Präsident werden konnte. In Wirklichkeit führte jedoch Kissinger »unter« Nixon und Ford die Vereinigten Staaten und das internationale System mit seiner berühmten »Pendeldiplomatie«. 1973 kassierte er den Friedensnobelpreis (für seine Friedensverhandlungen im Vietnam-Krieg). Und wie bei dem modernen Kriegsherrn Barack Obama ist das wohl ein schlechter Witz der Geschichte, denn erstens war Kissinger, als er zusammen mit dem nordvietnamesischen Staatschef Le Duc Tho den Preis erhielt, »als heimlicher US-Präsident« für den Vietnam-Krieg mitverantwortlich. Und zweitens lief dieser noch bis 1975 weiter. Weshalb der Nordvietnamese Le Duc Tho den Preis im Gegensatz zu Kissinger auch ablehnte. Daneben handelte sich Kissinger wegen seiner mutmaßlichen Verantwortung für allerlei Massaker und Putsche (zum Beispiel 1973 in Chile) zahlreiche Ermittlungsverfahren und gerichtliche Vorladungen im Ausland ein, denen er jedoch keine Folge leistete.

Nun wäre das alles ja eher von geringem Interesse, wenn der

Mann seinen Lebensabend in seinem Garten oder in einer angenehmen Seniorenresidenz genießen würde. Stattdessen leitet der heute 88-Jährige mit seinem 96-jährigen Kumpel und emeritierten Großbanker David Rockefeller globale Konferenzen, bei denen sich seit fast sechzig Jahren amerikanische und europäische »Eliten« treffen, darunter internationale Banker wie Josef Ackermann und Meinungsmacher wie derzeit Hubert Burda und Mathias Döpfner (Springer-Vorstand). Ferner waren und sind auch Minister, NATO-Generalsekretäre, Geheimdienstbosse, Staatschefs und künftige Regierungschefs dabei, darunter Bill Clinton, Tony Blair und fast sämtliche deutschen Kanzlerkandidaten und Bundeskanzler in spe, zuletzt Angela Merkel, Roland Koch und der ebenfalls in diesem Buch bereits erwähnte »gefühlte Kanzlerkandidat« Peer Steinbrück (der leidenschaftlich dafür plädiert, die Deutschen in der Finanzkrise bluten zu lassen). Die Rede ist natürlich von den jährlich stattfindenden Bilderberg-Konferenzen, bei denen Rockefeller und Kissinger die globale Elite zum luxuriösen Stelldichein zusammenrufen. Wahrscheinlich durfte deshalb auch Kissinger-Freund und Oberbilderberger Josef Ackermann 2009 nicht rein zufällig seinen 60. Geburtstag im Kanzleramt feiern.

Zwar habe ich darüber hin und wieder schon berichtet; aber dennoch ist dieses Thema aktueller denn je. Nicht nur, weil uns 2011 mit Peer Steinbrück ein neuer »Bilderberg« als Kanzlerkandidat verkauft werden soll. Sondern auch wegen der regelrechten Krisenverliebtheit dieser globalen Elite, bei der sämtliche wichtigen Führungsfiguren des Planeten ein und aus gehen. Fast klingt es befriedigt, wenn Kissinger beschreibt, wie die Nationalstaaten jetzt in der Falle sitzen. Erst der finanzielle Kollaps habe die Illusion enthüllt, sich von den finanziellen Bedingungen, die den Kollaps herbeigeführt haben, unabhängig machen zu können. Gleichzeitig habe jedes Land der Realität ins Auge zu sehen, dass seine Schwierigkeiten nur mit gemeinsamen Maßnahmen gemeistert

werden können, meint Kissinger. Oder, um es ganz deutlich zu sagen: »Die Alternative zu einer neuen internationalen Ordnung ist Chaos« (*New York Times*, a. a. O.).
Oder wie schon die Freimaurer sagten: »Ordo Ab Chao« – Ordnung aus dem Chaos. Und wenn man eine neue Ordnung will, muss man die alte Ordnung erst abschaffen. Aber wir wollen hier nicht allzu verschwörungstheoretisch vorgehen, denn wir brauchen gar keine Verschwörungstheorie. Alles liegt offen zutage. Im Angesicht der Krise (also des drohenden Chaos) könne das politische und ökonomische System, so Kissinger, nur auf einem von zwei Wegen harmonisiert werden: entweder durch ein »internationales politisches System« (also einen Weltstaat) oder »durch Schrumpfung der ökonomischen Einheiten auf eine Größe, die durch existierende politische Strukturen bewältigt werden kann«. Also auf die Ebene von Kleinstaaten.
Entweder werden die Nationalstaaten zu einem Weltstaat zusammengeschlossen, oder es muss ein Schrumpfungsprozess stattfinden, der »wahrscheinlich zu einem neuen Merkantilismus führen wird«, vermutlich auf regionaler Ebene. Also entweder Weltstaat oder zurück ins 16. bis 19. Jahrhundert. »Solch eine Rückkehr zum Merkantilismus und der Diplomatie des 19. Jahrhunderts würde die Welt in regional konkurrierende Einheiten spalten, mit gefährlichen langfristigen Konsequenzen«, droht Kissinger, der Gastgeber von Präsidenten und Premierministern, Bankern und Bundeskanzlern. Da ist sie wieder – die »normative Kraft des Faktischen« (also der Krise). Aber wer hat die Fakten geschaffen? Tatsächlich wird die Globalisierung sehr stark mit Hilfe von Krisen vorangetrieben; man denke nur an den 11. September 2001, als die gesamte Welt ebenfalls in eine künstlich erzeugte Krise eingebunden und mit ihrer Hilfe verändert wurde. Wie wir insbesondere in Deutschland aus leidvoller Erfahrung wissen (Weltwirtschaftskrise, Zusammenbruch der Weimarer Republik), ist die Krise überhaupt ein ideales Mittel zur Errichtung neuer Regime.

Anders als bei einem positiven Reiz oder einer positiven Utopie motiviert die Krise mit dem Mittel der Angst und Panik und ist daher viel wirksamer. Angst mag zwar ein schlechter Ratgeber sein, ein guter Verkäufer ist sie allemal – egal ob für Impfstoffe gegen die »Schweinegrippe« oder für neue (globale) Regime. Tatsächlich erlebten wir 2011, wie sich Verträge (zum Beispiel die No-Bail-Out-Klausel des Lissabon-Vertrages) oder parlamentarischer Anstand (Rederecht für »Abweichler«) in Luft auflösten. Daneben wäre auch die sogenannte Klimakatastrophe zu nennen, die es ermöglicht, eine Art gemeinsames »Klimaregime« und eine regelrechte Planwirtschaft über die Welt zu verhängen. CO_2 ist dafür der ideale Stoff, weil sich darüber (also über die Atmosphäre) die gesamte Welt in das Klimaregime einbinden lässt. Ist auch die Finanzkrise in Wirklichkeit eine Revolution von oben, weil sich auch der internationalen Finanzsphäre niemand mehr entziehen kann?
Die Bemühungen von Menschen wie dem ehemaligen BDI-Präsidenten Hans-Olaf Henkel, der sich auch 2011 in Talkshows den Mund fusselig redete, um die Politik auf ihre Fehler in der Finanzkrise hinzuweisen, in allen Ehren: Aber hier ist ein Paradigmenwechsel erforderlich. Es sind nämlich gar keine Fehler. Vielmehr läuft alles genau nach Plan. Es fällt auf, dass die USA und Europa praktisch synchron »heruntergefahren« werden. Beide Wirtschaftsräume, Europa und USA, stürzen gleichzeitig in eine gigantische Schuldenkrise und geraten an den Rand der Zahlungsunfähigkeit. Und dass das zumindest im Fall der USA kein Zufall ist, kann man anhand der bewussten und mutwilligen Schuldenpolitik George W. Bushs nachvollziehen. Wie ich bereits in einem früheren Kapitel ausgeführt habe, hat Bush junior die Haushaltspolitik seines Vorgängers Clinton (der noch Überschüsse erwirtschaftete) gezielt zerstört und das Land mit Riesenschritten an den Rand des Bankrotts geführt. »Why is America committing suicide?« (Warum begeht Amerika Selbstmord?), fragte

kürzlich ein Blogger auf antiwar.com. Tja, warum? Die Frage ist berechtigt. Gleichzeitig wurden in Europa Regulierungssysteme abgebaut und so das globale Kasino eröffnet, in dem unsere Banken die Zukunft unserer Kinder verzockten (siehe 10. September: »Der talentierte Herr Asmussen«). Im Grunde ist es wie bei einem abstürzenden Computer, der mit einem neuen Betriebssystem neu gestartet wird. Und dieses neue Betriebssystem soll die »Neue Weltordnung« sein. Schließlich hat man die Welt im 20. Jahrhundert schon zweimal nach einem Totalabsturz neu »gebootet«: nach dem Ersten, aber insbesondere nach dem Zweiten Weltkrieg. Und in diesen Kontext passt auch das US-Haushaltsdefizit, das die Zerstörung in sich trägt, sei sie nun militärischer, finanzieller oder wirtschaftlicher Natur.

Dass die Finanzkrise zum »Absturz« des internationalen »Betriebssystems« führen kann, liegt auf der Hand. Wie sagte doch bereits 2009 der Euro-Dissident Professor Wilhelm Hankel: Beim amerikanischen Börsenkrach von 1929 »sind weltweit nicht nur Kurse und Banken zusammengebrochen, sondern auch politische Systeme. Das schrecklichste Beispiel auf diesem Gebiet ist unser eigenes. Ohne den Schwarzen Freitag kein Hitler. Denn die Folge des Schwarzen Freitags war nicht nur ein Zusammenbruch der Kreditwirtschaft, sondern ein Zusammenbruch der Realwirtschaft.« Als es in Deutschland erst 30 Prozent Arbeitslose gab, haben sie alles und jeden gewählt, der versprach, ihnen aus der Patsche zu helfen.

Und dieses Modell hätte man nun gern wiederholt, und zwar global. Allerdings wird das nicht so offen gesagt. Wenn man Kissingers Artikel »The Chance for a New World Order« vom 12. Januar 2009 genau liest, fällt auf, dass Kissinger es tunlichst vermeidet, auch nur ansatzweise zu erwähnen, welche globale politische Ordnung oder welches globale politische System er sich eigentlich vorstellt. Statt Ross und Reiter zu nennen, bedient er sich kryptischer Ausdrücke wie »Vision der Hoffnung«, »kreative

Diplomatie«, »gemeinsame Aktion«, »neue internationale Ordnung«, »globale Institutionen«, »umfassende Lösung«. Kurz: Er verhält sich wie der windigste Haustürverkäufer, der die Notlage eines Kunden ausnutzen will, um diesem etwas ganz Neues aufzuschwatzen. Was genau, sagt er aber nicht – genau wie die globalen Revolutionen, die 2011 einsetzten, auch nicht sagten, was sie eigentlich wollen und zunächst mal nur Chaos hinterlassen haben. Und genau wie die Piratenpartei, die 2011 mit acht Prozent der Wählerstimmen plötzlich in den Berliner Senat einzog und ausgerechnet zu den berüchtigten Euro-»Rettungsschirmen« überhaupt nichts sagen wollte.

Aber welchen Grund könnte es geben, den Menschen den genauen Charakter der angestrebten »Neuen Weltordnung« hartnäckig zu verheimlichen? Könnte es sein, dass der Geostratege Kissinger selbst keine Ahnung hat, welche Ordnung uns bevorstehen wird? Wohl kaum. Mit Sicherheit hat Kissinger eine nur zu genaue Vorstellung von dieser neuen Ordnung. Oder könnte es sein, dass diese neue Ordnung goldene Zeiten für jeden von uns bedeutet? Ebenfalls unwahrscheinlich. Denn warum sollte er sie dann verheimlichen? Nein, der Grund für diese Geheimhaltung kann nur darin liegen, dass uns Normalbürgern diese neue Ordnung überhaupt nicht gefallen wird.

Vielleicht liegt der Schlüssel zum Verständnis von Kissingers Haltung in einigen launigen Äußerungen, die von ihm überliefert werden, wie beispielsweise die folgende, angeblich aus dem Jahr 1974 stammende, die angesichts der Griechenland-Krise an Aktualität gewinnt: »Die Griechen sind anarchisch und schwer zu zähmen. Deshalb müssen wir tief in ihre kulturellen Wurzeln schlagen, vielleicht können wir sie dann zwingen nachzugeben. Damit meine ich natürlich, auf ihre Sprache, ihre Religion, ihre kulturellen und historischen Reserven zu zielen, so dass wir ihre Fähigkeit, sich zu entwickeln, sich zu definieren und sich durchzusetzen neutralisieren. Und sie auf diese Weise als Hindernis für unsere strategisch vitalen Pläne auf dem Balkan, am Mittelmeer und im Nahen Osten zu beseitigen.« Ein Zitat, das einem das Blut in den Adern gefrieren lässt. Zwar dementierte Kissinger diese Äußerung in einem Brief an mich, in dem er seine große Wertschätzung für das griechische Volk betonte. Andererseits klingt das Zitat nur zu vertraut. Denn schließlich gibt es da noch andere Äußerungen, wie beispielsweise die folgende aus dem Jahr 1973: »Die Auswanderung von Juden aus der Sowjetunion ist kein Ziel der amerikanischen Außenpolitik. Und wenn sie die Juden in der Sowjetunion in die Gaskammern schicken, ist das auch kein amerikanisches Problem. Es ist vielleicht ein humanitäres Problem« (*New York Times,* 10.12.2010). Hatten Kissinger und seine Eliten also wirklich vor, gegen das griechische Volk loszuschlagen, um es letztlich zu zerstören? Immerhin fällt ja auf, dass die Finanzkrise nun ausgerechnet Griechenland »plattmacht« – also die Wiege der Demokratie und der europäischen Kultur. Dass Europa also von Griechenland aus zerstört wird.

In Wirklichkeit geht es nicht nur um einen »Staatsstreich gegen das eigene Volk«, wie der scheidende Aufsichtsratsvorsitzende der milliardenschweren Freenet AG, Thorsten Kraemer, feststellte (siehe 30. Juni: »Euro-Rettung: ›Wir versaufen unser' Oma ihr klein Häuschen!‹«). Vielmehr ist die globale Finanzkrise ein Putsch gegen die bisherige Grundordnung des Planeten. Gegen Kissingers und Rockefellers neue Weltordnung dürften sich Mittelalter und Merkantilismus regelrecht gemütlich ausnehmen. Alles Verschwörungstheorie? Einige glaubten, so Kissinger-Kumpel und Kapitalismus-Urgestein David Rockefeller, »wir seien Teil einer geheimen Verschwörung, die gegen die Interessen der Vereinigten Staaten opponiere, sie charakterisieren meine Familie und mich als ›Internationalisten‹ und werfen uns vor, wir konspirierten mit anderen auf der ganzen Welt, um eine neue ganzheitliche, globale politische und wirtschaftliche Struktur aufzubauen – eine neue Welt, wenn Sie so wollen«. Und siehe da: »Wenn das die Anklage ist, bekenne ich mich gern schuldig, und ich bin stolz darauf« (David Rockefeller: *Erinnerungen eines Weltbankiers,* München 2008, S. 556). Na, bitte – mehr wollten wir ja gar nicht wissen.

10. September
Der talentierte Herr Asmussen

Haben Sie schon gehört? Es gibt einen Vorschlag für einen neuen Amtseid für Regierungsmitglieder: »Ich schwöre, dass ich meine Kraft dem Schaden des deutschen Volkes widmen, seine Schulden mehren, Gutes von ihm wenden, das Grundgesetz und die Gesetze des Bundes brechen, meine Pflichten gewissenlos erfüllen und Ungerechtigkeit gegen jedermann üben werde. So wahr mir die Hochfinanz helfe.« Diskutiert wird auch dieser hier: »Ich schwöre, dass ich meine Kraft dem Wohle des angelsächsischen Bankensystems widmen, seinen Nutzen mehren, Schaden von ihm wenden, das Grundgesetz der Elitenherrschaft und die Gesetze des Mammons wahren und verteidigen, meine ihnen gegenüber obwaltenden Pflichten gewissenhaft erfüllen und unbeugsame Loyalität gegen jegliche Anfechtung von außen üben werde. So wahr mir JP Morgan und Goldman-Sachs helfen.«

Der talentierte Herr Asmussen

Haha – ein Scherz natürlich. Und ein schlechter obendrein. Schließlich haben wir hervorragende Beamte, wie beispielsweise den Finanz-Staatssekretär Jörg Asmussen. Nur einen Tag nach dem Rücktritt des deutschen EZB-Chefvolkswirts Jürgen Stark schlug die Bundesregierung Asmussen am 10. September 2011 als dessen Nachfolger vor.

Berichten zufolge war Stark aus Protest gegen Staatsanleihenkäufe der Europäischen Zentralbank zurückgetreten. Um verschuldeten Eurostaaten zu helfen, hatte die EZB Staatsanleihen aufgekauft, um deren Kurse zu stützen und damit gleichzeitig die Kreditzinsen für die Problemstaaten niedrig zu halten. Die EZB hatte damit quasi ihren eigenen Bankenrettungsfonds gegründet – auf Kosten der Steuerzahler. Bis Anfang September 2011 hatte sie dafür bereits 130 Milliarden Euro lockergemacht. Da Stark dabei offenbar nicht mehr mitmachen wollte, brauchte man nun einen, der mitmachte. Zum Beispiel Asmussen. Es gibt einfach keinen Besseren. »Der Euro kann nicht von einer Person allein gerettet werden, aber er wäre zweifellos der Richtige«, jubelte Eurogruppen-Chef Jean-Claude Juncker. Schließlich hat Jörg Asmussen auch »im Beamtenapparat der Bundesregierung eine der steilsten Karrieren hingelegt«. Nun ja – wer hat da nicht schon alles Karriere gemacht? Nichts da. Asmussen ist einfach zu gut. So gut, dass Bundesfinanzminister Schäuble ihn 2009 sogar von seinem Vorgänger Peer Steinbrück übernahm, auch, weil sich Asmussen »in der Finanzkrise als Feuerwehrmann für globale Brandherde aller Art profiliert hatte« (*Spiegel Online,* 9.9.2011).

Wo ich bin, klappt nichts ...

Asmussen? Schon vergessen? Als Oskar Lafontaine noch Bundesfinanzminister war, wollte er eines Tages von seinem Staatssekretär Heiner Flassbeck wissen, »wer denn der Kerl sei, der immer um ihn herum sei«. Flassbecks Antwort: Das sei sein persönlicher Referent, ein »mittelmäßiger Ökonom« – aber zum Koffertragen gerade recht (*Spiegel Online*, 15.6.2009). Das war das Finanzgenie Jörg Asmussen. Kritiker sehen den neuen EZB-Direktor in spe als einen der obersten Brandstifter und Veranstalter der Finanzkrise an. »Dieser Mann ist der Dreh- und Angelpunkt der Finanzkrise«, befand im Juli 2009 gar das ARD-Magazin »Report«. Wo auch immer in Deutschland die ersten Feuer aufflackerten, stieß man auf den Namen Asmussen. Wollte man einen Film über ihn drehen, wäre das Drehbuch von jedem Filmproduzenten als »total unglaubwürdig« abgelehnt worden, meinte das Medienmagazin *rundy* (20.9.2011): »Da macht ein junger Mann an den Schaltstellen von Politik und Finanzwelt nahezu alles falsch, wird von Experten mitverantwortlich gemacht für gigantische Schäden, ohne jemals zur Verantwortung gezogen zu werden. Seine teure Schleimspur zieht sich durch die deutsche Politik seit über zehn Jahren. Als Dank wird er ständig befördert und landet schließlich im Euro-Olymp – unter Beifall von Politik und Medien«. Tatsächlich: Wo auch immer in den letzten Jahren Banken krachten, war Asmussen im Hintergrund dabei, frei nach dem Motto: Wo ich bin, klappt nichts, aber ich kann ja nicht überall sein. Die Wahrheit ist: Asmussen, der EZB-Direktor in spe, ist praktisch eine toxische Altlast früherer Bundesregierungen. Alles begann mit der rot-grünen Regierung Schröder, unter deren Finanzminister Hans Eichel Asmussen 2003 Leiter der Abteilung Finanzmarktpolitik wurde. Im selben Jahr verlangten die Bundestagsfraktionen der SPD und der Grünen, den Handel mit Forderungen und Risiken aus Kreditgeschäften zu entwickeln, also im Endergebnis den Handel mit jenen Schrottpapieren, die Deutschland vier Jahre später in den Finanzstrudel rissen (siehe unten).

Im Jahr 2003 wurde auch die Beratungsgesellschaft Boston Consulting Group (BCG) mit einem Gutachten beauftragt, dessen Titel schon jedem Laien kalte Schauer über den Rücken jagen könnte: »Optimale staatliche Rahmenbedingungen für einen Kreditrisikomarkt/Verbriefungsmarkt für Kreditforderungen und -risiken in Deutschland«. Ein Markt für Risiken und Forderungen ist ein Markt für bedrohte Finanzwerte oder nur auf dem Papier vorhandene und noch nicht realisierte Finanzwerte. Stark vereinfacht: Nehmen wir an, Ihre Stadtsparkasse vergibt einen großzügigen Kredit an jemanden mit äußerst geringer Bonität, sagen wir, an einen stadtbekannten Säufer. Weil sie das Risiko aber nicht selbst tragen will, wandelt sie den Kredit in »Wertpapiere« um, die sie anschließend über ihre »Berater« an den nächsten Dummen zu verkaufen sucht. Auf diese Weise holt sie das Geld wieder

herein, das heißt, der Kredit wird bereits lange vor Fälligkeit bei der Bank abbezahlt, nämlich von den Käufern der Wertpapiere. Und deshalb kann die Bank immer neue »Subprime«-Kredite, also Kredite zweiter Wahl, vergeben, bis eine gewaltige Schuldenblase entsteht. Das Risiko trägt allerdings jemand anderes. Die aus den Krediten gestrickten »Wertpapiere« nennt man dann beispielsweise »Asset Backed Securities«, übersetzt »forderungsbesicherte Wertpapiere« – ein Begriff, den man sich auf der Zunge zergehen lassen muss. Denn eine Forderung ist natürlich gar keine Sicherheit, vielmehr brauchte man bislang Sicherheiten, um Forderungen abzusichern! In Wirklichkeit wird das Geldgeschäft damit auf den Kopf gestellt! Eine Frage: Wären Sie in solche Papiere eingestiegen? Nein? Unsere Banker schon. Und unsere Regierungen haben die Rahmenbedingungen dafür geschaffen – vor allem die rot-grüne Bundesregierung unter Bundeskanzler Schröder. Um den Handel mit diesen »Wert«-Papieren in Schwung zu bringen, setzte sich das Bundesministerium der Finanzen ab 2003 gemeinsam mit deutschen Banken und amerikanischen Ratingagenturen in der Lobby-Organisation True Sale International (TSI) an einen Tisch. Das Ziel: den deutschen Verbriefungsmarkt zu »fördern«, also jenen Markt, auf dem Kredite, die (u. a. amerikanische) Banken allen möglichen Schuldnern angedreht hatten, in Wertpapiere umgewandelt (»verbrieft«) und daraufhin anderen Geldinstituten angedreht werden konnten. Kurz: Der Verbriefungsmarkt ist genau jener Sumpf, in dem drei Jahre später Kreditinstitute reihenweise absoffen, und zwar, weil die verbrieften Risiken und Forderungen häufig genug nichts wert waren.
Die Ratingagenturen sollten dabei wohl für das entsprechende Rating der Papiere sorgen. Diese Agenturen sind längst nicht mehr neutrale Bewertungsagenturen für Wertpapiere, sondern steuern den Wert von Papieren selbst: je höher das Rating, umso höher der Wert. Damit können die Ratingagenturen ganze Märkte manipulieren und entwickeln sich, wie Europa gerade leidvoll

erfahren musste, mehr und mehr zu finanziellen Massenvernichtungswaffen. Waren früher nur einzelne Finanzprodukte von den Einstufungen der Agenturen abhängig, sind es heute ganze Staaten. Im Grunde genommen besitzen die vorwiegend amerikanischen Agenturen die Oberhoheit über das Wohl und Wehe von Nationen. Durch ihre wie auch immer begründeten Bewertungen von Staatsanleihen können sie ganze Staaten und Regionen erst in finanzielle, dann in wirtschaftliche und schließlich in existenzielle Nöte stürzen.
Mit dem neu geschaffenen Markt von günstig bewerteten Schrottpapieren wurde ein Putsch des Finanzsystems gegen das politische System in die Wege geleitet. In Deutschland mittendrin: Jörg Asmussen, der Mann, der die Milliarden tanzen lässt. Für das Bundesfinanzministerium saß der damalige Ministerialdirektor Asmussen im Beirat von True Sale International (TSI). Damit war er »der Wegbereiter für die abenteuerlichen Geschäfte – allen Warnungen zum Trotz« (»Report«, siehe oben). Die Gesellschafter der TSI wiederum sind exakt jene Katastrophenbanken, die am Beginn der Finanzkrise in Deutschland standen:

- Die Bayerische Landesbank (BayernLB) musste u. a. wegen horrender Verluste auf dem Verbriefungsmarkt mit Milliarden vom Staat gestützt werden. Das kritische Gesamtengagement wurde 2008 auf 24 Milliarden Euro geschätzt.
- Die Westdeutsche Landesbank (WestLB) musste »riskante Investments in Höhe von rund 23 Milliarden Euro« ausgliedern und mit Milliardenbürgschaften gestützt werden (*Welt Online*, 8.9.2010).
- Die HSH Nordbank fuhr in der Finanzkrise Milliardenverluste ein und beantragte 2008 einen Garantierahmen von bis zu 30 Milliarden Euro beim Finanzmarktstabilisierungsfonds. Eine zehnköpfige Sondereinheit ermittelte wegen Untreue und Bilanzfälschung.

- Die Commerzbank musste 2009 teilverstaatlicht werden. In einer internen »Bad Bank« wurden 2009 schlechte Wertpapiere im Wert von 15,5 Milliarden Euro (Commerzbank) und 39,9 Milliarden Euro (der übernommenen Dresdner Bank) eingelagert.
- Die KfW (Kreditanstalt für Wiederaufbau) verheizte über die Tochter IKB Milliarden in der Bankenkrise und überwies im letzten Moment 350 Millionen Euro an die Pleitebank Lehman Brothers.
- Die IKB Deutsche Industriebank war die erste Bank, bei der die Bankenkrise 2007 offen ausbrach. Kosten für den Steuerzahler (z. B. aufgrund von Hilfsmaßnahmen der Mutter KfW): etwa zehn Milliarden Euro.

Die IKB war also die erste Bank, bei der in Deutschland 2007 die Kredit-Bombe hochging. In ihrem Aufsichtsrat setzte sich niemand anderer als Jörg Asmussen »mit aller Kraft massiv dafür ein, eben genau jene Papiere anzukaufen, die später die Krise der IKB auslösen sollten« (menschenzeitung.de, 10.9.2011, u. a.) Mitverantwortung? Nicht doch. Wozu gibt es schließlich Gutachten? Prompt entlastete eine vom Aufsichtsrat selbst in Auftrag gegebene Expertise die Mitglieder des Kontrollgremiums. »Zu einem von der FDP zwischenzeitlich geforderten Untersuchungsausschuss kam es nie« (*Handelsblatt,* 1.6.2010).

Brandstifter und Feuerwehr

Asmussen half aber nicht nur dabei, die Finanzlöcher aufzureißen – er stopfte sie auch. Und zwar mit dem Geld der Steuerzahler. Denn wie ich schon sagte, wurden die Banken häufig vom staatlichen Sonderfonds für Finanzmarktstabilisierung (Soffin) gerettet. Und wer sitzt dort im Lenkungsausschuss? Richtig: Jörg Asmussen. Nachdem die von ihm teilweise beaufsichtigten Banken Milliarden auf dem Verbriefungsmarkt versenkt hatten, pumpte Asmussen über die eilig geschnürten Rettungspakete Milliarden Steuergelder in die Institute: »Das Rettungspaket, das jetzt für den Bankensektor geschnürt wurde, geht weitgehend auf ihn zurück«, schrieb am 14. Oktober 2008 die *Hessische/Niedersächsische Allgemeine Zeitung* (online). Auch bei der »Rettung« der Pleitebank Hypo Real Estate soll Asmussen eine unrühmliche Rolle gespielt haben. »Asmussen habe die Krisensignale bei der HRE monatelang missachtet, seine Mitarbeiter nicht im Griff gehabt und sei zu spät und unvorbereitet zu den Rettungsverhandlungen gereist«, fasste die *Süddeutsche Zeitung* (online) die Vorwürfe zusammen. Nicht einmal die von der HRE vorgelegten Zahlen habe er geprüft, weshalb die Opposition im Deutschen Bundestag bereits seine Entlassung forderte. Doch siehe da: Asmussen, der von früheren Vorgesetzten noch als »mittelmäßig« und »zum Koffertragen aber gerade recht« beurteilt wurde, geht seinen Weg – wenn's sein muss, auch über Wasser. Zumindest ist er aus Teflon: Neben seiner leitenden Funktion bei dem Bankenrettungsfonds Soffin ist Asmussen Vorsitzender des Verwaltungsrates der Finanzaufsichtsbehörde Bafin und war Mitglied im »Wirtschaftsfonds Deutschland«, zwei Gremien, in denen »nach eigenem Gutdünken ohne parlamentarische Kontrolle über Summen entschieden« werde, so *heise online* am 29. Juni 2009, »die einem ganzen Jahresetat des Bundes entsprechen«. Außerdem ist Asmussen eines von sechs Mitgliedern der Expertengruppe »Neue Finanzmarktarchitektur«. Er ist also genau der richtige Mann für das Direktorium der EZB, »der nach der amerikanischen Federal Reserve zweitwichtigsten Notenbank der Welt« (*Spiegel Online,* 9.9.2011): »Es gibt in der globalen Finanzpolitik nur wenige Jobs, die mehr Einfluss versprechen.«

Na, dann viel Glück – für uns alle.

11. September Prominente Schweizer fordern neue Untersuchung der Anschläge vom 11. September 2001

Sind Schweizer, insbesondere Schweizer Politiker, Wissenschaftler und Journalisten, mutiger als Deutsche? Es sieht so aus. Denn während die politische und wissenschaftliche Nomenklatura hierzulande zu den Staatsverbrechen des 11. September 2001 eisern schweigt und jeden Abweichler als »Verschwörungstheoretiker« denunziert, bekennen sich Schweizer Politiker und Prominente offen zu ihren Zweifeln. Auf einer neuen Website forderten sie rechtzeitig zum zehnten Jahrestag der Attentate vom 11. September 2001 eine neue Untersuchung.

Die ganze Welt glaubt an die Lügen des 11. September 2001? Die ganze Welt? Nein. Angehörige eines kleinen unbeugsamen Volkes in den Bergen bekennen sich offen zu ihren Zweifeln an der offiziellen 9/11-Verschwörungstheorie. In der Schweiz proben Nationalräte, Professoren, prominente Journalisten und Moderatoren den Aufstand gegen die Lügen der US-Regierung und ihrer Verbündeten. Rechtzeitig vor dem zehnten Jahrestag der Attentate legten sich prominente Schweizer auf der Website 911untersuchen.ch öffentlich für eine neue Untersuchung ins Zeug.

Zu den Zweiflern gehört beispielsweise Roland Jeanneret, einer der berühmtesten und engagiertesten Journalisten und Moderatoren der Schweiz. Jeanneret war jahrzehntelang eine der bekanntesten Moderatoren-Stimmen beim Schweizer Radio DRS (3sat) und ist eine Institution: Seit Jahrzehnten moderiert er für Radio und Fernsehen die nationale Sammelaktion »Die Glückskette«, die etwa nach der Tsunami-Katastrophe 2004 im Pazifik nicht weniger als 227 Millionen Franken an Spenden einsammelte. Zum 11. September 2001 sagt er: »Zu viele ›Tatsachen‹ sind wackelig, Erklärungen unglaubwürdig, Untersuchungen lückenhaft. Anderseits ist das Ereignis, mit rund 3000 Todesopfern und zahllosen mittlerweile erkrankten Helfern, derart gigantisch, dass man – schon nur aus historischer Glaubwürdigkeit – nicht zur Tagesordnung übergehen darf.«

»Ich habe viele Fragen, die ich geklärt haben möchte«, sagt auch der weltbekannte Strategieexperte Albert A. Stahel, Professor für Strategische Studien an der ETH Zürich und der Universität Zürich. Als ausgewiesener Fachmann für Geopolitik und ehemaliger Dozent an der Militärakademie der ETH Zürich ist Stahel genau der richtige Mann für eine Analyse der 9/11-Attentate. Denn deren geostrategische Bedeutung ist schließlich unübersehbar.

»Es wirkte von Anfang an unglaubwürdig, dass die offizielle Version der Bush-Administration the truth and nothing but the truth wäre«, meint die vielfach preisgekrönte Schweizer Schriftstellerin Maja Beutler: »9/11 war ein derart präzis ausgeführter Überraschungsangriff, wie man ihn bislang höchstens dem israelischen Geheimdienst Mossad oder der CIA zugetraut hätte.« Sollten stattdessen wirklich »Beinah-Kampfpiloten von Al-Kaida die gesamte USA-Luftüberwachung ausgetrickst« und der »CIA durch die Maschen gegangen« sein? Sicher sei nur: »Aus den Anschlägen von 9/11 ergaben sich Fakten, die der Bush-Administration militärisch und politisch nahezu freie Hand boten.«

Der bekannte Unternehmensberater und PR-Experte Klaus J. Stöhlker listet die getürkten Kriegsgründe der USA – vom Untergang der USS Maine bis zum Zwischenfall von Tonking – auf und meint: »Die moralische Verwahrlosung der ›Führungsmacht‹ USA ist offensichtlich. Um das Bild zu vervollständigen, fehlt uns heute eigentlich nur noch der Beweis, dass der iranische Präsident Mahmud Ahmadinedschad recht hatte, als er vor der UNO sagte, das Attentat auf das World Trade Center in New York sei mit dem Wissen der US-Regierung erfolgt.«

Und so geht es immer weiter. Im Oktober 2011 listete die Seite bereits ein halbes Dutzend Schweizer Parlamentsabgeordnete (Nationalräte) auf: Alec von Graffenried, Daniel Vischer, Fran-

cine John-Calame, Hildegard Fässler, Yvonne Gilli und Geri Müller: Es sei »höchste Zeit, dass endlich unabhängig untersucht wird, was damals wirklich passiert ist«, so Müller. »Es muss zu einer ›Historikerdebatte‹ kommen. Es sei »unbestreitbar, dass auch die offizielle Geschichte (nur) eine Verschwörungstheorie ist«, wendet Dr. Peter Loelliger von der ETH Zürich gegen die offizielle Darstellung der Ereignisse ein. Die Version der Bush-Administration blind zu übernehmen würde den grundlegenden Prinzipien der Wahrheitssuche widersprechen«, sagt der Historiker und Dozent an der Uni Basel, Dr. Daniele Ganser.
»Es gibt in der Architekturgeschichte genau drei Hochhäuser mit Stahlskelett-Bauweise, die durch einen Brand eingestürzt sind: WTC 1, WTC 2 und WTC 7«, sagt der Verleger der Zeitschrift *Zeitpunkt,* Christoph Pfluger. »Wer zudem weiß, dass die Temperatur eines Kerosin-Feuers unter dem Schmelzpunkt von Stahl liegt, erkennt schnell, dass die Türme des World Trade Center gesprengt wurden und die offizielle Version des Tathergangs nicht stimmen kann.« Verschwörungstheorie? Keineswegs: »Dieser Begriff ist zu einem erfolgreichen Schimpfwort geworden, mit dem all diejenigen abgestraft werden, die die offizielle Version der Ereignisse vom 11. September 2001 in Zweifel ziehen.« Auffällig ist auch, dass immer mehr Piloten und Architekten ihre Zweifel an der offiziellen Version äußern.
Sind die Schweizer also wirklich mutiger als die Deutschen? Ja – zumindest die prominenten Schweizer. Denn inzwischen (Oktober 2011) gibt es zwar auch deutsche und österreichische Partnerseiten, auf denen sich immer mehr Menschen zu ihren Zweifeln bekennen. Leute aus der ersten Reihe, beispielsweise einen Bundestags- oder Nationalratsabgeordneten, sucht man hier allerdings vergebens. Klickt man auf die Rubrik mit Persönlichkeiten aus der Politik, antwortet die Seite: »nichts gefunden« …

18. September Geld ist nur eine Aktie des Staates

Endlich fühle ich mich mal verstanden: »Gerade heute fragen sich viele: Was wird einmal wertvoll sein, denn das Geld verliert an Wert. Staaten und Banken gehen pleite. Börsen stürzen ab. Die Angst ist groß«, schallt es aus meinem Fernseher. »Der momentane Börsenrutsch verunsichert viele.« Ja! Zum Beispiel mich! »Also, wohin mit dem Geld?«, fragt mich mein TV-Gerät. Genau das habe ich mich auch schon gefragt! »In was soll man angesichts der Krise anlegen? An der Börse ist die Stimmung gedrückt. Der DAX erreicht immer neue Tiefststände.« Na, endlich: In gespannter Erwartung lehne ich mich zurück und gucke die RTL-Reportage »Sparbuch war gestern: Geldanlage in Krisenzeiten«.
Mein Fernseher und ich, wir verstehen uns. Als Erstes zeigt er mir einen Besuch bei dem großen Goldhändler Pro Aurum, wo ein älterer Herr gerade 20000 Euro für ein paar Goldmünzen hinblättert. Dass Gold eine sichere Wertanlage ist, hat sich inzwischen herumgesprochen. »Für das Edelmetall spricht seine lange Geschichte«, heißt es dazu im Text. Ich erfahre auch den wichtigen Unterschied zwischen Sach- und Papierwerten. Der Wert der Letzteren beruht lediglich auf einem »Zahlungsversprechen« – dass ich, wenn ich will, dieses und jenes für den jeweiligen »Zettel« (Aktie, Zertifikat etc.) bekomme. Und dass zu diesen »Zetteln« auch Geld gehört. Gehen Unternehmen oder Staaten pleite, ist es jedoch häufig aus mit dem jeweiligen Papier. Denn in gewisser Weise (!) ist Geld ja nur eine Aktie des Staates. Geld und Staat sind aufeinander bezogen. Geht der Staat kaputt, geht auch das Geld den Bach hinunter – und umgekehrt. Das kann bei Gold nicht passieren. Das Edelmetall könne aufgrund seines inneren Wertes seinen Wert nie ganz verlieren, sagt der Pro-Aurum-Sprecher. Es kann zwar steigen oder sinken, aber »in Luft aufgelöst« hat es sich noch niemals. Wie gesagt: Das war mir schon

Vor diesem Hintergrund zeichnen sich bereits die Kriterien ab, die eine Anlage erfüllen muss, um wirklich krisentauglich zu sein: hohe Wertkonzentration, geringer Platzbedarf, Pflegeleichtigkeit, Mobilität und Flexibilität. Außerdem noch eine geringe »Sichtbarkeit« für andere und für den Staat (Gefahr des kriminellen und staatlichen Diebstahls). Aber es gibt noch viel mehr, zum Beispiel das erforderliche Know-how, um damit umzugehen und zu handeln. Der Wert eines Kois oder eines bestimmten Turnschuhs ist zum Beispiel nur für eine extrem kleine Gruppe von Experten erkennbar; der Wert eines Krügerrands dagegen für wesentlich mehr Menschen. Machen wir einmal die Probe aufs Exempel und entwerfen wir eine »Tabelle der Krisentauglichkeit«. Dabei vergeben wir für jedes einzelne Kriterium die Schulnoten eins (sehr gut) bis sechs (ungünstig) und nehmen noch einen beliebten Krisenwert hinzu, nämlich Immobilien.

Merkmal der Krisentauglichkeit	Koi-Karpfen	Turnschuhe	Gold	Immobilien
Pflegebedarf	6	3	1	4
Platzbedarf	5	2	1	4
Sichtbarkeit	6	2	1	6
Haltbarkeit	6	3	1	4
Empfindlichkeit	6	3	1	3
Wertkonzentration	3	6	1	5
Mobilität	6	3	1	6
Schutzmöglichkeit	6	3	1	6
Gefahr staatlicher Zugriffe	5 (Immobilie)	1	3	6 (griechische Sondersteuer auf Immobilien, Enteignung in der DDR)

60

Unmittelbare Nutzbarkeit (Essen, Wohnen etc.)	4	4	6	1 (Wohnen, Anpflanzen etc.)
Erforderliches Know-how	6	6	2	6
Tauschmittel oder Geldersatz	5	3	1	5
Summe	64	39	20	56
Krisentauglichkeit	**5,3**	**3,3**	**1,7**	**4,7**

So eindeutig das Ergebnis auch ist, möchte ich die einzelnen Positionen und Wertungen hier lediglich zur Diskussion stellen. Der eine oder andere mag diese oder jene Eigenschaft anders bewerten. Vielleicht wäre es auch sinnvoll, einzelne Kriterien doppelt oder dreifach zu gewichten, zum Beispiel die unmittelbare Nutzbarkeit bei Immobilien, in denen man schließlich wohnen und oft sogar seine Nahrung produzieren kann. Allerdings erhöht das die Sichtbarkeit und den Schutzbedarf. In einer Hungersnot ist ein eigener Garten schließlich eine zweischneidige Sache: Einerseits kann er mich ernähren, andererseits zieht er aufgrund seiner hohen Sichtbarkeit natürlich Diebe und Räuber an. Bei unsicheren politischen Verhältnissen können Immobilien auch leicht besteuert und enteignet werden. Zur Bekämpfung der Staatsschulden wurde in Griechenland im Sommer 2011 eine Immobilien-Sondersteuer eingeführt. Und es ist noch gar nicht so lange her, als auf deutschem Boden Immobilien en masse enteignet wurden, nämlich in der früheren DDR, zum Beispiel bei »Republikflucht«: Weil man diesen Wert eben nicht mitnehmen kann, musste er zurückgelassen werden und wurde enteignet. Also Totalverlust. Jedenfalls für viele Jahre, denn die Immobilen wurden, wenn überhaupt, erst nach Jahrzehnten an den Eigentümer bzw. seine Erben zurückgegeben, meistens in einem grauenhaften Zustand. Viele Eigentümer bekamen ihre Immobilien allerdings nie zurück.

Einfach ein paar ungewöhnliche Anlageformen zusammensuchen und sie als krisenfeste Anlagen präsentieren – wie man sieht, ist die Sache nicht ganz so einfach, wie in unseren Medien dargestellt. Man muss sich schon gründlich klarmachen, wie der jeweilige Wert sich in einer existenziellen Krise »verhalten« wird. Bei unserer Analyse der Krisentauglichkeit sind wir interessanterweise genau auf die Eigenschaften gestoßen, die Gold wahrscheinlich im Laufe der Jahrtausende zu dem gemacht haben, was es ist: die absolute »Krisenwährung«. Allerdings kann man sich anhand dieser Eigenschaften (z. B. Wertkonzentration, Mobilität, geringer Platzbedarf) auch auf die Suche nach anderen Werten machen. Alles was klein, handlich, bekannt, wertvoll und beständig ist, hat Aussicht auf Bestnoten in der Krise. Wofür auch immer man sich entscheidet: Hauptsache, man behält die Krisentauglichkeit im Auge …

Oktober 2011

Thema des Monats *12.10.:*
Barroso: Der Máximo Líder der EUdSSR

3.10. Amanda Knox, »der Engel mit den Eisaugen«, wird im Mordfall Meredith Kercher in 2. Instanz freigesprochen ***7.10. Friedensnobelpreis an Frauen- und Menschenrechtlerinnen 9.10. Mord an einem deutschen Segler auf Nuku Hiva*** **11.10.** Der US-Justizminister behauptet, zwei iranische Agenten hätten einen Anschlag auf den saudi-arabischen Botschafter in den USA geplant ***12.10. EU-Kommissionspräsident Barroso – ein Mann mit vielen Verbindungen*** **20.10.** Der libysche Staatschef Gaddafi wird auf der Flucht vor Rebellen bestialisch hingerichtet **31.10.** Die Weltbevölkerung erreicht eine Zahl von sieben Milliarden Menschen/Die NATO beendet ihren Einsatz in Libyen

7. *Oktober* Krieg ist Frieden

Es ist schon komisch. In diesem Jahrbuch kommt man wirklich vom Hölzchen aufs Stöckchen. Der Irrsinn treibt einen vor sich her. Alles scheint in diesem Jahr zusammenzuhängen. Einige absurde Friedensnobelpreise haben wir ja schon gestreift: den Friedensnobelpreis für den Geostrategen Henry Kissinger und den vietnamesischen Militärführer Le Duc Tho 1973 beispielsweise, den beide noch während der Dauer des Vietnam-Krieges für ihre Friedensverhandlungen erhielten. Weil der Vietnam-Krieg allerdings noch zwei Jahre weiterging, lehnte Le Duc Tho, anders als Kissinger, den Preis ab. Oder der Friedensnobelpreis für den Kriegsherrn Barack Obama, der nicht nur die Kriege seines Vorgängers Bush fortführte, sondern noch einen weiteren anfing, nämlich in Libyen. Während das Nobelpreiskomitee im Ersten und Zweiten Weltkrieg noch so viel Anstand besaß, den Friedensnobelpreis nicht zu verleihen (bis auf eine Verleihung an das Rote Kreuz), wird er heute mit Vorliebe an Kriegsherren und Kriegstreiber vergeben. Nach dem Motto »Krieg ist Frieden« beobachten wir eine totale Umwertung aller Werte, wie sie bereits George Orwell in seinem Roman *1984* beschrieben hatte. Das Buch mausert sich immer mehr zur realen Zustandsbeschreibung unserer Welt.

Friedensnobelpreis = Propaganda

Tatsächlich werden die Friedensnobelpreise immer mehr als politische Propaganda eingesetzt. Auf diese Weise werden Ideologien und das Image von bestimmten Personen aufpoliert. Ja, der Friedensnobelpreis ist inzwischen selbst Teil der psychologischen Kriegsführung des Westens geworden, indem regelmäßig geostrategisch wichtige Personen geehrt werden, die geopolitischen Gegnern wie Sowjetunion/Russland oder China nicht passen. Kurz, die Medaille des Friedensnobelpreises ist inzwischen eine

bevorzugte Auszeichnung für willige Knechte des imperialen westlichen Systems geworden. Verdienste um den Frieden sind da eher hinderlich bzw. spielen überhaupt keine Rolle.
Sie meinen, ich übertreibe? Eigentlich nicht: Ein schönes Beispiel dafür ist auch der Friedensnobelpreis 2011, der am 7. Oktober 2011 verliehen wurde. Die gesamte Preisvergabe war ausschließlich auf die politisch korrekte Propaganda ausgelegt. Die Verleihung an gleich drei Personen zeigte, dass man die Auszeichnung gleich mehrfach zu nutzen gedachte. Der Preis ging an Ellen Johnson Sirleaf, Präsidentin von Liberia, Leymah Roberta Gbowee, Bürgerrechtlerin und Politikerin aus Liberia, und an die jemenitische Journalistin, Politikerin und Menschenrechtsaktivistin Tawakkul Karman.

Bomben im Namen der Menschenrechte

Nun: Menschenrechte sind inzwischen ebenfalls zur Propagandawaffe und zum Deckmantel für Umstürze und militärische Aktionen geworden, wie wir anhand der Beispiele in Nordafrika lernen mussten. In kaum einem anderen Jahr wurde im Namen der Menschenrechte so viel geputscht und gemordet wie 2011, wofür beispielhaft die total zerbombten libyschen Städte Sirte und Bani Walid stehen. Menschenrechtsorganisationen wie Human Rights Watch beteiligten sich an der psychologischen Kriegsführung der USA und lieferten die psychologische Munition für militärische Angriffe auf Libyen (siehe 15. April: »Propaganda im Namen der Menschenrechte«). Selbst militärische Kommandozentralen der USA, wie beispielsweise das U.S. Africa Command in Stuttgart, tarnen sich inzwischen als Menschenrechtsorganisationen (siehe 17. März: »Die Jugend von Heute«). Sogar der Krieg selbst wurde zur humanitären Aktion umdefiniert. Und in diesem Kontext ist auch die geehrte »Menschenrechtsaktivistin« Tawakkul Karman zu sehen. Karman ist im Jemen die führende Figur einer jener Protestbewegungen, die – wie wir ebenfalls in diesem Buch erfahren mussten – nicht »einfach so« entstehen, sondern aus dem Ausland massiv unterstützt werden und geostrategischen Interessen dienen, in diesem Fall der Neuordnung Nordafrikas und dem geostrategischen Konzept eines »Größeren Nahen Ostens«. Karman ist die Führungsfigur der jemenitischen »Revolution«. Den Rückenwind durch den Friedensnobelpreis kann sie gut gebrauchen, denn schließlich ist Jemen ein Land, das sich der Umkrempelung und Neuordnung von außen noch widersetzt und in dem der Putschprozess ins Stocken geraten ist. Auf ihrem Kaminsims zu Hause stehen die Bilder von Mahatma Gandhi, Martin Luther King, Nelson Mandela und der US-Außenministerin Hillary Clinton. Eine merkwürdige Kombination. So merkwürdig aber nun auch wieder nicht, denn Karman ist nichts weiter als eine Agentin der US-Regierung. 2005 gründete sie mit Hilfe »ausländischer Regierungen und Hilfsorganisationen«, so der *New Yorker* vom 11. April 2011, die Vereinigung »Journalistinnen ohne Ketten« (»Women Journalists Without Chains«). Just um diese Zeit habe sie auch begonnen, für die Absetzung des jemenitischen Präsidenten Ali Abdullah Salih zu kämpfen: »2006 schuf sie ein SMS-System, das Nachrichten und politische News an Tausende von Menschen verteilt« (*New Yorker*, a. a. O.). Eine der üblichen Propagandawaffen à la Otpor (siehe 4. Januar: »Der Funke der Revolution«) also. Nachdem die Regierung das System abgeschaltet hatte, habe Karman mit Sitzblockaden auf dem Freiheitsplatz begonnen, direkt gegenüber vom Präsidentenpalast in der Hauptstadt Sanaa, und für Demokratie und Menschenrechte demonstriert. »Das Problem in unserer Gesellschaft ist das Regime, genau wie in Tunesien«, wird sie im *New Yorker* zitiert.

Geld von der US-Regierung

Demonstriert? Gegenüber dem Präsidentenpalast? In einem »unmenschlichen System«? Nun, dann müsste man Karmans Leiche ja irgendwann völlig entstellt in irgendeinem Folterkeller wie-

derfinden. Oder vielleicht würde man sie auch gar nicht finden, weil sie bei lebendigem Leibe aus einem Hubschrauber ins Meer geworfen wurde, wie das in US-unterstützten Systemen wie der chilenischen Militärdiktatur mit Regimegegnern geschah. Aber auch dem *New Yorker* fällt auf: »Karmans übermütige Angriffe auf Salih enthüllen eine der zentralen Merkwürdigkeiten des jemenitischen Regimes: es ist nicht gleichmäßig repressiv. Karman wurde festgenommen, aber man hat sie nicht getötet oder im Gefängnis schmachten gelassen. Im Süden wurden Zeitungen geschlossen oder politische Gegner gefoltert und getötet. Doch der jemenitische Staat ist relativ tolerant gegenüber abweichenden Meinungen. Im vergangenen Winter tötete Salih, im Gegensatz zu einigen anderen Führern des Nahen Ostens, keine Oppositionsführer oder blockierte den Zugriff auf das Internet.«
Auch eine offizielle Opposition gibt es im Jemen – anders als in anderen arabischen Ländern. Doch deren Führer hätten gefürchtet, dass ein abruptes Ende des Regimes in die Anarchie führen würde. Eine Angst, die viele Geschäftsleute teilten: »Das wird nicht funktionieren, das wird ein Chaos geben«, zitiert der *New Yorker* den Chef eines großen Lebensmittelkonzerns im Jemen. Während auch EU-Offizielle sie warnten, dass sie Chaos über den Jemen bringen werde, traf Karman im Januar 2011 ihr Idol Hillary Clinton. »Karman traf Clinton im Januar, kurz bevor die Aufstände begannen«, schrieb der *New Yorker*, der Karman zu Hause besuchte. »Ihre Organisation ›Women Journalists Without Chains‹ bekommt Geld von der US-Regierung. Das Treffen wurde von der US-Botschaft organisiert, sagt sie. Und während sie auf Clintons Bild blickt, fügt sie hinzu: ›Ich möchte keine Außenministerin sein, aber sie ist mein Vorbild.‹«
Nachdem Präsident Ali Abdullah Salih am 3. Juni 2011 bei einem Raketenangriff (angeblich von einem verfeindeten Stamm) verletzt worden war und sich zur Behandlung außer Landes begab, erlitt die Oppositionsbewegung am 23. September 2011 einen

Schwächeanfall. An diesem Tag nämlich kehrte Salih, inzwischen genesen, aus Saudi-Arabien wieder an die Macht zurück. Das war zweifellos nicht eingeplant. Genau 14 Tage später bekam die jemenitische Revoluzzerin und »Menschenrechtsaktivistin« Tawakkul Karman den Friedensnobelpreis.

9. Oktober Ahnte »Kannibalenopfer« sein Schicksal voraus?

Verschwiegene Buchten, Palmen, Wasserfälle – die mitten im Pazifik gelegene Südseeinsel Nuku Hiva hat alles, wovon der gestresste westliche Zivilisationsmensch träumt. »Dreieinhalb Jahre lang segelten Stefan R. (40) und seine Freundin Heike D. (37) um den Erdball, spürten grenzenlose Freiheit und lernten fernab von jeglichem Massentourismus die schönsten Gegenden dieser Welt kennen«, schrieben die *Lübecker Nachrichten* (online) am 18. Oktober 2011: »Kapverden, Tobago, Curaçao, Guatemala, Honduras, Panama – die Orte, die das Paar aus Haselau (Kreis Pinneberg) mit seinem Katamaran ›Baju‹ ansteuerte, lesen sich wie das Who's Who der paradiesischen Reiseziele.« Doch bekanntlich wurde genau dieser Traum für die deutschen Weltumsegler auf der kleinen Südseeinsel Nuku Hiva zum Alptraum.

Die Beute war er selbst

Etwa eine Woche nach der Ankunft auf Nuku Hiva lernten die beiden Touristen den Einheimischen Henri H. kennen. Für den nächsten Tag lud der Mann Stefan R. zu einem Jagdausflug in ein abgelegenes Tal ein. Was R. nicht wusste: Die Beute war womöglich er selbst. Am Samstag, den 9. Oktober, verschwand Stefan R. bei dem Inselausflug. Seine Freundin erschien bei der Polizei und erklärte, von dem einheimischen Führer gefangen genommen, sexuell belästigt und an einen Baum gefesselt worden zu sein. Sie habe sich jedoch befreien und fliehen können. Bei einer großangelegten Suchaktion wurde später eine Feuerstelle mit menschlichen Überresten und sogar »Fleischstücken« gefunden. Wie eine DNA-Analyse ergab, handelte es sich tatsächlich um die Überreste von Stefan R. Während alle Welt sofort von Kannibalismus sprach, stritten Insel-Offizielle das vehement ab.

Geschickte Geheimniskrämerei

Kannibalen auf Nuku Hiva? Interessanterweise lebte auf just dieser Insel vor 170 Jahren der Dichter Herman Melville *(Moby Dick)*, der von einem Walfangschiff desertiert war. Seinen Worten zufolge hatte die Geheimniskrämerei auf der Insel schon damals Methode. Demnach haben die Einheimischen jahrhundertelange Übung darin, ihr Tun zu verschleiern. Der Grund, warum man meistens nur vom Hörensagen von dieser Praxis erfahre, so Melville 1846 in seinem Roman *Typee,* sei, dass sich die Polynesier des Abscheus bewusst seien, den sie bei den Europäern mit diesem Brauch auslösten: »[Sie] leugnen deshalb ohne Unterlass seine Existenz und verwischen mit der den Wilden eigenen Geschicklichkeit jede Spur davon.« Obwohl ihm die Bewohner Nuku Hivas immer wieder versichert hätten, »dass sie nie Menschenfleisch essen, hatten sie mich nicht überzeugt«. Erst nachdem er schon eine Weile da war, »ohne irgendetwas gesehen zu haben, das eine solche Praxis belegen würde, begann ich zu hoffen, dass es sehr selten vorkam und dass mir der Horror erspart bleiben würde, während meines Aufenthaltes Zeuge eines solchen Alptraums zu werden. Aber leider wurden diese Hoffnungen bald zerstört.«

Blutige Bündel

Kurz nach einer kriegerischen Auseinandersetzung zwischen Stämmen der Insel seien plötzlich vier Männer ins Dorf marschiert, die über ihren Schultern an langen Stangen mehrere blutige Bündel trugen. Wenig später sah er, eingefasst von einem

niedrigen Bambuszaun, ein seltsames geschnitztes Gefäß in der Größe eines kleinen Kanus mit einem hölzernen Deckel. Da er seine Neugier nicht habe bezähmen können, habe er ein Ende des Deckels hochgehoben, woraufhin die Eingeborenen »Tabu! Tabu!« schrien. »Aber der kurze Blick genügte; mein Blick fiel auf die derangierten Gebeine eines Menschen, an denen hier und dort noch Fleischfasern hingen!« Das scheint in etwa auch der Zustand gewesen zu sein, in dem die Leiche von Stefan R. aufgefunden wurde. Ein Eingeborener, so Melville damals, sei auf ihn zugestürmt und habe »Schwein! Schwein!« geschrien: »Ich zog es vor, auf die Ablenkung einzugehen, und wiederholte mehrmals diese Worte, als ob ich dem Gesagten zustimmen würde.«
Auf Nuku Hiva werde »noch ganz traditionell gekocht«, schrieb *Welt Online* am 2. November 2011: »Schwein aus dem marquesischen Erdofen Umu, in Limonen marinierter roher Tunfisch mit Kokosmilch, Ziegenragout in Curry, Kochbananen, dazu Kaku, einen Brei aus gerösteten und gestampften Brotfrüchten, gegrillte Langusten zu frischen Mangos, Ananas, Kokosnuss und aufgeschnittenen Sternfrüchten. Ein köstliches Mahl, frisch zubereitet, nur mit Zutaten von der Insel, einem Garten Eden.«

Böse Vorahnungen

Nicht bekannt war bisher, dass den deutschen Segler R. offenbar bereits böse Vorahnungen plagten. Offenbar hatte das Paar die folkloristischen Darbietungen auf der Insel bereits seit einiger Zeit beobachtet. In einem im Internet aufgetauchten Blog-Eintrag vom Tag des Verschwindens von Stefan R. heißt es:
»Mittlerweile können wir den Text, den die Tanzgruppe jeden Abend einübt, schon mitsummen, so viele Abende haben wir deren Klänge und Gesang zugehört. Vorgestern Abend wurde auf der historischen Stätte im Dorf am Wasser geübt und gestern tatsächlich in der Hauptstätte oben im Tal mitten im Dschungel. Das Spektakel ließen wir uns, mittlerweile ja schon zum eingefleischten Fan-

club zugehörend, nicht entgehen. Und wie erwartet, wirkten hier die marquesischen Klänge, die Drums und der Tanz, noch mal viel mehr unter die Haut gehend. Wenn nun dazu alle ihre Kostüme tragen und die Krieger voll bemalt sind, kommt man sich wohl tatsächlich vor, als ob man bald über dem Feuer gebraten wird.«
Wie konnte so etwas passieren? Vermutlich ist die Antwort ganz einfach: Leider vergisst man manchmal als Tourist, dass man sich mehr oder weniger exponiert in einer völlig fremden Umgebung und Kultur bewegt. Nuku Hiva zum Beispiel ist eine winzig kleine Insel am Ende der Welt. Technik, Zivilisation, Kontrolle – all das ist hier weit weg. Zumindest ist der Firnis der Zivilisation möglicherweise dünner, als man glaubt. Was dem westlichen Besucher als Paradies erscheint, ist wahrscheinlich alles andere als das. Oft herrschen völlig andere wirtschaftliche Verhältnisse. Wenn eine große Segeljacht in die kleine Bucht einläuft, dann mag sie manchem Tagelöhner auf der Insel wie ein schwimmendes Schloss erscheinen, erst recht einem »Kleinkriminellen«, der der Verdächtige angeblich war. Bevor die Segler jemanden zu Gesicht bekommen, werden sie bereits von Menschen beobachtet, die in einer ganz anderen Welt zu Hause sind und sich ihre eigenen Gedanken machen, die nicht immer freundlich sein müssen. Vorausgesetzt der Blog-Eintrag ist authentisch, dann war die Gefahr anscheinend bereits mit Händen zu greifen. Bedauerlicherweise gehorchte der Mann jedoch nicht seinem Gefühl und setzte schnellstens Segel. So dass er wenig später möglicherweise genau das Schicksal erlitt, das er vorausgeahnt hatte.

12. Oktober Barroso: Der Máximo Líder der EUdSSR

Er hält Reden und repräsentiert; er schimpft, tadelt und spornt an. Er mahnt, fordert und benotet. Am 12. Oktober 2011 verlangte er »eine umfassende, europäisch koordinierte Kapitalstärkung«

für die europäischen Banken. Die EU-Regierungen rief er zu »umfassenden Entscheidungen« auf und verlangte eine endlose Aufblähung des sogenannten Euro-Rettungsschirms. Vor dem G20-Gipfel in Cannes im November drohte er dem hochverschuldeten Griechenland mit einer Aussetzung der fälligen Milliarden-Zahlungen der EU und warnte die Griechen vor den »schmerzvollen Konsequenzen« einer Ablehnung des Euro-Krisenplans. Kein Zweifel: Der Mann zieht die Fäden. Sein Gesicht wirkt wenig vertrauenerweckend. Die Züge wirken ebenso bieder wie brutal. Jeder hat ihn im Fernsehen schon mal gesehen, aber kein Bürger hat ihn gewählt, und kaum jemand kennt ihn wirklich. Der Mann mit dem Fleischergesicht ist EU-Kommissionspräsident José Manuel Barroso, der starke Mann Europas. Oder sollten wir sagen: Der starke Dunkel-Mann Europas? Denn kein Mensch weiß, was der Mann will und was ihn antreibt – und die Medien verraten es uns nicht.

Der starke Dunkel-Mann Europas

Dabei erlebt man schon bei einem Blick in seine Biografie einige Überraschungen. Denn mit »ehemaliger portugiesischer Ministerpräsident« ist die schillernde Figur Barroso möglicherweise nur unzureichend beschrieben. In Wirklichkeit weist der Máximo Líder der neuen EUdSSR, wie die Europäische Union bei Kritikern heißt, einige sehr interessante biographische Details auf. Genau wie andere führende Europa-Fanatiker war Barroso ursprünglich nämlich eingefleischter Kommunist. Tatsächlich gehört der Portugiese in das Muster von Spontis und Altkommunisten vom Schlage eines Joschka Fischer und Jürgen Trittin, die den Staat erst bekämpften und dann ihren »Marsch durch die Institutionen« antraten, um denselben Staat zu unterwandern und totalitär zu transformieren. Ob sich Barroso, genau wie Joschka Fischer, auch als Schläger betätigte, ist zwar nicht überliefert, aber die Abschaffung der Nationen und die Gründung einer neuen Sowjetunion und Sozialistischen Internationale gehörte damals zur ideologischen Grundausstattung kommunistischer Gruppen. Teilen und Umverteilen, Gleichmachen und Einebnen lautete das Motto, ob es sich nun um Nationen oder Geschlechter, Bildungsschichten oder Klassen handelte. Dazu gehört heute auch die gewaltige Umverteilung von Volksvermögen in der EU im Rahmen der sogenannten Euro-Rettung, mit der Folge, dass einzelne Staaten verarmen werden wie einst einzelne Republiken der Sowjetunion.

Anfang der siebziger Jahre des letzten Jahrhunderts war Barroso einer der Untergrundchefs der »Kommunistischen Partei der portugiesischen Werktätigen – Reorganisierende Bewegung der Partei des Proletariats« (portugiesisch MRPP) und war damit Teil jener krypto-kommunistischen Strukturen, deren Angehörige später den Marsch durch die Institutionen begannen. Nun kann man von Verfassungsschutzberichten zwar halten, was man will, das Verbot einer verfassungsfeindlichen Organisation ist jedoch noch eine andere Sache. Oberste Repräsentanten der heutigen Bundesrepublik Deutschland zum Beispiel gehörten früher verfassungsfeindlichen Organisationen an:

- Angela Merkel, CDU, Bundeskanzlerin, bis 1984 Sekretärin für Agitation und Propaganda der FDJ, einer verfassungsfeindlichen Organisation, die seit 1951 in der Bundesrepublik verboten ist.
- Antje Vollmer, Grüne, von 1994 bis 2005 Vizepräsidentin des Deutschen Bundestages, stammt aus dem Umfeld der maoistischen KPD/AO; die KPD galt als sowjethörig, verfassungsfeindlich und wurde 1956 in der Bundesrepublik verboten.
- Jürgen Trittin, ehemaliger Landes- und Bundesminister, heute Fraktionsvorsitzender Bündnis 90/Die Grünen im Bundestag, ursprünglich Mitglied einer Splittergruppe des Kommunistischen Bundes Westdeutschland (KBW).

- Reinhard Bütikofer, ehemals Bundesvorsitzender von Bündnis 90/Die Grünen, heute stellvertretender Fraktionsvorsitzender der Fraktion Die Grünen/EFA im Europaparlament, gehörte ursprünglich dem Kommunistischen Bund Westdeutschland (KBW) an.
- Krista Sager, ehemals Vorsitzende der Bundestagsfraktion Bündnis 90/Die Grünen, ursprünglich ebenfalls im Kommunistischen Bund Westdeutschland (KBW).
- Winfried Kretschmann, Grüne, Ministerpräsident von Baden-Württemberg, ursprünglich Kommunistischer Bund Westdeutschland (KBW).
- Ulla Schmidt, Bundesgesundheitsministerin von 2001 bis 2009, KBW-Bundestagskandidatin, wurde aufgrund des Radikalenerlasses zunächst nicht in den Schuldienst übernommen, weil sie eine Verpflichtung auf das Grundgesetz ablehnte (Torsten Mann: *Rote Lügen in grünem Gewand,* Rottenburg S. 76; *Kommunistische Volkszeitung,* Nr. 28/15.7.1976, S. 7).

Die kommunistische Vergangenheit ist jedoch nur die eine Seite von Barroso. Die andere ist, dass er »während dieser Zeit« in den kommunistischen Organisationen »vom amerikanischen Auslandsgeheimdienst CIA angeworben wurde«, meldete *Kopp exklusiv* Nr. 40/2011: Barroso »wusste allerdings über lange Zeit nicht, dass er den Amerikanern Informationen beschaffte. Er glaubte, er arbeite für eine maoistische Organisation. Heute gilt Barroso als Befehlsempfänger der amerikanischen Regierung.« Na, so was – wie passt denn das zusammen?

Immer schön der Reihe nach – dazu komme ich gleich. Tatsächlich hören die Überraschungen in Barrosos Biographie gar nicht mehr auf. Denn der Mann, den wir für den EU-Kommissionspräsidenten halten, ist in Wirklichkeit ein US-Diplomat. Barroso entstammt *der* Kaderschmiede der US-Diplomatie und -Geheimdienste, nämlich der berüchtigten Edmund A. Walsh School for

Foreign Service der Jesuiten-Universität Georgetown, wo er laut Lebenslauf von 1996 bis 1998 tätig war. Wie gesagt, man kommt in diesem Jahrbuch seltsamerweise immer wieder vom Hölzchen aufs Stöckchen. An der Edmund A. Walsh School spielten auch andere Hauptpersonen dieses Buches eine Rolle, zum Beispiel der ehemalige US-Außenminister und heutige Bilderberg-Leitwolf Henry Kissinger. Bill Clinton studierte ebenso hier wie der frühere US-Außenminister Alexander Haig, CIA-Direktor George Tenet, Obamas Sicherheitsberater James L. Jones, aber auch viele ausländische Staatschefs, Kronprinzen und Präsidenten. Und eben auch der EU-Kommissionspräsident.

Als die Jesuiten-Universität Georgetown 1789 gegründet wurde, trug sie einen Raubvogel mit einer Weltkugel und einem Kreuz in den Krallen in ihrem Wappen. Vor der Brust hatte der Vogel einen Schild, im Schnabel ein Band mit dem Motto »Utraque Unum« (Beides zu Einem). Das Georgetown-Siegel ist praktisch identisch mit dem Siegel der Vereinigten Staaten, nur dass deren Adler statt eines Kreuzes und einer Weltkugel einen Olivenzweig und 13 Pfeile in seinen Krallen hält. Nach dem Motto: Krieg und Frieden. Oder: Zuckerbrot und Peitsche. Das Motto »Utraque Unum« (Beides zu Einem) wurde im Siegel der Vereinigten Staaten außerdem zu »E Pluribus Unum« erweitert – »aus Vielen Eines«. 1919 rief der Jesuitenpriester Edmund A. Walsh an der Georgetown University die School of Foreign Service ins Leben, sechs Jahre später ging daraus der diplomatische Dienst der Vereinigten Staaten (U.S. Foreign Service) hervor.

Der U.S. Foreign Service ist also ein Gewächs und eine Gründung der Jesuiten. Und so wurden die USA zum Vehikel der jesuitischen Eine-Welt-Ideologie. Mit den Nationen hatten die Jesuiten schließlich schon immer ein Problem – und die Nationen mit ihnen. »Der internationale Charakter des Ordens stand dem gewachsenen Selbstbewusstsein der Nationalstaaten entgegen …«, heißt es auf der Website der Jesuiten. Was bedeutet, dass zwischen den Jesuiten und den Nationalstaaten ein gewisses Spannungsverhältnis existierte. Die Nationalstaaten sahen in dem Orden eine gefährliche Geheimgesellschaft und fühlten sich bedroht. Und deshalb wurde der Orden, auf den unter anderem auch die Bilderberger zurückgehen, in seiner Geschichte immer wieder verboten, im 19. Jahrhundert zum Beispiel in Norwegen und in Deutschland (durch Reichskanzler Otto von Bismarck), in der Schweiz sogar bis 1973. Nicht verboten war er dagegen im Dritten Reich.

Die Jesuiten und ihre Einrichtungen sind eine der Erklärungen für die seltsame Konformität auf dem riesigen Erdball – also dafür, warum Amerikaner, Deutsche, Polen, Griechen, Portugiesen und viele andere bei internationalen Konferenzen auf eine lähmende Art und Weise dauernd dasselbe reden, als lebten wir bereits in einer riesigen globalen Sowjetunion. Und das ist denn auch das eigentliche Programm, um das es geht, nämlich aus einer vielfältigen Welt eine einzige zu machen. Die Jesuiten waren schließlich die ersten Globalisierer überhaupt, die seit dem 16. Jahrhundert jedes Land der Welt systematisch unterwanderten und infiltrierten, wie fern oder wie fremd es auch gewesen sein mag. Später schufen sie die Vereinigten Staaten von Amerika als Vehikel und Werkzeug dieser Globalisierung. Erst ging es um die Einigung der Staaten auf dem neuen Kontinent, dann darum, das neue Riesenland als globale Ordnungskraft zur Schaffung der »Einen Welt« zu benutzen. Weshalb es auch durchaus Sinn ergibt, dass Barroso, der Hochkommissar der »Vereinigten Staaten von Europa« alias EUdSSR, in der jesuitischen Diplomatenschule der USA in die Lehre ging.

Tatsächlich befinden wir uns nun an einem kritischen Punkt dieses uralten Plans, nämlich der Angleichung und Ankoppelung der beiden Riesenreiche USA und Europa. Phase 1 bestand darin, die europäischen Staaten in einem großen Block zusammenzufassen, den man mit den USA verschmelzen kann (Initiierung der Euro-

päischen Union durch Jesuiten). Phase 2 besteht in der Stiftung von Krise und Chaos, um eine Notlage zu schaffen, aus der heraus etwas Neues entstehen kann (siehe 15. August: »Kanzler aller Bilderberger?«). Phase 3 besteht im »Neustart« der Systeme in Form eines vereinheitlichten Systems. Daher auch die große Nervosität wegen der »Rettung« des Euro, denn der Euro ist das entscheidende Gängelband, das die wichtigen europäischen Staaten zusammenhält.
So unterschiedlich sie einem auch erscheinen mögen, sind wir mit dem Unionsgedanken doch ebenso bei der amerikanischen wie bei der europäischen oder der sowjetischen Union angekommen. Der Unions-, sprich: Einigungsgedanke ist ureigenstes jesuitisches Gedankengut. Die Entwicklung vom Kommunisten zum Erfüllungsgehilfen des U.S. Foreign Service ist daher kein Widerspruch, sondern logisch. Genauso logisch wie die Karriere des neuen EZB-Präsidenten Mario Draghi, der am 1. November 2011 in sein Amt eingeführt wurde. Der besuchte das Jesuiten-Institut Massimiliano Massimo in Rom.

November 2011

Thema des Monats *6.11.:*
ESM-Rettungsschirm: Niemand hat die Absicht, eine Diktatur zu errichten

1.11. Der Jesuitenschüler Mario Draghi übernimmt die Führung der Europäischen Zentralbank **2.11.** Ein britisches Gericht entscheidet, dass der WikiLeaks-Gründer Julian Assange an Schweden ausgeliefert werden darf, wo ihn ein Ermittlungsverfahren wegen angeblicher Vergewaltigung erwartet **3.11.** In Syrien werden die gewaltsamen Proteste angeheizt und so ein weiterer »Putsch von außen« vorbereitet ***6.11. Medien und »Experten« raten von einer Volksabstimmung über den dauerhaften »Rettungsschirm ESM« ab***

6. November Störfall Bürger: Niemand hat die Absicht, eine Diktatur zu errichten …

Volksabstimmungen sind nun gar nichts fürs Volk, erfahre ich heute: Experten raten einfach davon ab, kann man auf der Website von *n-tv* lesen. Zwar stehe nun mit der Einführung des dauerhaften Euro-Rettungsschirms ESM ab 2013 »eine neue wichtige Entscheidung an«, aber erneut raten Rechtsexperten »aus guten Gründen« von Volksabstimmungen zu Haushaltsfragen ab. Na klar. Schließlich sind Volksabstimmungen im »demokratischen Europa« ein Skandal, wie wir anhand des in Griechenland Anfang November 2011 geplanten Referendums über das neueste Rettungspaket erfahren durften. Ein Vertrauter von Frankreichs Präsident Nicolas Sarkozy fand das Vorhaben »irrational und gefährlich«, die Märkte waren geschockt und »in Aufruhr«, Ökonomen warnten »vor den Folgen für das Finanzsystem«. Störfall Bürger: Die Demokratie, so durften wir bei der Gelegenheit lernen, ist in Europa nicht der Normalfall, sondern ein Unfall. Schließlich brachte man bislang alle europäischen Verträge unter Ausschluss der Öffentlichkeit über die Bühne – und wenn nicht, dann ließ man eben ein zweites Mal abstimmen. Je nach Ergebnis eines Referendums heißt es nämlich in der Mathematik unserer »Volksvertreter« und Regierungen:

- *Ein* Referendum ist *kein* Referendum.
- *Nach* dem Referendum ist *vor* dem Referendum.
- Das bessere Referendum ist der Feind des guten.
- Referendum plus Referendum ergibt unter dem Strich gar kein Referendum, weil sowieso rauskommt, was die Regierenden wollen.

Gut, nicht? Aber zurück zum ESM, dem dauerhaften Europäischen Stabilitätsmechanismus oder »Rettungsschirm«, der ab 2013 eingeführt werden soll – ohne Referendum, versteht sich. Denn das ist immer noch das beste Referendum. Statt nur vorübergehend sollen die Euroländer künftig routinemäßig bürgen und zahlen, wenn anderen Euroländern das Geld ausgeht. Alle führen das Wort im Munde, aber keiner erklärt einem genau, worum es geht. Und eigentlich will es auch niemand wissen, denn »ESM« klingt schließlich wie ein Lebensmittelzusatzstoff. Oder wie ein langweiliges Additiv im Benzin. Irgendwas für Fachleute eben. Also lieber nicht damit beschäftigen.

»Wer in der Demokratie schläft, wird in der Diktatur aufwachen«

Nun gibt es da allerdings einen klugen Spruch, der da lautet: »Wer in der Demokratie schläft, wird in der Diktatur aufwachen.« Und ganz offenbar haben wir viel zu lange geschlafen. So lange, dass unsere Politiker nun aufs Ganze gehen. Die Krise, so hatte ich ja bereits früher ausgeführt, sehen gewisse Geopolitiker als einmalige Chance für eine »kreative Diplomatie«. Und kreativ sind sie wirklich, unsere EU-Strategen. Denn Sie ahnen ja nicht, welche Kassiber inzwischen unter dem Ladentisch der Demokratie kursieren und unter Bundestagsbänken weitergereicht werden – und bei welchen feuchten Träumen EU-Strategen nachts so ihre Kissen nass schwitzen: »Entwurf für einen Vertrag zur Einrichtung des Europäischen Stabilitätsmechanismus (ESM)« heißt ihre neueste Kopfgeburt. Ja, aber »Kassiber« – ist das nicht ein bisschen übertrieben? Keineswegs. Denn das Ding ist hoch geheim: Der Vertragsentwurf »ist ganz offensichtlich weder von unserer Bundesregierung kommuniziert worden, noch ist er im Parlament besprochen und debattiert worden, noch haben irgendwelche Medien den Vertragsentwurf aufgenommen und publiziert«, sagt die Rechtsanwältin Beatrix von Storch von der Initiativenseite *abgeordneten-check.de.* Interessant, aber das ist noch nicht alles: Darüber hinaus ist das Papier auch anonym; einen Absender oder Autor sucht man auf dem Entwurf des ESM-Vertrags vergeblich. Es gibt also keinen benennbaren Urheber, den man nach Details befragen könnte. Stattdessen trägt der Entwurf nur die Überschrift »Inoffizielle Arbeitsübersetzung«.

Diktatur ohne Filter

Was der ESM wirklich ist, erklärt einem keiner – nicht einmal die FDP, wo im Rahmen eines Mitgliederentscheids über den ESM abgestimmt werden soll. Nach dem oben zitierten Vertragsentwurf sucht man sich auf der FDP-Website die Finger wund. Der Inhalt ist denn auch ganz heißer Stoff – Diktatur ohne Filter sozusagen.

Nur was für Leute, die das Grundgesetz regelmäßig in der Pfeife rauchen. Die Abgeordneten des Bundestages sind dabei, ihre Bürger an eine europäische Finanzjunta zu verraten. »Der ESM«, so heißt es in dem Vertragsentwurf, »wird, wie der IWF auch, einem Mitgliedstaat finanzielle Unterstützung gewähren, wenn dessen regulärer Zugang zur Finanzierung über den Markt beeinträchtigt ist«. Das heißt: Wenn niemand mehr so verrückt ist, dem betreffenden Land einen Kredit zu gewähren. Aber das kennen wir ja schon von anderen »Stabilitätsmechanismen«. Noch nicht bekannt ist dagegen, wie der ESM seine Mitgliedstaaten zur Kasse bitten soll.

Das anfängliche Grundkapital des ESM, aus dem klamme Staaten Hilfen beantragen können, soll stattliche 700 Milliarden Euro betragen, also 0,7 Billionen Euro (deutscher Anteil: 27 % oder 190 Mrd. Euro). Doch das ist nur der Anfang, gewissermaßen der Schnupperpreis. Denn einmal eingerichtet, kann sich der ESM komplett selbständig machen. Zum einen kann er sich immer weiter verschulden und »zur Erfüllung seiner Aufgaben auf den Kapitalmärkten Kredite von Banken, Finanzinstituten oder sonstigen Personen oder Einrichtungen« aufnehmen. Zum anderen kann sein sogenannter Gouverneursrat jederzeit »die Änderung des Grundkapitals beschließen«, also die Erhöhung der 700 Milliarden Euro. In diesem Fall gibt es kein Entkommen, denn – so heißt es in dem Entwurf weiter – »die ESM-Mitglieder sagen hiermit unwiderruflich und bedingungslos zu, bei Anforderung jeglichem … an sie gerichteten Kapitalabruf binnen 7 (sieben) Tagen nach Erhalt dieser Anforderung nachzukommen«.

Die selbst gewählten Prüfer

Mit dem ESM begeben sich die Euro-Staaten also in die finanzielle Sklaverei und errichten eine unkontrollierbare Finanzdiktatur. Zahlt ein Mitgliedsland nicht fristgerecht, bestimmt der Gouverneursrat des ESM »eine geeignete Vorgehensweise, um sicherzustellen, dass das betreffende Mitglied innerhalb einer angemessenen Frist seine Schuld gegenüber dem ESM begleicht«. Wie diese »Vorgehensweise« aussehen soll, wird allerdings nicht gesagt. Während dem säumigen Land Zinsen aufgebrummt werden, werden für den fehlenden Betrag inzwischen jedenfalls die anderen zur Kasse gebeten.
Ganz wie im Absolutismus steht über dem ESM nur noch Gott. Zwar soll es nach Art. 25 des Entwurfs eine »externe Rechnungsprüfung« geben. Allerdings werden die »unabhängige[n] externe[n] Prüfer … vom Gouverneursrat bestätigt«. Das heißt, der geheimnisvolle Gouverneursrat beruft seine Prüfer selbst. Es kommt aber noch dicker:

- »Der ESM, sein Eigentum, seine Finanzmittel und Vermögenswerte genießen unabhängig von ihrem Standort und Besitzer umfassende gerichtliche Immunität.«

- »Das Eigentum, die Finanzmittel und Vermögenswerte des ESM sind unabhängig davon, wo und in wessen Besitz sie sich befinden, von Zugriff durch Durchsuchung, Beschlagnahme, Einziehung, Enteignung und jede andere Form der Inbesitznahme, Wegnahme oder Zwangsvollstreckung durch Regierungshandeln oder auf dem Gerichts-, Verwaltungs- oder Gesetzesweg befreit.«
- »Die Archive des ESM und alle ihm gehörenden oder in seinem Besitz befindlichen Dokumente im Allgemeinen sind unverletzlich.«
- »Die Räumlichkeiten des ESM sind unverletzlich.«
- »Die Gouverneursratsmitglieder, stellvertretenden Gouverneursratsmitglieder, Direktoren, stellvertretenden Direktoren, der Geschäftsführende Direktor und das Personal genießen Immunität von der Gerichtsbarkeit hinsichtlich der in ihrer amtlichen Eigenschaft vorgenommenen Handlungen und Unverletzlichkeit in Bezug auf ihre amtlichen Schriftstücke …« (ESM-Vertragsentwurf, Art. 27 und 30).

Geheim-Loge ESM

Kurz: »Der ESM ist ein grob verfassungswidriges Konstrukt, das auf die Abschaffung großer Teile unserer verfassungsmäßigen Ordnung und unserer freiheitlichen parlamentarischen Demokratie gerichtet ist«, meint der bekannte Rechtsanwalt Joachim Steinhöfel. »Wenn die Parlamente im Wege kollektiven, europaweiten Verfassungsbruchs dieses Konstrukt zum Leben erwecken«, würde der ESM »eine Geheim-Loge, die über die Köpfe der europäischen Bevölkerungen hinweg nahezu unkontrolliert agieren und mittelbar (durch Inflationierung oder Besteuerung zur Finanzierung der Transfers) über die Privatvermögen verfügen kann«. Für Steinhöfel gehört der Vertrag »in die Reihe der Ermächtigungsgesetze der ersten Hälfte des vorigen Jahrhunderts, die ebenfalls verfassungswidrige außergewöhnliche Vollmachten aufgrund von angeblichen Krisensituationen gewährt haben. Noch ein Zuckerl zum Schluss: Der ESM ist einer der ganz wenigen Vereine, aus denen man nie wieder austreten kann: Eine Kündigung, eine Auflösung oder ein Ausscheiden sieht der Vertragsentwurf nicht vor. Genau wie bei der Mafia.

»Alle Wege führen nach Rom«, hieß es früher. In diesem Jahr hieß es: »Alle Recherchen führen zu einem Schwindler.« In welchem Teich man seine journalistische Angel auch auswarf, jedes Mal zappelte ein Hochstapler am Haken. Ob man nun Guttenbergs Doktorarbeit, Obamas fabelhaften Sieg über den Terrorfürsten Osama bin Laden oder die künstlerischen Großtaten des chinesischen Kunstclowns Ai Weiwei unter die Lupe nahm – immer entpuppten sich all die Heldentaten als heiße Luft. Aber nicht nur das – immer tat sich hinter dem Schwindel ein regelrechter Abgrund aus Hochstapelei auf. Neu war für mich allerdings der Gedanke, dass auch Terroristen Hochstapler sein können – quasi Hochstapler im Bösen. Nicht, dass die von dem norwegischen Killer Anders Breivik am 22. Juli 2011 in Oslo und auf der Insel Utøya hinterlassenen Toten nicht echt gewesen wären. Aber alles andere an dem Mann roch nach »falschem Hasen«. Sein Manifest war irgendwo zusammengeklaut worden, und seine Facebook-Seite enthielt »kein einziges Wort, das er selbst geschrieben hätte« *(Spiegel Online)*. Aber der Erfolg gibt ihm recht – oder demjenigen, der ihn gesteuert hat, wer auch immer es war: Das Wählerpotenzial der Rechtsparteien in Europa brach nach Breiviks als rechts etikettierten Taten auf breiter Front zusammen. Der Mann selbst wandert wohl nur in die »Klapsmühle«, wo bereits nach drei Jahren seine Entlassung geprüft wird. Chapeau! Das nenne ich 77 Morde auf einer Backe absitzen.

Bunte Säue und schillernde Erklärungen

Kurz: Hochstapelei und Lügen hatten das Jahr 2011 fest im Griff. Die Hochstapler des Jahres 2011 hielten uns in Atem und drückten dem Jahr ihren Stempel auf. Immer wieder lauschten wir ihren schillernden Erklärungen und staunten über die bunten Säue, die

sie durchs Dorf trieben. Ein wichtiger Trend in diesem Zusammenhang war auch die endgültige Umwandlung des Krieges in eine »humanitäre Aktion«. Wo auch immer US-Kampfbomber und Flugzeugträger auftauchten – stets handelte es sich um einen »Hilfseinsatz«. Entweder versuchten sie nach »Naturkatastrophen« abzustauben, was abzustauben ging – oder sie erklärten einem Land wie Libyen gleich direkt den Krieg. Pardon: die »humanitäre Aktion«. Natürlich nicht ohne die Hilfe ehrenwerter Menschenrechtsorganisationen wie Human Rights Watch, die dem Imperium die psychologische Munition lieferten, um ein Land erst medial und dann militärisch zu bombardieren und dabei Zehntausende von Menschen zu töten oder obdachlos zu machen. Zwar war dieser Trend auch schon früher erkennbar, 2011 erreichte er aber zweifellos neue zynische Höhepunkte.
Schließlich könnte man auch noch die Friedensnobelpreisträgerinnen des Jahres 2011 erwähnen, insbesondere die »Menschenrechtsaktivistin« Tawakkul Karman, die mit Unterstützung der USA unter dem Deckmantel der Menschenrechte im Jemen für böses Blut sorgte – in einem Land, das sich, wie selbst westliche Medien zugeben mussten, »relativ tolerant gegenüber abweichenden Meinungen« zeigt *(New Yorker).* So schmachtete Karman auch nie in irgendeinem Verlies oder wurde gefoltert. Vielmehr hätte sie ohne die Duldsamkeit des jemenitischen Regimes ihre Anklagen erst gar nicht monatelang herausschreien können. Denn merke: Menschenrechtsaktivisten wie Tawakkul Karman, die ihre jeweiligen Regierungen weitgehend ungehindert vor der Weltöffentlichkeit anklagen können, strafen sich eigentlich schon selbst Lügen. Das gleiche gilt für »Dissidenten« wie Ai Weiwei, der selber einräumte, dass sein Vater für Aussagen sechs Jahre ins Gefängnis gewandert sei, »deren Sprengkraft nicht mit dem vergleichbar ist, was ich an einem Tag auf Twitter veröffentliche«.

Verkehrte Welt: Das Jahr 2011 zeigt, dass es längst nicht mehr darum geht, eine einzelne Lüge zu entlarven. Vielmehr geht es um einen regelrechten »Kampf um die Realität«. Der galoppierende Realitätsverlust, unter dem die Betreffenden leiden, betrifft in Wirklichkeit uns alle. Und zwar, weil Figuren wie US-Präsident Barack Obama, der nicht einmal eine gültige Geburtsurkunde vorweisen kann, unsere Realität maßgeblich prägen. Er setzte die primitive Meinungsmache von George W. Bush fort: hier die Guten, da die Bösen. Aber wer ist eigentlich er selbst? Die Antwort kann demnach wohl nur lauten: Er selbst ist jenseits von Gut und Böse. Mit all seinen Geheimdiensten ist das Phantom Barack Obama ausgerechnet einer der mächtigsten Meinungsmacher der Welt: ein Hochstapler mit angeschlossener Propagandaabteilung.

Mein Laborversuch, bei dem ich willkürliche YouTube-Schnipsel zu Berichten über eine »deutschen Revolution« zusammenklebte, hat gezeigt, wie einfach es ist, Außenstehenden etwas über fremde Länder zu erzählen und dabei künstliche Realitäten zu schaffen, die das Geschehen vor Ort vorantreiben können. Bilder unbekannter Herkunft von Schießereien, Toten und blutverschmierten Verletzten können unter Umständen Beschlüsse des UN-Sicherheitsrats herbeiführen. Dabei muss man nicht einmal Szenen von Protesten oder Kämpfen inszenieren (was nachweislich auch der Fall war). Inzwischen gibt es derart reichhaltiges Videomaterial, dass man seinen Propagandafilm im Grunde aus YouTube-Filmchen zusammenstellen kann wie einen Text aus Textbausteinen. Die Konsequenz daraus kann nur lauten, insbesondere den TV-Nachrichten jedes Vertrauen zu entziehen.

Der finanzielle Putsch

Im Jahr 2011 befinden wir uns inmitten einer nie da gewesenen geostrategischen Umwälzung. Mit ihren Propagandisten, Berufsrevolutionären und »Menschenrechtlern« krempeln frühere Kolonialmächte wie die USA, Frankreich und Großbritannien ganz Nordafrika um, um ihren »Größeren Nahen Osten« zu schaffen, zu dem auch Iran, Pakistan, die Türkei und Afghanistan gehören sollen – alle bereits mehr oder weniger unter der Fuchtel der Vereinigten Staaten. Zumindest aber auf der Speisekarte. Währenddessen wanken die Eurozone und die EU unter den Schlägen amerikanischer Ratingagenturen. Ein kleiner Wink von Standard & Poor's oder Moody's genügt, und schon steigen die Zinsen für Staatsanleihen und geht einem Land nach dem anderen die Luft aus. Werden die alten Ordnungen in Nordafrika auf dem Wege künstlicher Revolutionen zerstört, geschieht dasselbe in Europa auf finanziellem Wege. Oder ist etwa noch keinem aufgefallen, dass die Regierungen in Europa genauso purzeln wie die in Nordafrika? Ich sage nur Berlusconi und Papandreou – beides europäische Regierungschefs, die 2011 wegen der Finanzkrise zurücktreten mussten. So was nennt man dann wohl einen finanziellen Putsch. Genau wie der europäische »Hochkommissar« José Manuel Barroso sind die Nachfolger treue Gefolgsleute der Amerikaner. Der neue griechische Premierminister Lucas Papadimos studierte am Massachusetts Institute for Technology, war Professor an der Columbia University, Gastprofessor an der Kennedy School of Government (wo auch amerikanische Politiker das Regieren lernen) und Direktor der Federal Reserve Bank in Boston. Sein neuer italienischer Kollege Mario Monti studierte unter anderem in Yale, beriet Banken-Syndikate wie Goldman Sachs und Konzerne wie Coca-Cola und ist führendes Mitglied der Bilderberger-Gruppe von Henry Kissinger – Sie wissen schon, der Erfinder der »kreativen Diplomatie«.

Die ständig steigenden Zinsen für Staatsanleihen zwingen Staaten unter das Regime von IWF und »Rettungsschirmen«. Eine automatische E-Mail reicht, um einen ganzen Staat ins Wanken zu bringen. So jedenfalls erklärte Standard & Poor's eine »Computerpanne«, bei der mehrere Kunden der Ratingagentur im November 2011 eine E-Mail erhielten, wonach Frankreichs Kreditwürdigkeit herabgestuft worden sei. »Die fehlerhafte Nachricht hätte kaum zu einem ungünstigeren Zeitpunkt kommen können – viele Anleger fragen sich seit geraumer Zeit, ob Frankreich seine Bestnote in der Schuldenkrise noch lange verteidigen kann«, schrieb die Financial Times Deutschland (*fdt.de,* 12.11.2011).
Nichts für ungut: Zwei Stunden nach der E-Mail widerrief Standard & Poor's die Herabstufung wieder. Offenbar hatte man nur mal die Muskeln spielen lassen und Frankreich »die Instrumente zeigen wollen«. Schließlich ist es ein offenes Geheimnis, dass die Bewertungen der Ratingagenturen nicht immer objektiv sind und möglicherweise eigenen politischen und geschäftlichen Interessen dienen. Aber nicht nur die europäische, auch die amerikanische Staatsverschuldung war 2011 ein äußerst bedrohlicher Trend. Wie im Jahrbuch nachzulesen, gibt es eine eindeutige Beziehung zwischen der US-Staatsverschuldung und einem großen Krieg. Das war im Ersten und Zweiten Weltkrieg nicht anders als im Amerikanischen Bürgerkrieg 1861–65. Immer wenn die US-Staatsverschuldung auf über zehn Prozent des Bruttoinlandsprodukts stieg, gab es einen großen Krieg. Zwar wird dieses Defizit schon wieder heruntergerechnet, aber bekanntlich sind Prognosen schwer – besonders, wenn es um die Zukunft geht.

Der Trend zu Diktatur und Barbarei

»Wer in der Demokratie schläft, wird in der Diktatur aufwachen« – dieser in dem Kapitel über den geplanten Euro-Rettungsschirm ESM zitierte Satz ist so gültig wie nie zuvor. Das Problem ist nur, dass wir uns bereits in der Phase des Aufwachens befinden. Denn nie zuvor haben (Euro-)Politiker so offen einen Staatsstreich versucht wie mit dem »Europäischen Stabilitätsmechanismus«. Wer diesem ESM beitritt, befindet sich in der Lage eines Mündels, dessen Portemonnaie von einem bösartigen Vormund kontrolliert wird. Wird der Vertrag so Wirklichkeit, wie er im Moment geplant ist, gerät die Eurozone unter eine Diktatur: Eine anonymes und immunes Finanzdirektorium kann dann so viel Geld von den Eurostaaten verlangen, wie es will. Der allgemeine Trend zu Diktatur und Barbarei ist überhaupt unverkennbar. Erschreckendstes Beispiel 2011 war der bestialische Mord an dem libyschen Staatschef Gaddafi: Vor den Augen der Welt wurde ein Mensch abgeschlachtet wie ein Hund. Doch wie ich bereits 2003 in »Operation 9/11« warnte, befinden wir uns seit dem 11. September 2001 auf dem Weg zurück ins Mittelalter und in die Barbarei – mit Hilfe der Auflösung von Recht, Gesetz und Völkerrecht. Der öffentliche Lynchmord an Gaddafi ist eine eindrucksvolle Bestätigung für diese These. Die Frage, wie man in Libyen mit einer Bande von Barbaren einen »demokratischen Neuanfang« gestalten soll, hat bisher noch kein Medium gestellt.

Politisch korrekte Raserei

Was war Ihr persönlicher Favorit unter den Themen dieses Jahrbuchs? Meiner steht fest: die allgegenwärtige Verletzung von Grenzen. Und zwar, weil sie wie kein anderes Konzept auf der abstrakten Ebene beschreibt, was mit unserer Welt geschieht. Mit welchem Problem unserer Zeit man sich auch beschäftigt, meistens steht dahinter der Abbau von Grenzen. Ein überraschendes Beispiel hatte ich noch gar nicht erwähnt: die Nutzung der Erdwärme (Geothermie). In politisch korrekter Raserei werden dabei – um »umweltfreundliche Energie« zu gewinnen – tiefe Erdschichten angebohrt und auf diese Weise geologische Grenzen verletzt. So kann zum Beispiel plötzlich freigesetztes unterirdisches Wasser Gesteinsschichten »schmieren« und Erdbeben verursachen. In Staufen im Breisgau wurden 2008 etwa 200 Häuser beschädigt, nachdem sich nach Tiefenbohrungen der Erdboden im Stadtgebiet um bis zu 20 Zentimeter gehoben hatte. Vermutlich hatte sich unterirdisch Anhydrit mit Wasser gemischt. Der dabei entstehende Gips dehnt sich aus und hebt den Boden an. In Kamen-Wasserkurl gab es 2009 einen regelrechten Erdrutsch, als nach Geothermie-Bohrungen plötzlich 48 Kubikmeter Boden »in einem Loch verschwanden«: »Erdwärmebohrungen vergrößerten bereits vorhandene Risse im Felsgestein« (*derwesten.de,* 24.9.2009). Während allerorten über die Risiken der Kernenergie gesprochen wird, hat die Geothermie hierzulande bereits konkrete und massive Schäden angerichtet und führt uns anschaulich vor Augen, wie destruktiv die Verletzung von Grenzen ist. Während solche spektakulären Katastrophen aufrüttelnde Bilder für die Boulevardpresse liefern, kann man die vielen Katastrophen, die durch Grenzverletzungen in sozialen, sexuellen, ethnischen, finanziellen und wirtschaftlichen Bereichen ausgelöst werden, nicht einfach mit bloßem Auge sehen. Dieses Elend kann man nicht einfach fotografieren – und wenn doch, dann wird es nicht als Folge der Auflösung von Grenzen gesehen. Vor lauter politischer Korrektheit wird übersehen, dass Grenzen das wichtigste strukturelle Gut sind, das der Menschheit anvertraut wurde – mindestens so wichtig wie die »Umwelt«. Nachdem wir nun jahrzehntelang bis zur Bewusstlosigkeit mehr oder weniger effektiv die Umwelt geschützt haben, müssen wir schnellstens zu Grenzschützern werden, sonst steht die Menschheit vor einer strukturellen Kernschmelze.

Eine Staatskrise wird abgesagt

Worauf habe ich 2011 vergeblich gewartet? Antwort: auf die Staatskrise in Österreich. »Tage der Entscheidung« sah der österreichische *Kurier* voraus, wenn die Staatsanwaltschaft Innsbruck Anfang September über die Anklageerhebung gegen fünf Staatsanwälte im Fall Kampusch entscheiden würde. Nachdem Ermittlungen nach weiteren Tätern im Entführungsfall Kampusch »mit Gewalt« niedergeschlagen worden waren, wurde gegen die Herren Strafverfolger wegen Amtsmissbrauchs ermittelt. Doch der September verging, ohne dass etwas geschah. Dann der Oktober und schließlich sogar der November. Denn immerhin gibt es ja nichts Besseres, als Gras über eine Sache wachsen zu lassen. Endlich, am 24. November, wurde die Staatskrise abgesagt – mangels Interesse in gehobenen Kreisen. An diesem Tag vermeldete die österreichische Presse das allzu vorhersehbare Ergebnis: Die Verfahren gegen die Staatsanwälte wurden eingestellt. Dies habe die Leiterin der Staatsanwaltschaft Innsbruck, Brigitte Loderbauer, mitgeteilt. Loderbauer ist an den Mittätern im Fall Kampusch demnach nicht im Geringsten interessiert. Über die Tatzeugin Ischtar Rahel Akcan, die in einem halben Dutzend Vernehmungen von zwei Entführern gesprochen hatte, sagte Loderbauer: Eine »Vermischung von Realität und Fantasie« könne bei der jungen Frau nicht ausgeschlossen werden: »Es gibt keinen zweiten Täter« (*Der Standard Online,* 24.11.2011). Wenn Sie mich fragen, ist diese Rechtsbeugung die eindrucksvollste Bestätigung für die Existenz mehrerer Täter – und zwar in den Kreisen von Regierung und Justiz. Aber ist der Ruf erst ruiniert, lebt sich's bekanntlich völlig ungeniert. Schließlich ist der Fall Kampusch nur einer von zahlreichen Skandalen in der Alpenrepublik. Dass es hier nach Recht und Gesetz zugeht, glaubt ohnehin kein Mensch mehr.

Hurra: Das »RAF-Phantom« gibt's jetzt auch in braun

Aber bekanntlich sollte man mit dem Finger nicht auf andere zeigen: Was dem einen sein Fall Kampusch, sind dem anderen seine »Döner-Morde«, bei denen zwischen 2000 und 2006 acht türkische Döner-Brater und griechische Blumenhändler mit derselben

Pistole erschossen wurden. Halt! Natürlich wollte ich sagen: Die »Mordserie Bosporus (…) an Kleinunternehmern mit Migrationshintergrund«, bei der »acht türkischstämmige und ein griechischer Kleinunternehmer« umgebracht wurden (Wikipedia). Na so was, dachte ich mir: Das »RAF-Phantom« gibt's jetzt auch in braun! Das RAF-Phantom ist der Titel eines Buches, das ich 1992 mit zwei Kollegen schrieb und in dem die dritte Generation der »Rote Armee Fraktion« als Geheimdienst-Phantom entlarvt wurde. Und nun das: Zwar wurden umgehend drei Verdächtige für die »Döner-Morde« präsentiert, von denen praktischerweise gleich zwei Selbstmord begingen, aber selbst die Medien mussten einräumen, dass bei den »Döner-Morden« alle Wege zum Verfassungsschutz führen.

Im Dunkeln tappen und im Trüben fischen

Während die »Döner-Morde« genau wie die Morde der späten RAF als die Taten von Unbekannten ausgegeben wurden, handelte es sich in Wirklichkeit wohl um allzu Bekannte! So tappten die Behörden keineswegs im Dunkeln. Stattdessen gab es spätestens seit 2006 einen Verdächtigen. Das Dumme ist nur: Der Mann arbeitete für den hessischen Verfassungsschutz, also für jene Behörde, die auch schon beim »RAF-Phantom« eine Hauptrolle spielte. Der Verdächtige war 2006 kurz vor dem Mord an Halit Yozgat in dessen Internetcafé in Kassel gesehen worden, bei einer Hausdurchsuchung wurden Waffen und rechtsextreme Schriften gefunden. Sagte ich »vor dem Mord«? Laut *Frankfurter Allgemeine Zeitung* vom 14. November 2011 besteht inzwischen der Verdacht, dass der »Kleine Adolf« (so sein Spitzname) das Internetcafé keineswegs vor der Tat verlassen hatte. Dass er sogar an mehreren »Döner-Tatorten« gesehen wurde, dementierte die Staatsanwaltschaft Kassel zwar – aber in meinen Augen hätte sie es ebenso gut bestätigen können. Wir können uns jedoch beruhigen, denn – ob schuldig oder nicht – der »Kleine Adolf«

wird niemanden mehr erschießen, weil er seit 2007 einen zivilen Job im Regierungspräsidium Kassel hat. Seitdem hörten auch die Morde auf. Fazit: Vor der rechtsextremen Szene sollte man erst mal den Sumpf der Geheimdienste und der Innenministerien trockenlegen. NPD-Verbot? Na, klar. Aber bitte erst nach einem Verbot der Geheimdienste.

Nachwort

2011 – ein Jahr, das es in sich hatte. Während die Medien die globale Schafherde ruhig und in Schach hielten, machten die Mächtigen, was sie wollten. Die globale Entwicklung hat eine enorme Dynamik bekommen, und immer mehr gleicht das Geschehen einer Fahrt ins Unbekannte. Und auch 2012 dürfte das nicht besser, sondern eher noch dramatischer werden. Apropos »Fahrt in Unbekannte«: Ob 2012 wirklich die Welt untergehen wird, wie einige vermuten, wissen wir nicht genau. Was wir hingegen genau wissen, ist, dass sich im April 2012 der Untergang der »Titanic« zum 100. Mal jährt. Ist es nicht ein erstaunlicher Zufall, dass wir exakt zum Zeitpunkt eines »finanziellen Weltuntergangs« den 100. Jahrestag dieses berühmtesten Schiffsuntergangs aller Zeiten begehen? Den Untergang jenes legendären Ozeanriesen, der am 15. April 1912 um 2.20 Uhr in den Fluten des Nordatlantiks versank und dabei etwa 1500 Menschen mit in den Tod riss? Jenes Schiffes, das wie kein anderes für Reichtum, Luxus und Verschwendung stand? Jenes Schiffes, dessen Schicksal wie das keines anderen zur Metapher für Größenwahn, Hybris und grandioses Scheitern wurde? Auch damals gab es einen riesigen Unterschied zwischen Schein und Sein.

Ich habe diesen Unterschied in meinem neuen Buch *Das Titanic-Attentat* beschrieben, das im März 2012 erscheinen wird. Zum Schluss bleibt mir nur zu wünschen, dass wir uns spätestens in einem Jahr wiederlesen, wenn es heißt, die Geheimnisse des Jahres 2012 aufzudecken.

Bis dahin wünscht Ihnen alles Gute

Ihr

Gerhard Wisnewski

München, 29. November 2011

Dank

Mein Dank gilt wie immer meiner Frau Andrea für die scharfsinnigen Diskussionen und die Unterstützung bei der Recherche sowie meinen beiden Söhnen Gerhard und Mathias, die wieder einmal allzu oft auf ihren Vater verzichten mussten.

Des Weiteren danke ich meinen Lesern für die vielen Anregungen, Hinweise und Zuschriften, die ich aus Zeitgründen leider nicht immer beantworten kann.

Bildnachweis

Fotos: S. 15 picture alliance / EPA / STRINGER / S. 45 picture alliance / Michael Kappeler / S. 82 picture alliance / Photoshot / S. 127 ddp images / dapd / S. 153 picture alliance / Dunyia TV / S. 159 Corbis / STRINGER / AFGHANISTAN / Reuters / S. 184 picture alliance / Kyodo / MAXPPP / S. 201 picture alliance / SCANPIX NORWAY / S. 257 Christopher Chantrill, usgovernmentspending.com, gefunden auf http:// usgovernmentspending.com / S. 282 picture alliance / Roland Weihrauch / S. 308 links: picture alliance / Fredrik von Erichsen, rechts: picture alliance / Ron Sachs

Register

Gerhard Wisnewski

Drahtzieher der Macht

Die Bilderberger – Verschwörung der Spitzen von Wirtschaft, Politik und Medien

Angela Merkel war dabei. Joschka Fischer war dabei, ebenso Henry Kissinger, David Rockefeller und Josef Ackermann. Seit 1954 trifft sich jedes Jahr ein diskreter Zirkel der Mächtigen aus Wirtschaft, Politik und Medien: die Bilderberger. Gerhard Wisnewski deckt die Geschichte dieser geheimen Elite auf, er nennt die Teilnehmer, ihre Ziele und Absichten. Ein Aufdeckerbuch im besten Sinne – mit hohem Medienpotenzial.

10 Jahre danach

Gerhard Wisnewski

Operation 9/11

Der Wahrheit auf der Spur

In der aktualisierten Neuausgabe seines Bestsellers deckt Gerhard Wisnewski anhand neuer Indizien die zahlreichen Lügen und Fälschungen in der offiziellen Darstellung der Attentate auf das World Trade Center und das Pentagon auf.
Das brisante Dossier über die wahren Hintergründe des 11. September.

KNAUR TASCHENBUCH VERLAG

Im März 2012 erscheint:

Gerhard Wisnewski

Das Titanic-Attentat

Die wahren Hintergründe der Schiffskatastrophe

Vor genau 100 Jahren, am 15. April 1912, sank im Nordatlantik auf der Überfahrt nach New York der Luxusliner »Titanic« – angeblich nach dem Zusammenprall mit einem Eisberg. Seit 100 Jahren wird der Tod von 1500 Menschen als tragisches Unglück und eine einmalige Verkettung unglücklicher Umstände dargestellt. Doch ist das wirklich so?

Bei seinen akribischen Recherchen über die »Titanic«-Katastrophe stieß Bestsellerautor Gerhard Wisnewski auf faszinierende Hintergründe und Zusammenhänge, die nur einen Schluss zulassen: Der Untergang der »Titanic« war kein Unglück, sondern ein Attentat.